暨南大学本科教材资助项目（港澳台侨学生使用教材资助项目）

公共经济学

主　编　王子成　　副主编　周　坚

PUBLIC ECONOMICS

暨南大学出版社
JINAN UNIVERSITY PRESS

中国·广州

图书在版编目（CIP）数据

公共经济学/王子成主编；周坚副主编．—广州：暨南大学出版社，2023. 7
ISBN 978 - 7 - 5668 - 3636 - 6

Ⅰ. ①公…　Ⅱ. ①王…②周…　Ⅲ. ①公共经济学—教材　Ⅳ. ①F062. 6

中国国家版本馆 CIP 数据核字（2023）第 052093 号

公共经济学
GONGGONG JINGJIXUE
主　编：王子成　副主编：周　坚

出 版 人：张晋升
责任编辑：张馨予　黄文科
责任校对：刘舜怡　陈慧妍　黄子聪
责任印制：周一丹　郑玉婷

出版发行：暨南大学出版社（511443）
电　　话：总编室（8620）37332601
　　　　　营销部（8620）37332680　37332681　37332682　37332683
传　　真：（8620）37332660（办公室）　37332684（营销部）
网　　址：http：//www. jnupress. com
排　　版：广州尚文数码科技有限公司
印　　刷：广州市友盛彩印有限公司
开　　本：787mm × 1092mm　1/16
印　　张：15
字　　数：280 千
版　　次：2023 年 7 月第 1 版
印　　次：2023 年 7 月第 1 次
定　　价：52. 80 元

前言

PREFACE

公共经济学是公共管理类专业的基础课程，是研究、解决政府公共产品或者服务配置范围、边界及配置效率问题的学科，是后续公共管理学习的基础。自2013年承担这门课程的教学以来，编者团队在参考国内外同类教材成果的基础上，通过不停的探索和思考，力图梳理出一个脉络更清晰、与中国特色公共产品供给实践更加贴合的课程体系。在多年的教学相长中，不断打磨和完善讲稿，最终形成此书。本书是我们多年教学和研究成果的积累，更得益于吸收和借鉴国内外学者在公共经济学领域的相关成果。

相较于国内外教材，本书在以下几个方面进行了完善：第一，在学科体系上，强调两个理论支柱和三个专业内容，在课程内容建构上，厘清公共经济学与财政学的关联与区别；第二，强调中国特色公共产品的供给实践经验，展示中国政府在收入分配、社会保障、民生支出领域的成功实践；第三，淡化数理模型等方法工具，强调原理的理解和使用，学以致用；第四，章节内容强调层次感，开篇加入引例，层层推进，每个章节末加上推荐阅读资料和网上链接资源。

本书是公共经济学教研团队共同努力的结果，由王子成负责设计并审定大纲，周坚协助审定全书。具体分工如下：第1章“导论”，吴秋诗；第2章“市场失灵与公共经济”，陈楠楠；第3章“公共经济主体”，钟惠珍；第4章“公共产品理论”，钟曼琪；第5章“公共选择理论”，叶倩恩；第6章“公共财政支出”，尤耀庆；第7章“公共财政收入”，刘佳纯；第8章“财政预算与财政管理体制”，钟惠珍；第9章“社会保障”，邓彤博；第10章“收入分配与公共政策”，尤心培。

本书出版得到了暨南大学本科教材资助项目的资助。感谢暨南大学公共管理学院/应急管理学院对本书编写工作的支持！感谢暨南大学出版社黄文科主任在本书出版过程中的付出！

本书在写作过程中参考了相关领域的大量文献资料，在此一并感谢！书中存在不少疏漏，敬请专家学者及读者批评指正。

编者

2023 年 3 月

目 录

CONTENTS

第1章　导论

CHAPTER 1

学习目标

1. 了解公共经济学的含义，理解公共经济学的研究对象与研究内容。
2. 了解公共部门和公共经济活动。
3. 了解公共经济学的产生与发展历程。
4. 了解公共经济学与其他相关学科之间的关联。

引例

记者一线探访吉林生活困难家庭——
享低保领补助　有工作增收入（保障好困难群众基本生活①）

“停着白车的这个小岔路左拐，再往前开3个门栋就是了。”在吉林省长春市南关区南岭街道社会救助事业中心工作人员陈艳的带领下，记者来到低保户姜方有老人的楼下。

“送蔬菜包、了解情况、询问需要啥帮助……对于困难家庭，我们会定期走访。”陈艳熟门熟路地上楼敲门。

克服疫情影响　及时进行救助

早上8点，姜方有老人早已吃完饭，穿戴整齐。他从抽屉里拿出几百元钱，一张一张数清，“这是前天刚发的钱，今天还有好多事儿要办呢”。

走进药店，姜大爷报出药名和数量：“你看看，每个月光吃药就得花好几百元，幸好有低保，减轻了我们的负担。”去年年底，姜方有的爱人突发心脏病并发高血糖。两人都没有正式工作，靠着以前的积蓄过日子。“测血糖要100多元，拍片子要700多元。”治病买药，成了家里的一大支出。

今年3月，在社区工作人员的帮助下，两位老人开始申请低保。一个月后，姜方有收到了第一笔低保金到账的短信。“特别惊喜，本来以为得等一段时间才能办下来呢。”姜方有说。

近几个月的低保进账，每一笔姜方有都记在心里：“虽然钱还是得省着花，但买药不成问题了，真是给我们解了大难题。”

开门进屋，摆齐药盒，收好单据，姜大爷来到老伴身边，一边给她按摩手，一边聊起了天：“咱中午吃茄子拌面。你还别说，我再没碰着比蔬菜包里还胖的茄子了。”原来，疫情防控期间，长春市低保户等困难群体除了可领取200元的一次性救助金外，考虑到买菜难等实际情况，南关区还为他们先后发放了3次蔬菜包。“一个蔬菜包重20多斤，蔬菜的种类可多了。”姜方有说。

今年3月至5月，为降低疫情影响，保障困难群众的基本生活，吉林省将2503户3655人纳入低保和特困供养范围。长春市为低保家庭、特困人员发放一次性生活补助1100万元；吉林市加强与财政部门沟通筹措，为全市3万余户救助家庭足额提前发放3月份救助金2644万元。

午饭后，告别姜大爷，记者走进了南岭街道社会救助事业中心。陈艳正忙着核对低保家庭信息，“‘落下’的功课，咱得尽快补啊。”4月和5月，南岭街道共增加低保家庭6户。按规定，纳入低保名单前，需要开展邻里走访、民主评议会等工作，但由于疫情防控需要，这些工作在当时都无法进行。

陈艳告诉记者："疫情防控期间，我们就通过电话等方式不见面了解，再通过系统里的信息进行房屋、就业等情况比对。把确实有困难的群众纳入低保，先保障他们的生活。等条件允许了，再陆续补齐流程。"

翻阅文件时，一张收条引起了记者的注意："今收到临时救助500元整。张尧。2022年4月5日。"不同于姜方有，今年3月初，外地居民张尧来到长春务工，工作还没找到，却因疫情滞留。失去了收入，也没有太多生活储备物资，他的生活一时陷入困境。4月3日，收到社区情况上报，陈艳当即为他申请了一次性临时救助金。特事特办，今年3月到5月，长春市民政局累计救助无法外出务工人员、因疫情滞留的非本地户籍人员等困难群众超2.9万人次，发放救助金2034万元。

培训就业技能　提供岗位信息

"这一个能赚十几块钱呢。"残疾人张宇飞双手抱着瓶子，将胶水、色粉依次倒入量杯，再用手掌夹住玻璃棒轻轻搅拌。

走进长春市春园社区，肢体二级残疾的张宇飞正在做滴胶摆件。4岁时，因为一场大火，她失去了十指，全身多处烧伤。"我就这样夹着笔念完初中。但毕业后，我没有找到工作，由于没有收入，被纳入了低保。"夹着玻璃棒，张宇飞反复调试着滴胶摆件的颜色。

近年来，吉林省民政厅联合各地就业部门、残联，为低保困难群体提供就业信息、技能培训。张宇飞凭着一股好学肯吃苦的劲头，通过培训掌握了制作手工艺品的技能，社区还为她免费提供房间作为工作室。在50平方米的工作室里转一圈，串珠动物、十字绣画、烙画葫芦……各种精致的手工艺品，随处可见。

尽管目前低保金依然是张宇飞的主要收入来源，她却打算把自己的工作室坚持做下去。"现在还有20多名生活困难的残疾人跟我一起呢。"她给记者展示了手机上的转账记录，金额从几十到几百元不等，"他们在这儿做手工艺品，我去摆摊，卖出去了就回来把钱转给他们。相信只要肯努力，生活总会越来越好的。"谈及未来，张宇飞信心满满。

多措并举，因人而异，为有劳动能力的困难家庭提供帮扶。吉林省为低保失业人员等就业困难人员提供精准帮扶。有市场就业能力的，至少提供3个岗位信息；缺乏就业技能的，免费提供职业技能培训；难以实现市场就业的，安排公益性岗位托底安置。同时，吉林省民政厅全面落实低保渐退制度，家庭成员就业后，城乡所有低保家庭可继续享受18个月的低保待遇。

根据物价变动　发放临时补贴

走进长春市一处廉租房小区，记者看到，不同于一梯几户的常见设计，这里走廊纵深，并排住着十几户人家。

晚上7点多，记者敲开了低保户张勇的家门。张勇和老伴都是残疾人，他拄着拐杖正准备出门买菜，“一起去呗，这时候很多菜价格更便宜。”张大爷热情地邀请。

走进楼下的超市，果然不少蔬菜都贴上了折扣标签。张勇笑着说：“4月初，我在这儿称了一棵白菜，可觉得贵，没舍得买。”然而几天以后，他就发现低保卡里多了66元，一打听才知道，“这是菜价补贴。我和老伴每人每月有33元呢。”

疫情防控期间，吉林省部分地区出现短期菜价上涨。根据物价变动情况，吉林省民政厅指导各地民政部门积极配合相关部门，及时按规定条件启动社会救助和保障标准与物价上涨挂钩联动机制，按月足额为低保户发放物价补贴。

物价补贴，补贴金额的标准是什么？

陈艳为记者解答了疑惑。打开低保管理系统，低保人员的姓名、就业情况……辖区内每户低保家庭的信息逐条显现。记者注意到，长春市只有4月标记了物价补贴。“补贴是变动的，也是临时的。”民政局和发改局、物价局联合，调研统计每月物价情况，结合居民消费价格指数变动情况，如果涨幅达到规定条件，便会以市（州）为单位启动价格联动机制，发放价格临时补贴。

陈艳给记者做了演示，需要发放物价上涨补贴时，工作人员便会在系统录入。“物价补贴按月测算，按月发放。你看，6月就没有了。”今年疫情发生以后，长春市和吉林市均在全市范围内为城乡低保对象、特困人员发放了物价临时补贴，合计650万元，惠及群众近24万人；此外，吉林市还为1.9万余户低保对象、特困人员发放了供热补贴。

“今天买的菜，明天就剁馅包饺子，再拍个照发给我儿子。”张大爷边走边说。儿子在外地读书，成绩很好。大爷的语调不禁高了一点：“多好啊，日子越来越有盼头。”

［案例来源：刘以晴．记者一线探访吉林生活困难家庭：享低保领补助　有工作增收入（保障好困难群众基本生活①）［N/OL］．人民日报，2022－07－05．http://paper.people.com.cn/rmrb/html/2022－07/05/nw.D110000renmrb_20220705_1－13.htm］

引言

公共经济学是研究以政府为主体的公共部门的经济行为的科学，关乎国计民生。作为本书的第一章，本章主要介绍：公共经济学的含义，公共经济学的研究对象与研究内容；公共部门和公共经济活动；公共经济学的产生与发展历程；公共经济学与其他相关学科之间的关联。

1.1 公共经济学体系概述

1.1.1 公共经济学的含义

在市场经济条件下，社会经济主体通常被划分为公共部门和私人部门两大类型。公共部门是指政府及其附属物，公共部门是公共经济活动的重要经济主体；私人部门是指企业和家庭。公共部门和私人部门均通过各自的行为方式参与国民经济的运行，影响国民经济的发展。

企业和家庭作为私人部门以追求利润最大化为目标，具有强烈的利益动机，因而其行为受利益驱动，自然向有利于自己的方向实施。政府作为公共部门则以社会公平、公正和可持续为目标，但同时也不可完全忽视成本和效益。政府部门对全体公民负责，非政府部门（厂商）主要对投资者负责；政府部门的行为具有强制性，而非政府部门的行为对于其行为接受者来说，是自愿选择的。市场由于信息不对称、公共产品、垄断、外部性等原因，会产生失灵现象。因此，市场失灵是政府不得不解决的问题。在市场经济的作用下，政府的职能主要体现在以下四个方面：①经济调节职能；②提供公共产品和服务职能；③市场监管职能；④社会管理职能。

因此，公共经济学是研究以政府为主体的公共部门的经济行为的科学，或者说是从经济学的角度来解释、分析和规范政府（公共部门）的职能与作用的科学。公共经济学主要研究和分析公共部门从事的经济活动的主要后果及其与社会目标之间的关系。

1.1.2 公共经济学的研究对象

公共经济学的研究对象主要是公共部门的经济行为。[①] 公共部门可以从以下

① 黄恒学. 公共经济学［M］. 2版. 北京：北京大学出版社，2009.

四个层次理解：

第一层次是中央政府，这是狭义的政府概念，包括中央政府的各部、委、办、厅、局及其附属机构。

第二层次是广义的政府，不仅包括中央政府，还包括各级地方政府及其附属机构。

第三层次是狭义公共部门，主要在广义政府的基础上增加了由中央和地方政府出资兴办的非金融的公共企业。

第四层次是广义公共部门，主要在狭义公共部门的基础上增加了由政府或政府机构发起或出资的、以某种特定政策性金融业务为其基本业务活动的政策性金融机构。

公共部门的职责主要包括三大方面：一是对特定区域内的居民负有政治责任；二是参与非市场性的社会生产活动；三是社会财富再分配。

总而言之，公共经济学主要研究中央政府、地方政府以及包括官方金融机构在内的所有由中央和各级地方政府出资兴办的企事业的存在意义、经济行为与经济关系。①

1.1.3　公共经济学的研究任务

其一，公共经济学的基本任务是提出经济政策的理论，分析政策可能产生的正面效应和负面效应，而不是直接确定具体的政策。公共经济学在研究经济政策理论时需要考虑以下几点政策目标：①效率——资源配置的效率，其中包含劳动效率。②公平——收入分配的平等。③增长——国内生产总值（Gross Domestic Product，GDP）的增长。④稳定——宏观经济稳定，在追求经济增长时要避免和克服因宏观经济失衡而造成的经济不稳定。在对经济政策理论进行研究时，以上四方面的目标有时不可兼得，只能做到兼顾。

公共经济学的“公共性”，决定了它特别关注政策目标，更加重视公平、稳定和经济安全。但这些目标建立在效率和增长的基础之上，而且，政府在干预经济时本身也有效率问题。因此，政府在制定公共政策时要考虑以上四点政策目标。

其二，研究政府如何为市场经济提供公共服务。市场经济的运行面临一系列的公共问题，公共经济实际上是为市场经济提供公共服务，提供外部条件，以弥补、克服市场失灵。当然，现代经济学理论指出公共部门在参与经济活动时也会

① 黄恒学. 公共经济学［M］. 2 版. 北京：北京大学出版社，2009.

产生政府失灵的情况，为此，有必要对非市场决策的可能性与局限性加以分析，即对公共选择问题进行研究。为促进市场经济的发展，公共经济学一直在寻找政府干预和市场调节之间的最佳结合点，将两者的失灵降到最低限度，实现公共服务的高效率供给。

其三，公共经济学也研究公共决策。公共经济学中所研究的公共决策并非指在不同决策之间选择，而是在不同的选择原则之间进行选择。例如，当面对某种市场失灵时，考虑实行某种政府干预或者更换组织和决策方式能否使情况有所改善，就涉及对选择原则的选择问题。

我们将公共经济学的研究体系简要地归纳为“一个研究对象、两根理论支柱、三块专业内容和四大理论特征”。①

一个研究对象是指公共部门的经济行为。对公共部门的经济行为的研究主要包括：研究政府的财政收支；研究政府财政收支对国民经济的影响；研究包括财政收支在内的公共部门经济的合理性与必要性。

两根理论支柱包括公共产品理论和公共选择理论。公共产品理论主要为政府经济行为的必要性和可能性提供理论依据，从理论上说明政府应该干什么，同时对中央和地方政府的职能划分也具有重要的理论意义；公共选择理论主要阐述了政府经济行为的合法性和合理性，从理论上说明政府应该如何做以及其行为的基础。

三块专业内容包括以税收、行政性收费、借贷为主体的公共收入理论与实践；以政府采购、转移性支付为主体的公共支出理论与实践；以税制、社会保障体系为主体的收入再分配理论与实践。

四大理论特征包括：①宏观性——公共经济引导和协调全社会资源优化配置；对中央政府和地方政府都涉及；个人和家庭的生活与企业的发展均受公共政策取向支配。②实用性——满足社会主义市场经济体系建设的需要；满足推动政府职能转变的需要；满足公务员队伍建设的需要。③多样性——是微观经济学、宏观经济学、福利经济学、财政学、政治学等多学科的交叉综合。④可探讨性——目前有许多问题尚无定论，如法律制度是不是公共产品、民主有无缺陷及如何克服民主缺陷、什么是第三部门，等等。

1.2 公共经济学的研究框架

本书第一章分为四个部分：第一部分，简要概述了公共经济学的基本定义、

① 樊勇明. 公共经济学导引与案例［M］. 上海：复旦大学出版社，2003：1－2.

研究对象与研究任务；第二部分，主要介绍了本书的逻辑线索、基本框架与主要内容，其对全书的阅读起到导读的作用；第三部分，详细讲述了公共经济学的产生与发展历程；第四部分，主要介绍了作为一个交叉学科，公共经济学与其他学科之间的关系。

第 2 章讨论了市场失灵与公共经济的关系。经济学理论认为，市场经济的所有活动是按照市场机制运行的。在实际的市场经济活动中，是否需要另一种并非按照市场机制进行的经济活动，也就是公共经济活动的存在和发展呢？这种公共经济活动的存在是否合理？如何评价公共经济活动呢？这一章将对这些问题进行探讨。具体内容包括市场体系及其经济效率，以及市场失灵的原因和表现，基于对市场失灵问题的分析，研究公共部门资源配置职能的必要性和合理性。

第 3 章介绍了多元化公共经济主体的定义和特征，同时分析了在社会经济活动中各公共经济主体的作用和影响。不同于计划经济体制的一体化，多元化、社会化、民主化是市场经济体制的本质特征。因此，分析多元化公共经济主体是公共经济学研究的重要内容之一。

第 4 章讨论了公共产品问题。公共产品理论是公共经济学理论框架的核心内容之一，因此在分析公共经济问题时，经济学家们十分关注对公共产品问题的研究。本章的内容包括公共产品理论，公共产品的定义、内涵，以及公共产品和私人产品的区别。此外，本章还分析了公共产品的特征和类型，纯公共产品的供给与生产的过程，以及准公共产品的供给与生产的过程。

第 5 章介绍了公共选择理论，作为公共产品提供方案的决定机制，其对政治活动具有重要的作用，但公共选择理论在公共经济决策中的运用依旧存在不足，这一章将对该理论进行分析。公共选择理论作为目前政府行为研究的一种较为流行的理论工具，首次将政府纳入经济分析的对象范围，并对其进行了系统分析，开创了政治经济研究的新视角，具有划时代的意义。

公共选择理论涉及的内容十分丰富，这一章主要从以下几个方面进行阐述：一是公共选择理论的内涵、产生的历史背景及过程、方法论基础；二是公共选择行为在民主社会中的具体运行机制——投票规则，分别介绍了几种投票规则，例如“全体一致规则”“多数投票规则”“循环投票现象”等，同时探讨了在实际政治过程中政党行为、公共选择者的行为和利益集团在选举中的作用；三是在代议制民主中，官僚制理论以分析政府本身的行为特征为研究内容。另外，这一章还对政府失灵的表现和原因，政府寻租行为的类型以及政府失灵问题的应对措施进行了分析。

第 6 章和第 7 章分别讨论了公共财政支出和公共财政收入问题。公共财政支出和公共财政收入是公共经济学研究的核心内容，因此在公共经济学的研究中，经济学家们将这两部分作为重要的内容。

第 6 章首先概括说明了公共财政支出的定义、分类以及支出方式和影响因素。其次，对公共财政支出规模的组成和指标进行了分析。随着现代国家政府职能的扩大，无论是从绝对数量还是从相对数量来看，世界各国的政府公共财政支出都呈现上升的趋势，因此本章对相关的公共财政支出增长理论进行了介绍，例如瓦格纳法则、皮考克（A. T. Peacock）和威韦斯曼（J. Wiseman）的梯度渐进增长理论、马斯格雷夫（R. A. Musgrave）和罗斯托（W. W. Rostow）的经济发展阶段增长论、福利经济学的公共支出增长微观模型等；同时对公共财政支出效益进行了分析。最后，分别介绍了购买性财政支出和转移性财政支出的内容。

第 7 章从四个方面对公共财政收入进行介绍。首先，重点介绍了公共财政收入的概念、统计口径与分类，以及公共财政收入的演进过程及其结构；其次，介绍了公共财政收入的主要来源——税收，对税收原理和税收制度进行了分析；再次，介绍了除税收以外的一切收入——非税收入，包括非税收入的概念、内容、统计口径及其地位和作用；最后，对公债进行了介绍。

第 8 章讨论了财政预算和财政管理体制。本章主要包括四个部分的内容，一是财政预算的内涵、基本原则和预算分类，其中详细介绍了我国“两上两下”的预算编制程序。二是预算管理的内涵和预算管理的流程。三是财政管理体制，其中详细介绍了财政管理体制理论，包括蒂博特模型、奥茨分权理论、斯蒂格勒最优分权理论、特里西的偏好误识理论等财政分权理论。基于财政分权理论，还介绍了在联邦制和单一制下不同的财政体制设置。四是我国财政体制的改革历程，其中重点介绍了分税制改革以及分税制的优缺点，同时也对未来我国财政管理体制的改革提出了相关的政策建议。

第 9 章介绍了社会保障制度。首先，主要展示了国外社会保障制度的历史演进，在此基础上深入讨论了社会保障的定义、基本内容及其功能，并对三种不同的社会保障资金筹资模式进行比较；其次，说明了社会保险的定义、特征及其与商业保险的区别，同时概述了我国社会保险的发展历程和内容；再次，对社会救济的内涵和基本内容进行了概述；最后，介绍了社会福利和社会优抚的内容。

第 10 章首先介绍了收入分配的概念，明确收入分配的三个层次；其次，说明了收入不平等的测量方法，重点强调了洛伦兹曲线与基尼系数，并简单讲解了我国改革开放前后的收入分配状况；最后，着重介绍了政府调节收入差距的几种常见的公共政策：税收政策、社会保障政策与教育政策，以及上述政策是如何影响收入分配的。

1.3 公共经济学的产生与发展

以“公共经济学”这一术语正式命名的出版物，出现于20世纪中期。[①] 自公共经济学正式出现以来，其仅走过了半个世纪，是一门新兴学科，但它却经历了丰富的理论发展和学说演进过程。

公共经济学的形成和发展与财政学有着非常密切的关系。现代公共经济学是在财政学的基础上发展起来的。英国工业革命之后，新兴资产阶级要求摆脱封建残余的制约，认为最好的政府就应该实行最少的干预，主张实施“自由放任”的经济政策。1776年，亚当·斯密（Adam Smith）的《国富论》即《国民财富的性质和原因的研究》出版，标志着主张自由贸易、自由放任的古典政治经济学的形成。在古典政治经济学的影响下，这一时期的财政理论主要研究财政收入与支出问题，尤其侧重于对财政收入中税收问题的研究。从工业革命到20世纪30年代经济大萧条前，西方国家基本上实行自由放任的经济政策。

到20世纪初期，在国家物质财富迅速膨胀、国民生活水平提高的同时，资本主义固有的社会和经济矛盾开始显露。这一时期出现的失业率上升、贫富差距拉大、周期性经济危机等问题对资本主义经济造成了严重破坏。不断出现的经济问题，使学者们意识到市场调节机制这只“无形之手”开始失灵了。20世纪30年代的经济大萧条使经济学发生了重大变革。为应对市场失灵问题，资本主义国家的政府不得不对经济活动实行大规模的干预，强调政府干预的凯恩斯主义也应运而生。凯恩斯（J. M. Keynes）在1936年发表的《就业、利息和货币通论》一书中，否定了供给会自动为自己创造需求的萨伊定律，认为有效需求不足是导致经济萧条及大规模失业的根本原因，并提出政府应以财政、货币等政策手段干预经济，以增加有效需求和就业。[②] 美国总统罗斯福的新政（New Deal）使得国家宏观调控这只“有形之手”的作用得以充分地发挥。在对市场进行调控和驾驭的过程中，政府的经济活动范围和作用日益扩大，公众也愈加认同政府对社会经济事务的干预，并期望政府在宏观经济和公共事务领域能够发挥更大的作用。社会生活的变革，总是会伴随着理论领域的创新。政府从先前的单向财政支出扩展到对经济的管理和调控，社会成员对政府提供的公共产品的需求日益增长，这导致政府的收支规模不断扩大。由此产生了如何掌控和预测政府经济活动的全部结果、如何评价政府的各种经济政策、如何界定公共部门的活动范围及如何组织这

---

① 华民. 公共经济学教程［M］. 上海：复旦大学出版社，1996.

② 凯恩斯. 就业、利息和货币通论［M］. 徐毓枬，译. 北京：商务印书馆，1981.

些活动等问题，这些问题是传统财政学无法解决的新问题。为解决以上问题，公共经济学便应运而生了。

以美国财政学家理查德·阿贝尔·马斯格雷夫在 1959 年出版的代表著作《财政学原理：公共经济研究》（*The Theory of Public Finance*：*A study on Public Economic*）为起点，公共经济学正式进入经济学的研究范畴。马斯格雷夫在该书的开头部分指出："的确，我一开始就不愿把这本书看作是对财政理论的研究。从很大程度上说，财政学研究的不是财政问题，而是资源利用和收入分配问题。因此，最好把这本书看成是对公共经济的考察。"其认为，虽然政府的活动涉及收入来源和支出去向，但其本身不是一个财政问题。从该意义上讲，政府收支活动与资源配置、收入分配、充分就业以及价格水平稳定和增长之间的关联程度，更胜于它与货币、资本市场之间的关系。因此，在马斯格雷夫看来，公共经济理论的任务更多的是研究公共预算管理中出现的经济政策问题。20 世纪 60 年代以来，学者们对公共经济学的研究进入了高潮。1964 年瑟奇·克里斯多芬·科尔姆（S. C. Kolm）出版的《公共经济学基础：国家经济作用理论概述》首次使用公共经济学为书名。1965 年，列夫·约翰森（L. Johansen）出版了《公共经济学》。这三本著作标志着公共经济学的初步确立。之后，大多数著名的财政学家如费尔德斯坦（M. Feldstein）、斯蒂格利茨（J. E. Stiglitz）、阿特金森（A. B. Atkinson）、杰克逊（P. M. Jackson）等纷纷将著述中的公共财政学改称为公共经济学或公共部门经济学。

1966 年，在阿特金森的主持下，美国《公共经济学期刊》（*Journal of Public Economics*）创刊，公共经济学作为一门相对独立的学科走向成熟，其理论观点被西方经济学界广为接受，并涌现大批高水平的学者，推动其快速发展。

值得一提的是，20 世纪初期发展起来的福利经济学日臻成熟，为公共经济学提供了更为坚实的理论基础；同时，公共选择学说的发展也为公共经济学的问世提供了有效的思维路径和研究方法。时代的发展、经济环境的变化以及经济理论的创新，都在很大程度上推动了公共经济学的产生与发展。历经数十年的发展，公共经济学已更加注重理论的严谨性和分析方法的科学性，更加关注政策的实施效果，更多地涉及政府支出方面的问题。目前，公共经济学主要研究的是政府部门经济活动的规律。可以预计，随着理论的发展和不断完善，对政府部门之外的其他公共部门经济活动规律的研究，也将成为未来公共经济学的一项重要内容。①

---

① 孙开，许慧. 公共经济学的学科定位问题研究［J］. 当代财经，2005（5）：58－61.

需要说明的是，从 1776 年亚当·斯密出版财政学的开山之作《国富论》之后，大部分关于财政问题研究的著作都采用“Public Finance”（财政学）命名。但在进入 20 世纪 90 年代后，多数西方财政学家将自己的著作改名为“Public Economics”（公共经济学）或“Public Sector Economics”（公共部门经济学）。在数十年的发展中，学者们对财政学的研究逐渐转向对公共经济学的研究，这不仅仅是简单的名称变化，而是存在着深刻的背景原因。时代的发展、经济环境的变化，从客观上要求对公共部门的经济活动作出更为广泛和深刻的研究。研究的重点已从政府收支问题转向政府收支活动的经济影响，公共部门经济活动的合理性和绩效水平，以及对各种类型的公共政策进行评价等。除此之外，公共经济学与政治学、公共管理学、福利经济学等学科相互渗透，丰富了公共经济学的内容和理论基础，而计量经济学等相关经济学科的发展为公共经济学的研究提供了更为先进的技术手段。因此，公共经济学的发展不仅体现在内容上比传统的财政学有更大拓展，还体现在研究方法的改进、定性研究与定量研究的结合、注重数理分析等方面。①

1.4 公共经济学与其他学科的关联

公共经济学本身的特点决定着它既具有特定的研究对象，同时也是一门综合性、交叉性较强的新兴学科，与财政学、政治学、公共管理学、微观经济学、宏观经济学、福利经济学等学科之间有着密切的联系。讨论公共经济学与其他学科之间的联系有利于认识公共经济学在经济学乃至社会科学中的地位。

1.4.1 公共经济学与财政学

公共经济学是对财政学的继承，公共部门的经济行为依赖于国家财政的支持，因此它与财政学有着最为直接的联系。经济学家对于财政学和公共经济学的关系的认识存在歧义。② 就其由来，最为普遍的一种说法是，公共经济学是在财政学基础上的进一步发展，因此它具有比财政学更完整和更系统的学科体系。两者之间的主要区别在于：①经济理论来源不同，财政学来源于亚当·斯密的古典政治经济学，其经济理论基础是自由放任经济学的基本观点。20 世纪初期以来逐渐成熟的福利经济学，为公共财政学扩展到公共经济学提供了理论基础和研究

---

① 孙开，许慧. 公共经济学的学科定位问题研究 [J]. 当代财经，2005 (5)：58－61.

② 张文春. 财政学与公共经济学的关系及其发展趋势：对部分世界著名经济学家的调查 [J]. 财贸经济杂志，2007 (3)：43－46，62.

方法。[①] ②研究内容不同，公共经济学的研究领域宽于财政学。财政学主要研究政府部门的收支行为，而公共经济学研究公共部门的经济行为及其对经济的影响。同时传统的财政学侧重财政方程式的税收一方，而忽视公共支出和公共选择。与财政学相比，公共经济学家们更注重公共产品与公共财政的需求和供给的研究。③研究方法不同，财政学侧重实证分析，主要分析政府的收支活动；公共经济学则全面采用现代经济分析方法，并融入规范分析、均衡分析方法、成本—收益分析以及博弈的方法，在和其他相关学科的不断渗透与融合的过程中，实现在研究方法和实践运用上的拓展和深化。

1.4.2　公共经济学与政治学

财政问题既是经济问题也是政治问题，因此，财政学与政治学（Politics）之间有着密切的联系。作为财政学的继承，公共经济学相对于财政学而言主要是研究方法的更新和研究对象的扩大，并未改变财政学对经济问题和政治问题的研究方向。理论上，公共经济行为应当建立在超利益、能够实现真善美的共同目标之上，然而理论与现实并不完全一致，现实中的公共经济行为也是政治权力反映下的政治过程。因此，为了规范政府的经济行为，公共经济学引入了公共产品理论和公共选择理论，将政府的经济行为与政治投票相联系，选民通过公共选择决定生产公共产品的类型、数量、生产方式，从而选择合理的政府经济行为、合理的财政收支、合理的公共企事业和合理的经济政策等。公共选择理论的一系列选择本身就是一个极其复杂的政治博弈过程。因此，公共经济学与政治学之间有着难以割舍的密切联系。

1.4.3　公共经济学与公共管理学

公共管理学（Public Management）是从管理科学的角度研究公共领域管理的一般特点、规律、原则、方法和手段问题的学科。20世纪80年代前后，许多国家由于出现财政危机和管理危机，纷纷掀起了“政府再造”的新公共管理运动，并将企业管理的方法、理念推广到政府的管理中去。公共管理在强调公共性的时候，往往会涉及公共利益、公共产品、公共服务、公共秩序、公共监督、公共道德等一系列问题。公共管理不仅涉及效率问题，同时也与公平这一话题有紧密的联系，其目的是实现社会公共利益最大化。公共经济学在研究公共部门经济行为的过程中，必然涉及公共经济部门中与效率、公平等管理问题有关的内容，公共管理科学理论成果的应用对公共经济学研究方法的创新、公共经济运行效率的提

---

① 秦洪伟，赵文晶. 西方财政学的最新发展［J］. 管理世界，2000（4）：200－201.

高具有积极的意义，而公共经济运行的一般特点和规律研究又必然会为我们认识和改进公共部门的管理提供科学的理论指导。①

1.4.4　公共经济学与微观经济学、宏观经济学

公共经济学作为经济学的一个分支学科，与微观经济学和宏观经济学之间有着非常密切的关系。微观经济学（Microeconomics）为公共经济学提供了理论基础。微观经济学是以单个经济单位（单个的生产者、单个的消费者、单个市场的经济活动）为对象，通过均衡价格理论、消费者行为理论、生产者行为理论、分配理论等，研究私人产品经济的特点、规律，从而说明市场机制如何实现资源的优化配置。作为在比较成熟的微观经济学基础上发展起来的一个经济学分支，公共经济学将公共部门视为独立的社会经济单位，分析其经济行为的效率和影响，考察其是否实现了效用最大化。同时，微观经济学研究了价格管理、消费与生产调节及收入分配平均化等政府的直接经济行为。此外，微观经济学所发现和创立的供求规律、成本与价格理论、成本—收益分析、边际效用理论也为公共经济学提供了分析工具，同样可成为用于评价公共经济活动的科学方法。

宏观经济学（Macroeconomics）以整个国民经济为研究对象，解决国民经济的整体协调与稳定问题。国民收入决定理论、就业与通货膨胀理论、经济周期与经济增长理论和宏观经济政策是宏观经济学的重要组成部分。由于凯恩斯的有效需求理论是宏观经济学的主导，强调国家干预在经济中的重要作用，因此与私人市场经济具有互补性的公共经济的理论与宏观经济学之间似乎有更深的理论和实践渊源。宏观经济学是从整个国民经济体系中寻求经济资源的优化配置，它的政策目标是保障充分就业、物价稳定、经济增长和国际收支平衡。与此相关联，公共经济学要研究如何在公共事务领域界定政府与市场之间的关系，提高公共经济资源的利用效率，从而实现公共经济资源的优化配置。而作为公共经济学研究对象的公共部门所具有的资源配置、稳定和分配的职能，与宏观经济学的目标又是一致的。宏观经济学中关于经济周期、总供给与总需求、财政税收与货币政策等的理论研究成果不仅对公共经济学的研究思路和方法有总体性的指导作用，而且是公共经济学不可或缺的理论范畴。②

1.4.5　公共经济学与福利经济学

福利经济学（Welfare Economics）是关于社会福利和个人分配最大化的经济

① 孙开，许慧. 公共经济学的学科定位问题研究［J］. 当代财经，2005（5）：58 -61.

② 孙开，许慧. 公共经济学的学科定位问题研究［J］. 当代财经，2005（5）：58 -61.

学分支学科，它对公共经济学的发展具有不可忽视的作用。福利经济学与其他经济学科一样，也是以研究如何增加社会福利为出发点，但福利经济学更加关注个人如何从整个社会的财富增长中获得更多的满足。理论意义上的福利经济学主要围绕着以下三个问题构建研究框架体系：一是公共利益问题，即回答在一个有竞争的买者和卖者的经济体系中是否有符合公共利益的结果；二是公共收入分配问题；三是社会福利问题。福利经济学认为，增加社会福利要先使资源在各个生产部门的配置中达到最优化，从而实现全社会财富的增加。而政府作为分配政策的制定者，必定要干预资源的分配与再分配。福利经济学的根本任务是评估各种资源的配置和分配方式，因此，福利经济学为考察政府等公共部门的经济行为提供了理论启示。同时福利经济学中的分析方法，如帕累托最优（Pareto Optimality）原则、效用可能性曲线、契约原则、社会福利函数等在公共经济学中得到了广泛的应用。其中帕累托最优原则已成为公共经济学理论的重要组成部分。

本章小结

公共部门和私人部门作为社会经济主体，两者具有不同的目标。私人部门以追求利润最大化为目标，具有强烈的利益动机；公共部门则以社会公平、公正、可持续发展为目标，同时也不能完全忽视成本和效率。

公共经济学是研究公共部门经济行为及其效益的学科。公共经济学的研究体系可概括为一个研究对象、两根理论支柱、三块专业内容和四大理论特征。一个研究对象指的是公共部门的经济行为；两根理论支柱指的是公共产品理论和公共选择理论；三块专业内容指的是公共收入理论与实践、公共支出理论与实践和收入再分配理论与实践；四大理论特征指的是宏观性、实用性、多样性和可探讨性。

公共经济学作为一门综合性、交叉性较强的新兴学科，经历了丰富的理论发展和学说演进过程，其与财政学、政治学、公共管理学、微观经济学、宏观经济学、福利经济学等学科有着密切的联系。

复习思考题

1. 公共经济学的研究对象有哪些？
2. 简述公共经济学与财政学之间的关系。
3. 简述公共经济学与福利经济学之间的关系。
4. 试述公共经济学的产生与发展。

推荐阅读资料

1. 斯密. 国民财富的性质和原因的研究：上卷［M］. 郭大力，王亚南，译. 北京：商务印书馆，1981.

2. 萨缪尔森，诺德豪斯. 经济学［M］. 19版. 萧琛，译. 北京：商务印书馆，2013.

3. 黄恒学. 公共经济学［M］. 2版. 北京：北京大学出版社，2009.

4. 特里西. 公共部门经济学［M］. 薛涧坡，译. 北京：中国人民大学出版社，2014.

5. 斯蒂格利茨. 政府为什么干预经济：政府在市场经济中的角色［M］. 郑秉文，译. 北京：中国物资出版社，1998.

6. PIGOU A C. The economics of welfare［M］. London：Palgrave Macmillan，2013.

7. 樊勇明，杜丽. 公共经济学［M］. 2版. 上海：复旦大学出版社，2007.

网上资源

Journal of public economics（《公共经济学杂志》）. https://www.journals.elsevier.com/journal-of-public-economics.

第2章　市场失灵与公共经济

CHAPTER 2

学习目标

1. 了解市场体系的构成和三大经济问题。
2. 了解三种资源配置方式及其之间的联系与区别。
3. 了解并掌握资源配置效率与公平的衡量标准。
4. 重点掌握市场失灵的表现与政府的经济职能。

引例

卖“天价”口罩被罚300万，发“国难财”就该付出代价

将进价为200元/盒的3M口罩（十只装）提价到850元/盒对外销售，你说该不该罚？

据北京市市场监管局消息，因大幅提高口罩售价，北京济民康泰大药房有限责任公司丰台区第五十五分店，将被处以300万元的行政处罚。这也是疫情防控以来北京市监管部门开出的首张重磅罚单。

口罩作为个人防疫的“盔甲”，可以说是当下最重要的防控物资之一。一些经营者利用其市场紧俏局面大肆抬价，不仅在道义上站不住脚，也是在人为制造社会紧张，为防疫添堵。

根据《中华人民共和国价格违法行为行政处罚规定》，操纵市场价格，造成商品价格较大幅度上涨的，情节较重的处100万元以上500万元以下的罚款。相关部门对这家大幅提高口罩价格的药房开出300万罚单，几近是顶格处罚，不啻非常时期监管立场和决心的一种展示。

客观说，由于疫情扩散和防治需要，口罩等防控物资在短时期内出现供需矛盾，从而引发价格波动，这是可以预料的市场反应。而合理的价格上浮，民众也未尝不能理解和接受。

但进价200元卖价850元，如此三四倍的“溢价”，显然有点过度了——这比“市梦率”还高。这不是孤例：近日在辽宁大连，还有高价卖口罩的男子面对执法人员，当众扬言要“发国难财”。对此，监管部门就应该及时出手，给民众和经营者释放明确的管理预期。

事实上，从中央到地方的防疫工作部署中，“严厉打击防控物资囤积居奇等行为”都是重要一环。以口罩为例，价格畸高，不仅仅是一般语境下伤害消费者权益这么简单，也直接关系到社会的防疫效果。因为价格高到离谱，必然影响到普通居民的口罩佩戴率，最终伤及整体的防疫效率。

当然，及时对不合理的“天价”现象作出干预的同时，像口罩之类的防控物资，更要从源头强化“保供”。

日前，工信部部长苗圩在地方调研时就透露，我国口罩最大产能是每天2000多万只。这于当下的全民防疫需求而言，缺口是显而易见的。事实上，随着春节返程潮即将开启，更多人不得不走出家门，未来一段时间口罩的需求在目前基础上，相信还会有所扩大。加速缓解口罩的供应紧张局面，已成为有效防疫不可缺

少的配套支持之一。

疫情出现后，从各互联网电商平台，到部分口罩生产企业，都加大了“补货”和生产力度。但是，由于适逢春节假期，又遭遇疫情影响，口罩的产能提升受到诸多现实掣肘。

像口罩生产厂家在材料、人工、流通等环节都面临成本上涨的压力，这是不争的事实。这一背景下，政府部门在维护市场价格稳定的同时，也有必要借助合理的市场价格调节机制和给予补贴、开通绿色通道等形式，来帮助企业消化压力，激励他们最大限度提升产能，鼓励经营者“补货”。

而纵观各地对于相关物资价格的监管案例，一些店家的口罩价格只有很小的上调，也面临处罚，这是否属于合理的价格波动，还需要审慎看待。在这方面，不妨赋予恰当的市场自我调节空间。

总之，一方面要及时查处那些“发国难财”的“天价”行为，另一方面也要尊重市场规律，通过恰当方式提升企业的生产积极性——当口罩等防控物资的供应不再紧张，从个人到医疗机构的防疫都能更有“底气”，“天价”现象也有望被釜底抽薪。

（案例来源：狄宣亚. 卖“天价”口罩被罚 300 万，发“国难财”就该付出代价［N/OL］. 新京报，2020 - 01 - 29. https://www. bjnews. com. cn/detail/158028193814684. html）

引言

在引例材料中，因为新冠肺炎疫情来势汹汹，对口罩等防护品的需求快速增长，一时之间，现有厂商生产的口罩数量无法满足市场上消费者的需求，出现了供不应求的卖家市场。按照市场需求规律，防护品的价格将会大大上涨。现实也的确如此，有些商家趁机获利。如果此时任由防护品市场自由发展，将会出现什么样的结果呢？防护品价格上涨过多，超过了穷人的支付能力，防护品只能为社会中少数富人所拥有，穷人的生存权难以得到保障。可见，单纯从市场领域考虑人的行为，疫情肆虐时天价口罩是合理的，是价格机制发挥作用的体现，但是显然不是有效的。这说明看似完美的自由市场价格机制并不是一直有效，市场也会有无法发挥作用的时候，出现“市场失灵”。

在本章中，我们将认识市场体系的构成与三大经济问题；了解三种资源配置方式及其联系与区别，在此基础上掌握不同资源配置方式对三大经济问题的不同回答。效率与公平问题是许多学科领域关注的焦点，在经济学领域中，衡量效率与公平的原则是什么？既然市场会失灵，那么其具体表现是什么？针对市场失灵，我们不是无能为力的，此时需要政府运用各种政治手段、经济手段、法律手段对经济进行干预，以实现经济的平稳运行。

2.1 市场体系及其经济效率

资源稀缺性是经济学的逻辑起点，人们对经济效率的追求产生于物品与资源的稀缺。经济效率要求在特定技术条件和资源的约束下，生产出质量最优且数量最大的产品或服务。衡量经济效率的一个重要标准是帕累托最优原则。

2.1.1 市场体系

1. 两个市场：产品市场与要素市场

市场体系是指相互联系的各类市场的有机统一体，按照市场流通的商品属性可以划分为一般商品市场、生产要素市场、金融市场和劳动力市场等。图 2－1 简要描述了产品市场与要素市场之间的关系。其中，图的左侧为消费者，图的右侧为企业，企业指的是生产者。这两个市场主体均有双重身份：消费者既是产品市场的需求者，又是要素市场的供给者；企业既是产品市场的供给者，又是要素市场的需求者。

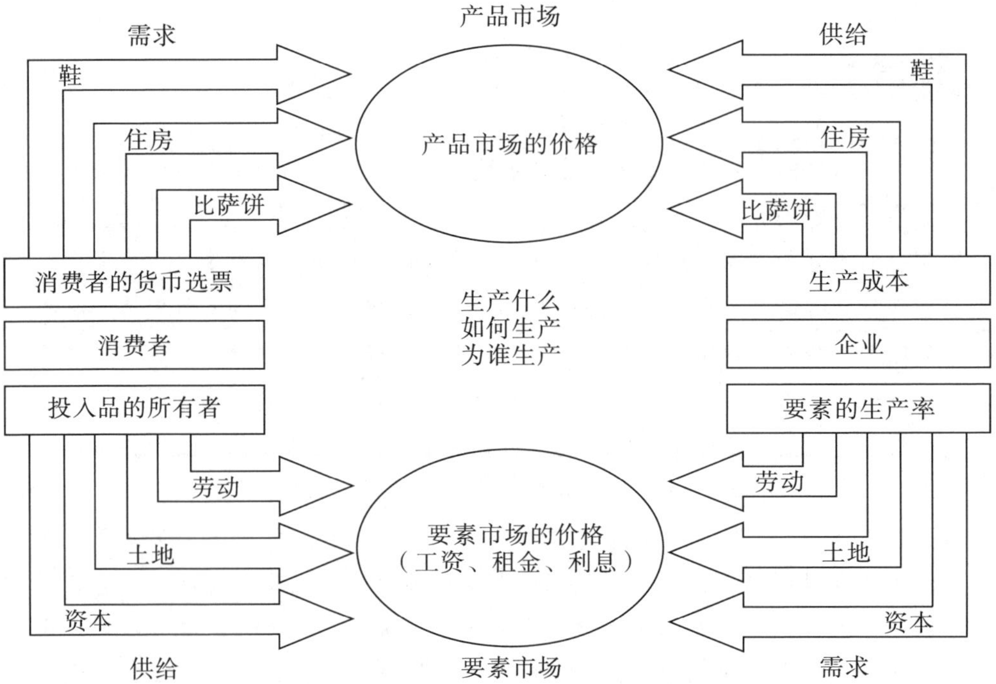

图 2－1 两个市场：产品市场与要素市场

为了满足自身的需要，消费者需要一定的产品和服务。这要借助产品市场来实现。消费者需要的鞋子、住房、比萨饼等产品，均可以在产品市场上通过企业对鞋子、住房与比萨饼的供给得到满足，因此，产品市场上双方的供给与需求就决定了产品的均衡价格与均衡数量。当市场处于均衡点时，产品的价格与数量是有效率的，没有造成浪费。

为了购买自己需要的产品，消费者需要在要素市场上提供生产产品必需的要素来获得收入，生产要素可以被划分为三大基本范畴：土地、资本和劳动。为了生产产品，实现利润最大化，企业则需要投入各种各样的生产要素，即在要素市场上雇佣工人，寻找资本，租借土地。作为要素提供者的消费者与作为要素需求者的企业相逢于要素市场，由此形成了各类要素的均衡价格，其中劳动的价格称为工资，资本的价格称为利息，土地的价格称为租金。

2. 三大经济问题

人类社会的发展先后经历了原始社会、奴隶社会、封建社会、资本主义社会和社会主义社会等社会形态，无论是在哪一种社会形态中，都必须面对和解决三个最基本的经济问题：生产什么和生产多少、如何生产及为谁生产。

“生产什么和生产多少”指的是一个社会必须决定在有限的资源里，生产何种产品或服务，是生产鞋子还是比萨饼，生产多少是合适的？而对“如何生产”的回答就是对“由谁生产，使用何种资源、采用何种技术进行生产”这一问题的回答。“为谁生产”则回答了经济成果由谁享用以及社会产品如何分配的问题。这三个问题的答案是每种经济制度乃至每种社会形态的基础。

3. 资源配置方式

显然，对于上述三大经济问题，不同的社会有不同的解答，且将会采用不同的经济体制进行组织。经济学就是研究稀缺资源配置的制度和机制。在人类社会中，不同社会采用的资源配置制度与机制有所不同，由此形成了三种资源配置方式，分别为：市场经济和计划经济，以及介于二者之间的混合经济。

实行市场经济的国家认为，企业将采用成本最低的生产技术（如何生产），生产利润最高的产品（生产什么），为那些能够获取收入并对自己的收入具有决策权的个人生产（为谁生产）。所谓的市场经济是一种主要由消费者和企业决定生产和消费的经济制度。市场经济是一部复杂而精良的机器，它通过价格和市场体系来协调个人和企业的各种经济活动。① 市场经济的极端情况被称为自由放任

① 萨缪尔森，诺德豪斯. 经济学［M］. 19 版. 萧琛，译. 北京：商务印书馆，2013.

经济，也就说政府不对经济政策施加任何影响，① 只承担“守夜人”的角色。

而在实行计划经济的国家，政府对生产、资源分配以及产品消费各个方面均制订了实现计划，资源的管理与分配均依赖于政府的指令性计划，因此计划经济也被称为“指令经济”。计划经济按照政府部门制订的计划（如何生产）决定生产社会需要的产品（生产什么），由政府通过计划决定生产的社会产品在各阶层之间如何分配（为谁生产）。计划经济的典型例子是苏联与改革开放以前的中国。

俯瞰全球，目前没有一个国家的经济完全属于市场经济或计划经济，而是介于二者之间的混合经济，既具有市场经济的特征，又具有计划经济的成分。不同国家之间只有市场经济成分更多一些还是计划经济成分更多一些的区别。我国在改革开放过程中逐步建立起来的社会主义市场经济体制便是一个例子。

2.1.2 资源配置的效率

无论一个国家多么强大富饶，其所拥有的资源总是有限的，思考“生产什么”和“如何生产”的过程其实就是思考资源如何配置的过程，而这恰恰是经济学所要研究的核心问题。经济学这一学科之所以备受人们的关注，一个重要的原因便是资源具有稀缺性。所谓的稀缺性，是指相对于人类的欲望而言，资源总是有限的。设想一下，假设一个社会能够不受限制、任意生产出各种物品，满足人类各种各样的需求和欲望，社会中的每一个个体能拥有自己想要的一切东西，不会受到收入等各种因素的限制。那么，人们就无需考虑资源的配置问题了，经济学也就失去了其研究的价值。但古语有云“人心不足蛇吞象”，这说明了人类的欲望没有止境。正是由于人的欲望的无限性，如何利用有限的资源生产经济商品才具有了研究的必要性。从经济资源的稀缺性出发，经济学所要解决的核心问题其实就是资源的合理配置与充分利用问题。为了解决这个问题，我们需要明白什么是资源配置，资源最优配置有什么含义，如何衡量资源配置是否达到最优，这些就是本节所要回答的问题。

从狭义上看，资源最优配置是指怎样用有限的要素生产出尽可能多的产品，生产符合人们偏好的产品，以及在收入一定的情况下通过交换获得最大满足。经济学的三个基本问题：应用土地和自然资源、劳动、资本等生产要素来生产什么和生产多少、如何生产以及为谁生产。这三个基本问题事实上就是通常所说的“效率”问题。从广义上看，资源最优配置要解决的问题包括效率、公平和稳定三个方面的内容，这也是评价社会经济活动的三条基本原则。

---

① 萨缪尔森，诺德豪斯．经济学［M］．19版．萧琛，译．北京：商务印书馆，2013．

1. 效率——帕累托最优

经济效率要求在给定技术和稀缺资源的条件下，生产最优质量和最多数量的商品和服务。在不会使其他人境况变坏的前提下，如果一项经济活动不再有可能增进任何人的经济福利，则这项经济活动就被认为是有效率的。[①] 简单地说，效率就是投入与产出的一种关系，即在投入一定时如何使产出最大，或是在产出一定时如何使投入最小。

衡量经济效率的基本原则是帕累托最优，这是一种理想状态。这一概念最初是由意大利经济学家维弗雷多·帕累托（Vilfredo Pareto）提出的，他在 1906 年出版的《政治经济学》一书中对帕累托最优下了定义，认为一种资源的重新配置已经不可能使任何一个人的处境变好的同时，而不使另一个人的处境变坏，这一状态就称为帕累托最优。在达到帕累托最优状态的时候，经济社会达到了一种没有互利或互惠机会的效率状态，[②] 因而，实现这一状态的过程又被叫作“帕累托改进”。

后面的学者在帕累托最优的基础上进行了更为深入的研究，并将实现帕累托最优的必要条件概括为交换条件最优、生产条件最优、交换和生产条件同时最优。交换的帕累托最优条件：在交换方面，任何一对商品之间的边际替代率对任何使用这两种商品的个人来说都相等；生产的帕累托最优条件：在生产方面，任何一对生产要素之间的边际技术替代率在用这两种投入要素生产的所有商品中都相等；交换和生产的帕累托最优条件：任何一对商品之间的生产边际转换率等于消费这两种商品的每个人的边际替代率。

帕累托改进是指在既定的资源条件下，通过改变现有的资源配置，不减少一方的福利的同时能够提高另一方的福利。也就是一方福利的改进不能以另一方福利的损失作为代价。当一个经济体系存在闲置资源的时候，就像中国改革开放初期，大多数改革措施都是帕累托改进，此时社会成员的利益没有受到损害，反而有所增加，每个人都能共享改革发展带来的红利，因此阻力很小。比如中国的家庭联产承包责任制将土地包给农民，国家没有任何其他的投入，就让农村生产力有了质的飞跃。[③] 但到了今天，改革已经进入深水区，逐渐触及了深层次的利益关系和矛盾，社会成员的利益格局发生了变化，很难在不触动既得利益群体的利益的情况下进行改革。比如，对国有垄断行业的改革就因为伤害了一些人的利

---

① 萨缪尔森，诺德豪斯. 经济学［M］. 19 版. 萧琛，译. 北京：商务印书馆，2013.

② 李绍荣. 帕累托最优与一般均衡最优之差异［J］. 经济科学，2002（2）：75－80.

③ 安宇宏. 帕累托改进与帕累托最优［J］. 宏观经济管理，2013（3）：76.

益，因而阻力重重，进展缓慢。[1]

帕累托改进通常是分阶段、分步骤连续进行的一种资源优化配置过程，期间，社会成员的利益格局会发生变化，大体有三种情形：利益增加、利益损失和利益不变。利益增加就是在原有的利益基础上获得更多利益。利益损失分为两种情形：一种是绝对损失，即既得利益受到损失，只减不增；一种是相对损失，既得利益不变甚至是有所增加，但是与其他社会成员的相对差距越来越大，失落感强烈，这正是当代中国社会的心理状态。这种情况会威胁到社会稳定。利益不变就是既没有利益增加，也没有利益损失。因此，改革措施要遵循帕累托改进原则，全体社会成员都能够分享改革发展的红利，避免社会成员收入差距过大，同时又能够促进国民经济的健康持续发展。[2]

帕累托最优是经济学追求的一个理想境界，帕累托最优是指资源配置达到这样一种境地，无论进行任何改变都不能使一部分人受益而没有其他人受损。帕累托最优状态是不再存在帕累托改进的资源配置状态，而帕累托改进则是实现帕累托最优的方式。

2. 公平

公平是评价和衡量社会政治和经济利益等各种关系的规则。西方经济学家对公平有不同的认识与定义，大致可以划分为功利主义公平观、罗尔斯的公平观和自由主义公平观。

（1）功利主义公平观。

功利主义认为公平是“最大多数人的最大幸福”，即社会所有成员的总效用实现最大化。代表人物有边沁（J. Bentham）、詹姆斯·穆勒（James Mill）、庇古（A. C. Pigou）等。福利经济学认为市场机制的自由运转会造成收入分配差距过大，削弱整体的社会福利，导致社会福利最大化的目标难以实现。因此，庇古将收入分配公平问题作为福利经济学的重要研究领域。庇古认为有两个方面会影响社会经济福利：一是国民收入的大小；二是国民收入在社会成员间的分配。国民收入总量越大，社会经济福利越大；国民收入分配越趋于均等，社会经济福利越大。这是因为货币的边际效用递减，同样数额的货币给穷人和富人带来的边际效用不同，给富人带来的边际效用小于给穷人带来的边际效用。由此，当货币从富人手中转移到穷人手中时，整体的社会福利水平将会上升。因此，福利经济学主张国家干预国民收入分配，如通过向高收入群体征税等方式，提高收入分配的均

① 梅宇东. 帕累托最优涵义之辨［J］. 中国经贸导刊，2014（14）：57－59.

② 梅宇东. 帕累托最优涵义之辨［J］. 中国经贸导刊，2014（14）：57－59.

等化水平，提高社会所有成员的整体社会福利水平。不难发现，功利主义公平基于基数效用假设和边际效用递减规律，试图建立一种以收入均等化为基础的社会福利体系。①

（2）罗尔斯的公平观。

美国哲学家罗尔斯（John Bordley Rawls）在其 1971 年发表的《正义论》（*A Theory of Justice*）一书中提出了“公平的正义”理论，对公平和正义问题作了系统的阐述。罗尔斯认为，公平正义是社会制度的首要价值，公平要求所有人都应有平等的基本自由，正义要求所有人机会平等。分配公平就是要使“社会上状况最差的人的福利最大化”，并提出了两个正义原则。

第一正义原则是最大的平等自由原则，这一原则确定和保障公民平等的基本自由和政治权利。这是罗尔斯正义理论的出发点。每个人都有权利拥有最广泛、最平等的自由，这种自由包括个人自由和社会自由，公民的基本自由权利包括人身自由、政治自由及财产自由；社会自由是在个人自由的基础上，强调全社会公民的共同自由。个人自由与社会自由存在辩证关系，个人自由的实现很大程度上要依赖其他公民自由权利的实现，为了多数人的自由，可以对少数人实行不平等的限制。也就是说，自由只能是为了更多或更大程度上的自由才可以被限制。②

第二正义原则是合理的经济不平等原则，这一原则确定在什么条件下社会经济利益分配的不平等是合理的。他认为满足差别原则和机会平等原则的不平等是被允许的。差别原则是指在符合代际正义储蓄原则的条件下，使最少受惠者得到最大的利益；机会平等原则是指在公平的、机会平等的各种条件下，所有的职位和地位向所有人开放。

为了使这些原则相互协调，罗尔斯提出两个优先原则：①当两个原则出现冲突时，罗尔斯认为应该优先考虑第一正义原则，之后再考虑第二正义原则。即公民的政治权利和义务的自由平等原则优先于公民社会经济利益的分配原则。②确立了正义对效率和福利的优先性。第一，第二正义原则作为一个整体，优先于“效率原则”和在社会中“使利益总量最大化”的原则；第二，在第二正义原则中，机会平等原则优先于差别原则，即对社会最少受惠者的补偿必须以保证社会全体成员都有公平的机会为前提。在坚持机会公正平等、地位和职位开放的基础上，运用差别原则，在社会关系调节、政策法规制定、利益分配等方面甄别出最

---

① 刘斌. 西方经济学中收入分配公平观述评［J］. 山西大学学报（哲学社会科学版），2004（4）：59 – 62.

② 张兵，董新凯. 罗尔斯的正义论对我国分配公平问题的启示［J］. 南京社会科学，2016（10）：152 – 156.

少受惠者，使之得到补偿，这样才能使穷人和社会不幸者的生活条件得到最大的改善，逐步缩小社会的不平等。①

（3）自由主义公平观。

亚当·斯密、哈耶克（F. A. Hayek）、弗里德曼（M. Friedman）等经济学家基于自由主义价值观，提出公平应该是分配起点的机会均等和分配过程的权利公平，反对国家对市场的干预，认为竞争性市场进程的结果是公平的，市场机制是实现社会公平的根本保证。哈耶克认为，在收入分配上，国家强制性进行均等化，势必使一部分人应得的合理报酬强制地被别人占去，这是不公平的。他还认为，公平不能是收入和财富上的均等，而应该是机会均等。弗里德曼指出："把平等——即所谓的结果均等——放在自由之上，其结果既得不到平等，也得不到自由。""另一方面，一个把自由放在首位的国家，最终作为可喜的副产品，将会得到更大的自由和更大的平等。"②

2.2 市场失灵及其表现

市场经济是指通过市场上供需关系形成的价格来决定资源配置的一种手段，通常认为这种资源配置方式是最有效率的，具有其他资源配置方式无可比拟的优势。但是，市场并非万能的，罗伯特·L. 海尔布隆纳（Robert Heilbroner）曾在其著作写到"对于私人需求，市场具有敏锐的听觉，但是，对于公共需要，它的耳朵却失聪了"。这说明"看不见的手"也有不能发挥作用的时候，这时我们就说"市场失灵"了。所谓的市场失灵（Market Failure）是指维持合乎需要的活动或停止不合需要的活动，其价格—市场制度偏离理想化状态，使市场对资源的配置是低效率的。③ 从定义可以看出，市场失灵并不是市场的崩溃或终结，而是市场机制的缺陷使资源的有效配置难以实现。这里说资源配置最有效率是指消费者购买商品的价格等于生产厂商生产该产品的边际成本。市场失灵具体表现在以下六个方面：

1. 市场经济难以实现经济的长期稳定发展

西方早期自由主义经济学家认为政府不必过多干预经济发展，他们相信市场这只"看不见的手"是更为有效的调节手段，政府承担"守夜人"的角色就够了。

① 刘斌. 西方经济学中收入分配公平观述评［J］. 山西大学学报（哲学社会科学版），2004（4）：59－62.

② 米尔顿·弗里德曼，罗斯·弗里德曼. 自由选择：个人声明［M］. 胡骑，席学媛，安强，译. 北京：商务印书馆，1982：152.

③ 胡代光，周安军. 当代国外学者论市场经济［M］. 北京：商务印书馆，1996：16.

但是，从西方市场经济发展历史来看，仅仅依靠市场是不够的，早期的资本主义经常会出现金融恐慌、通货膨胀、经济萧条等灾难性现象。这是因为市场经济是通过市场上的供求关系来决定资源配置的，其调节具有短期性、自发性与盲目性，难以预测未来的经济发展走向。经济的周期性波动是市场失灵的具体表现之一。

2. 市场经济会造成分配上的不公平

即使在完美运行的条件下，市场经济依旧可能会产生收入与消费水平上的不公平现象。萨缪尔森（P. A. Samuelson）在其书中写到“对市场的最后一种指责是：其收入分配的后果在政治上或道义上是无法接受的”。物品追求的是货币选票而不是最大满足。市场经济这一资源配置方式追求的是效率，无法保证分配上的公平。而社会民众对于收入分配的不公平程度具有一定的接受限度，当收入分配的不公平程度超过社会公众的容忍度，这一情况将会对社会稳定构成威胁，引发一系列的社会问题，阻碍经济增长。收入分配不公平的最直接影响是损害劳动者的生产积极性。收入差距过于悬殊也会抑制社会公众的消费需求，这是基于边际消费倾向递减规律这一经济假设条件得出的。收入分配上的严重不公平与两极分化将会导致社会的动乱不安。

3. 市场机制难以实现公共产品的有效供给

市场机制是生产私人产品的有效方式，公共产品由于具有非竞争性与非排他性，市场无法有效提供。这是因为作为市场经济主体的企业是依据市场价格来决定生产产品的种类与数量的，但是公共产品存在的“搭便车”问题与偏好显示问题使得依赖市场生产公共产品往往是无效率的，难以达到公共产品供给的最优水平。

4. 外部效应（Externality）是市场失灵的重要表现之一

外部效应源于英国“剑桥学派”创始人马歇尔（A. Marshall）在 1890 年发表的《经济学原理》一书，但是我们今天所说的“外部经济”与“外部不经济”的概念则是庇古在马歇尔的基础上引申而来的，其含义与马歇尔最初提出时有了很大的差别。在这里我们所讲的外部效应也称为外部性，这一概念是用来表示一个行动的某些成本或效益不在决策者的考虑范围内时所产生的低效率现象。换言之，外部效应是指某些企业或居民的经济行为影响了其他企业或居民，却没有承担相应的成本费用或没有获得应有的经济报酬的经济现象。萨缪尔森将外部效应定义为企业或个人向市场之外的其他人所强加的成本或效益，这是从外部效应的接受主体进行定义的。

根据影响的效果，外部效应可以分为正的外部效应和负的外部效应。正的外部效应也称为外部经济或外部效益，是指某些企业或居民的经济行为产生的效益，除了该企业或居民可以享受之外，还会惠及第三者。也就是说，给交易双方之外的第三者所带来的未在价格中得以反映的经济效益，生产该产品的社会收益大于私人收益，表现为正的外部效应。例如，养蜂除了能够提供蜂蜜，给蜂农带来收入之外，蜜蜂授粉还会帮助种植业农户田间农作物增产。又如美国电报公司的研究员发明了交换机，从而引发了一场电子革命，但该公司的利润增长却仅占全球社会获利中的很小一部分。

负的外部效应也称为外部成本或外部不经济，是指某些企业或居民的生产或消费行为使另外一些人蒙受损失，并且该企业或居民并未对所有损失予以补偿。也就是说，给交易双方之外的第三者所带来的未在价格中得以反映的经济成本，生产该产品的社会成本大于私人付出的成本，此时负的外部效应就产生了。负的外部效应的一个典型例子就是工厂的污水排放。对于工厂而言，直接排放污水会大大降低企业的生产成本，但污水未处理直接排放会污染下游居民的生活用水，危害居民健康。又如当你休息时，你的邻居打麻将的声音对你造成了困扰。

不难发现，外部效应的存在使得产品的生产或消费会偏离最优水平。对于存在正的外部效应的产品，由于个人获得的效益小于社会效益，个体会缺乏动力继续提供，从而使此类产品的生产数量低于社会需要的水平；而对于存在负的外部效应的产品，由于个人承担的成本低于社会成本，个人会大量生产该产品，使得此类产品的生产数量过多。显然，在边际私人效益（成本）与边际社会效益（成本）不相等的情况下，依靠自由竞争是不可能达到社会福利最大化的。

5. 信息不对称是市场失灵的重要表现

所谓的信息不对称，是指处于市场中的两个主体得到的信息不相等，在自由市场上，消费者与企业拥有的信息是不一致的，市场为消费者提供的信息往往比较少，这会影响消费者的购买决策。信息不对称理论最早由英国剑桥大学教授詹姆斯（James A. Mirlees）和美国哥伦比亚大学教授威廉（William Vickery）分别于 20 世纪 60 和 70 年代在信息经济学研究中提出。这一理论的提出推翻了“交易各方拥有完全对称的信息”的完全竞争市场的假设前提，他们也因此获得了 1996 年的诺贝尔经济学奖。

信息不对称认为几乎所有经验商品①的市场交易都是在信息不对称的情况下进行的。② 交易产品的提供者掌握的信息往往比消费者的信息更多更充分，是信

---

① 信息经济学把商品分为搜寻商品（Search Goods）和经验商品（Experience Goods）。所谓搜寻商品，是指用户通过在购买时触摸、掂量和视察等方式，凭直觉就能辨别特性的商品（如服装、蔬菜、水果、水产、肉等）。所谓经验商品是指需要在使用一段时间后才能辨别和了解其特性的商品（如汽车、电视机、电脑等）。

② 茅铭晨. 政府管制理论研究综述［J］. 管理世界，2007（2）：137－150.

息的优势方。基于理性经济人假设，交易产品提供者出于利润最大化的考虑，不愿意将自己掌握的信息提供给消费者，因此资源配置没有办法实现帕累托最优。

乔治·斯蒂格勒（George Stigler）认为私人信息与搜寻成本这两个方面是导致信息不对称的重要原因。由于社会分工形成了生产的各个环节，各个生产环节的交易者拥有的知识各不相同，这导致了信息不对称的产生。当然，信息劣势方通过四处打听可以获取尽可能多的信息，弥补自身在市场上的劣势。但是信息搜集的过程并不是那么简单的，它需要耗费一定的时间、金钱、精力等，也就是说信息搜集的过程是耗费成本的。作为理性经济人，信息搜集者会在信息收益与信息成本之间进行权衡，当信息的搜集成本超过信息收益的时候，此时继续搜集信息是不理性的，信息搜寻者会停止搜寻信息。

信息不对称会引起道德风险和逆向选择，使市场无法实现对资源的优化配置，产生市场失灵。① 逆向选择（Adverse Selection）是指当交易双方的信息不对称而导致市场上的劣质品驱逐优质品，从而出现劣胜优汰的结果，这属于事前的信息不对称。逆向选择的存在意味着潜在的帕累托效率没有办法实现，这最早是由阿克尔洛夫（G. A. Akerlof）观察到的。他在《次货市场：质量的不确定性和市场机制》中提到二手车市场是逆向选择的一个典型例子。在二手车市场上，卖家对于二手车的质量、磨损情况等有着更为全面的了解，而买家不能分辨车质量的好坏。假设目前市场上正好有两辆你想要买的汽车，型号相同但价位不同，一辆车的价值为 14 万元，另一辆车的价值为 10 万元。由于消费者对车的价值一无所知，也没有办法鉴定车的好坏，且知道有一定的概率会买到次车，因此消费者只能根据市场上汽车的平均质量进行定价，可能愿意出的价格为 12 万元。这时会出现什么情况呢？此时价值为 10 万元的卖家愿意留在市场上等待交易，而价值为 14 万元的卖家则会选择退出市场。随着市场上次车的数量增多，买家买到次车的概率增大，压价会更严重。这样一来，好车的车主渐渐不再愿意往市场投入好车，从而使次车充斥整个市场。也就是说，当逆向选择普遍存在于产品市场中，会驱使生产者生产低成本、低质量的产品，损害生产高质量产品的生产者的利益，这不仅阻碍科技进步，也让消费者难以享受高质量的产品与服务。

道德风险（Moral Hazard）是指从事经济活动的人在最大限度地增进自身效用的同时做出不利于他人的行动。换言之，道德风险是签约一方不完全承担风险的后果时所采取的自身效用最大化的自私行为。一般指代理人因拥有信息优势而损害委托人的利益，这类问题容易发生在具有委托—代理关系的交易行为当中，

---

① 茅铭晨. 政府管制理论研究综述［J］. 管理世界，2007（2）：137－150.

是一种事后的信息不对称。道德风险的一个典型例子是保险市场。以火灾保险为例，在没有购买火灾保险之前，如果不幸发生火灾，个体需要承担火灾导致的一切经济后果。这时候，消费者就有极强的动机采取防范措施来预防火灾的发生。当消费者签订了火灾保险的合同后，由于花钱购买了保险，一旦火灾发生，保险公司按照合同需要进行理赔，此时火灾的损失转嫁给了保险公司，火灾的发生不再会增加、至少不再大规模地增加个体的成本。但是消费者有可能因为购买了火灾保险而降低防范意识，不再积极采取防范措施预防火灾的发生，这就导致了道德风险。保险合同的签订将风险转嫁给保险公司，个体失去合作动机，从而使风险发生的概率大大增加。比如，拥有高额火灾保险的工厂可能就会忽视厂房的防火问题，而购买了盗窃险的人不太可能购置安保系统。

6. 市场经济无法预防垄断

在完全竞争市场中，任何企业和个人都无法影响价格，都是市场价格的接受者。张伯伦（E. H. Chamberlin）、罗宾逊夫人（Joan Robinson）正是在这个微观经济学的假设基础之上，考察了垄断和垄断竞争条件下的生产者行为，将垄断现象置于市场内生的地位来考虑，从而使垄断成为研究市场失灵的第一个着眼点。[①] 但市场本身的运行会使得资源集中在少数人手中，形成对市场的垄断，从而导致市场竞争机制的扭曲。[②] 不完全竞争与垄断是市场有效性受到损害的重要原因之一。垄断是不完全竞争的极端情况，是指卖方数量非常少，甚至可能只有一个，此时市场上的卖方对于某种产品或劳务的价格具有非常大的影响力。此时，企业不会按照“边际收益等于边际成本”的原则进行生产，而是会使产品的定价高于边际成本，以获取超额利润。此时该产品的产出就会低于有效率的水平，市场的有效性就会受到损害。

市场垄断是市场力量或技术原因导致的垄断，目前这类垄断在我国很少。举几个典型例子：一些国外企业如微软、英特尔对我国市场计算机操作系统、芯片的垄断，北大方正对计算机中文出版系统的垄断等；2002 年中国电信与中国网通签订协议，联手提供大客户服务的行为，同样具有市场垄断的色彩。不过，市场垄断在我国还没有出现垄断性行业的情况。[③]

自然垄断是垄断中的一种特殊情况。目前学术界对于自然垄断的定义主要是从规模经济的角度考虑的，如果一个行业中，一家企业经营的成本低于两家或两

① 刘辉. 市场失灵理论及其发展［J］. 当代经济研究，1999（8）：39－43.
② 刘辉. 市场失灵理论及其发展［J］. 当代经济研究，1999（8）：39－43.
③ 王学庆. 垄断性行业的政府管制问题研究［J］. 管理世界，2003（8）：63－73.

家以上的企业，那么可以认为这一行业就是自然垄断行业，此时，垄断就是合理的，竞争反而会造成低效。这时需要政府用强制手段控制行业市场准入，以避免由于竞争造成的资源浪费，保证该行业的规模经营。

2.3 政府的经济活动与经济职能

在理想的市场经济中，所有的产品与服务都可以通过供求关系形成的价格信号实现市场均衡，使社会可用资源实现有效配置。但在第二节中，我们了解了市场在资源配置过程中并不是完美无瑕的，有时候也可能产生我们不想要的结果，如垄断、不完全竞争、外部效应、分配不均、信息不对称、经济的周期波动等。此时，仅依靠“看不见的手”是不够的。20 世纪 30 年代出现的世界性经济危机使自由市场经济理论受到了极大的挑战，政府作为“守夜人”的传统观念受到了人们的质疑。这时凯恩斯的政府干预经济理论开始受到人们的关注。政府干预经济理论认为市场总体上是有效的，但是又存在不足，这就需要政府针对市场机制的缺陷承担起更多的责任，采取各项举措刺激有效需求。

2.3.1 政府经济活动的范围

1. 提供公共产品和劳务

具有非竞争性和非排他性的产品难以通过市场来提供，因为无法计算每个消费者的消费量，所以难以确定价格，依靠私人企业没有办法实现有效供给。由于有些公共产品前期需要巨额投资、工期长，投产后投资回收慢，私人资本不愿意介入，但这些产品又对于满足民众生活、维持社会的正常运转与发展具有重要作用，因此必须由政府介入，由政府部门提供那些社会边际效益大于社会边际成本、不能通过市场有效供给的公共产品和服务，典型的例子就是灯塔的修建。

灯塔能够为海上航行的船只护航照明、指明方向，早期作为海上强国之一的英国，其灯塔主要是由私人企业提供的，由临海人家出钱建设灯塔，然后根据过往船只的大小和次数向船只收费，以此作为维护灯塔设施的日常开支，并获取投资收益。但是建造灯塔的人后来发现，有些船只总是想方设法逃避缴纳灯塔的使用费，他们会绕过收费站来逃避付费，或者干脆就宣称没有享用灯塔的服务，拒绝交费。这种现象扩散开来，自觉交费的船只越来越少，以致灯塔经营者入不敷出。于是，灯塔经营者专门建立了一支队伍，配置了专门的装备来监督和核查过往船只的交费情况。这样一来，虽然灯塔的收入有所增加，但支出也增加了，灯塔经营还是入不敷出。经营者被迫再次提高收费，然而收费的提高促使更多船只试图逃避付费，而雇用更多人员监督收费又会使成本进一步上升。如此这般，私人灯塔制度终于维持不下去了，没人愿意再出钱建立灯塔。但是灯塔对于船只安全航行的必要性并未改变，航海者还是需要灯塔这种服务。最后，只能由英国临海的各地方政府出资兴建并维护灯塔的运营。

2. 矫正外部效应

前面已经说到外部效应是由私人边际成本和社会边际成本以及私人边际效益和社会边际效益之间的非一致性造成的。那么，为了解决外部效应，就需要通过一定的方式和手段使私人边际成本（效益）与社会边际成本（效益）相等。政府可以通过界定产权明确双方的权责边界，制定法律，完善相关的政策法规，规范和监督经济主体的行为，避免因外部效应而导致的市场失灵。产权界定作为当事人之间缔结或改变权利合约的互动过程，是经济生活史上一项重要的社会活动。[①] 对于负的外部效应，政府可以通过行政处罚、税收等方式增加私人边际成本，使私人边际成本与社会边际成本相一致，用于纠正负的外部效应而征收的税被称为庇古税；对于正的外部效应，政府可以通过补贴等手段增加私人边际效益，实现私人边际效益与社会边际效益相等，促使企业增加产品产量，实现有效供给。以“烟尘污染”为例，一家工厂的烟囱产生的灰尘导致某一个地区灰尘弥漫，空气质量差，那么工厂的行为就具有负的外部性，此时如果政府能够征税或实施行政处罚，使工厂随意排放烟尘这一行为受到惩处，将税收或行政处罚所得用于补偿这一地区的居民，那么就能使这一地区的环境得到较大的改善。

3. 维持有效竞争，防止市场垄断

垄断有三种类型：市场垄断、行政垄断和自然垄断。其中，自然垄断一般存在于生产具有规模经济、成本弱增性或次可加性特征的产品的行业，是经济社会运行和发展所必然产生和必需的。这是因为有些领域，比如电力和电视信号等，具有规模经济的特征，且边际成本很小，由单一的企业生产是最有效率的一种方式，如果多家企业参与到此类产品的生产当中，并不能因为竞争而提高效率，反而容易因为重复建设而造成资源浪费。因此，由政府部门制定有关政策法令，实施禁止垄断、维持市场有效竞争的措施，防止企业利用垄断地位换取超额利润，保证竞争性市场在资源配置方面的效率。一般认为，政府可以运用法律手段和经济手段对垄断进行管制。

4. 政府管制

管制是用以指导人们从事或减少某些经济活动，比如对工业污染的限制、强制检验新药安全性等。管制是政府解决垄断、外部效应与信息不对称的有效手

① 折晓叶，陈婴婴. 产权怎样界定：一份集体产权私化的社会文本［J］. 社会学研究，2005，20（4）：1-43，243.

段。现存的关于管制的讨论，已经不是政府是否应该管制，而是政府应该管制什么以及如何管制。20 世纪 30 年代，美国许多行业均处于经济管制之下，价格、市场进出条件、安全标准等都由政府确定，在管理价格与企业标准之外，国家还试图通过越来越严格的社会管制保护公民的健康安全。① 在市场竞争无法良好运作的时候，政府可以扮演经济竞争的仲裁者。政府应该成为安全标准、财务报告正确性与信息披露的合理仲裁者。

5. 调节收入分配

若由“看不见的手”自由决定资源配置，资源的配置可能是有效率的，萨缪尔森曾说，“无管制竞争所带来的收入的分配，就像丛林中的动物依靠暴力来捕获食物的达尔文式分配一样，充满着随意性”②。这很生动地说明了市场经济的效率可能是建立在收入分配不均衡的基础之上的。为了缓解收入分配上的不公平，需要政府介入。政府可以通过税收等政策的制定来实现收入的再分配。比如超额累进税率、转移支付等手段都是为了缓解社会收入差距过大，对收入分配状况进行调节，解决市场经济条件下收入分配不公的问题。社会保障政策也是调节收入差距的有效手段，许多国家也通过构建社会保障体系，为社会成员编织了一张社会安全网。

6. 稳定经济

在资本主义发展的早期阶段，通货膨胀、经济大萧条等经济的周期性波动频繁，严重影响人民生活与社会发展。在经济萧条时，大量工厂倒闭，失业人口增加，形成严重的经济和社会危机；在经济过热时，出现严重的通货膨胀，阻碍经济的增长，造成经济衰退。为了维持社会稳定，实现充分就业，政府需要担当起维持经济稳定发展的责任，制定能够促进经济长期增长的经济政策，努力熨平经济的周期性波动，防止经济衰退时出现大规模的失业或是经济过热时出现严重的通货膨胀。

2.3.2 政府的经济职能

政府从社会经济生活的宏观角度，履行对国民经济进行全局的规划、协调、服务的职责。政府的经济职能是指为了达到一定的目的，政府采取的组织和干预社会经济活动的方法、方式、手段的总称。一般认为政府的经济职能包括资源配置职能、收入分配职能、稳定与发展经济职能。

1. 资源配置职能

政府的资源配置职能强调的是通过政府有目的的介入，确保资源能够得到有

---

① 萨缪尔森，诺德豪斯. 经济学［M］. 19 版. 萧琛，译. 北京：商务印书馆，2013：314.

② 萨缪尔森，诺德豪斯. 经济学［M］. 19 版. 萧琛，译. 北京：商务印书馆，2013：153.

效的利用。一般认为政府的资源配置职能包括纠正市场的不完善、矫正竞争的不完全。外部效应、公共产品与信息不对称是市场不完善的具体表现。政府管制（Government Regulation）是指对价格、产量或投资决策施加特别限制，管制通常试图直接改变市场结果。现代意义上的政府管制与国家干预的内涵具有重合性，政府管制是国家干预的有效手段。一般认为政府管制制度产生于十九世纪八九十年代的美国，其出现以美国建立反垄断管制和经济性管制为标志。

政府管制是指政府基于公共利益或者其他目的，依据政府制定的法规对被管制者的活动进行的管制，也被称为公共管制。按照政府管制领域，可以将政府管制划分为经济管制、政治管制与社会管制。①

经济管制是指政府对经济活动领域的管制。自然垄断理论是政府经济管制的重要理论。自然垄断理论的一般观点是：由于规模经济性，自然垄断产业网络系统、基础设施的固定成本高、"沉淀性"大，具有显著的规模经济和外部效应，为社会经济活动和民众生活提供基础性、稀缺性公共商品和服务，因此应当排除或限制竞争，仅由一家企业或极少数几家企业垄断生产，以保证其规模经济；同时，为满足公共需求，防止自然垄断企业滥用垄断力量侵害消费者的利益，对自然垄断产业应当实行进入、退出、质量、价格等方面的政府管制。② 狭义上的经济管制是指对自然垄断产业的管制。广义上的经济管制涵盖了经济活动领域的政府管制。与广义的经济管制相对应的是纯粹的社会管制，如人口生育管制、对传染病患者的管制，等等。

政治管制是指政府对政治活动领域的管制，如政府对结社、集会、游行等活动的管制。政治管制一般使用行政手段和法律手段，主要是行政处罚和刑事处罚。社会管制是指政府对社会活动领域的管制，如对涉及健康、安全和环境以及其他存在严重信息不对称领域的管制。这些问题是伴随着工业社会的发展而逐渐产生的，对人类的生存、发展以及经济社会的可持续性发展构成严重威胁。如针对食品安全问题，美国在1906年制定了食品与药品法，建立食品和药品管理局，承担对食品药品的管制职能。③

但是经济管制、政治管制与社会管制之间的界限并不一直都是非常清晰的，而是存在着相同或是交叉的地方。有些政府管制既属于经济管制，又属于政治管制或社会管制。

政府可以通过对私人行为的直接干预或对私人行为的直接替代来矫正竞争的不

① 曾国安．管制、政府管制与经济管制［J］．经济评论，2004（1）：93－103．
② 茅铭晨．政府管制理论研究综述［J］．管理世界，2007（2）：137－150．
③ 茅铭晨．政府管制理论研究综述［J］．管理世界，2007（2）：137－150．

完全。当垄断或寡头厂商合谋操纵价格或将其他厂商驱逐出市场的时候，政府可以采取反托拉斯政策进行管制。反托拉斯（Antitrust）法也就是反垄断法，是政府管制的一个重要手段。世界上第一部反托拉斯法案是共和党议员约翰·谢尔顿提出的，在 1890 年投票通过，又被称为《谢尔曼法》。反托拉斯法包括两种选择：法律禁止反竞争的潜在的兼并收购（结构），并且禁止反竞争的市场实践（行为）。

2．收入分配职能

收入分配职能也叫作再分配职能，是指政府对市场活动所产生的收入分配进行调整，通过收入转移或者减税增加某些人的收入，通过征税减少某些人的收入。这是因为人在努力程度、天赋能力、受教育机会、继承权、运气等各个方面存在差异，在市场机制下收入分配的结果可能大大违背了公平这一目标，从而使整个社会存在着巨大的收入差距。作为政府，需要通过一定的收入再分配政策和建立社会保障制度，将收入分配差距限定在一个社会成员可以接受的范围之内。政府可以通过“税收杠杆”调节社会分配不均的现象，协调各主体之间的利益关系，以维护社会稳定。社会保障是市场经济得以顺利运行的“安全网”，是保障和改善民生、维护社会公平、增进人民福祉的基本制度保障。实质上，政府干预收入分配的过程就是“调高、扩中、提低”的过程。“调高”是指政府通过个人所得税、财产税等财政收入手段的累进性，调控不合理的高收入；“扩中”是指合理调整个人所得税税基和税率结构，提高工资薪金所得费用扣除标准，减轻中低收入者的税收负担，同时，提高公共服务支出的比重；“提低”是指政府通过社会福利、补贴等形式增加低收入者的收入。①

3．稳定与发展经济职能

政府通过科学有效的宏观调控发挥稳定与发展经济职能。宏观调控有四个目标，分别是充分就业、物价稳定、经济增长和国际收支平衡。没有宏观经济政策，经济往往易于大幅度波动，或长期为持续的失业与通货膨胀所苦。更为糟糕的是，失业和通货膨胀可以同时存在。政府可以通过财政政策、货币政策以及紧急行政措施对经济进行干预和调节，以实现经济的平稳运行，进而促进社会经济的持续发展。

所谓的财政政策，是一国政府为实现一定的宏观经济目标而调整财政收支规模和收支平衡指导原则及相应的措施，是税收权力和预算支出权力的运用。根据调控经济的作用方式，财政政策可以划分为扩张性财政政策、紧缩性财政政策和中性财政政策。扩张性财政政策指当社会总需求不足时，通过财政分配诸要素的

---

① 耿晋梅，岳树民，岳希明．政府再分配政策调节居民收入作用的比较分析［J］．地方财政研究，2015（12）：4－11．

变动，刺激社会总需求增加的财政政策。主要途径有两个，一是减少财政收入，主要是降低税收、降低政府规费；二是增加财政支出。紧缩性财政政策指当社会总需求过于旺盛时，通过财政分配诸要素的变动，抑制社会总需求的增加或减少总需求的财政政策。常见途径有：一是增加财政收入，提高税率，增设税种，扩大增收范围，减少税收优惠，等等；二是减少财政支出，降低社会保障水平，压缩公共建设支出，等等。中性财政政策也被称为稳健财政政策，是在社会供需基本均衡时实行的适度财政政策。

货币政策是指通过调整货币供应量和利率水平，进而影响资本品的投资和其他利率敏感性的支出。[①] 现实中，为了宏观经济稳定，中央银行通常需要综合运用多种货币政策工具，这些工具可以分为数量型和价格型两类实质性调控工具，以及选择性信贷政策和窗口指导两类指导性政策工具。数量型货币政策工具侧重于直接调控货币供给量，主要包括公开市场操作（如中央银行票据的发行与回购）和准备金率调整。价格型货币政策工具侧重于间接调控，通常借助于金融市场的长短期利率期限结构来影响市场预期和经济行为。[②] 选择性信贷政策是指中央银行根据国家宏观调控和产业政策要求，对金融机构信贷总量和投向实施引导、调控和监督，以优化信贷资金配置进而促进经济结构调整。窗口指导是指中央银行运用其在金融体系中的特殊地位和影响，引导金融机构主动采取措施防范风险，通过劝告和建议来影响商业银行信贷行为，属于非强制性的货币政策工具，是监管机构实现监管目标的方式。

紧急行政措施就是对于突发性事件，政府通过行政手段或立法等对经济社会生活的强制性干预。财政政策与货币政策在很大程度上还是借助市场机制发挥作用，而紧急行政措施更多的是通过行政命令影响社会发展。紧急事件一般具有突发性、不可避免性，当紧急状态来临时，如何实现控制事态和依法办事之间的两全，如何确保迅速有效控制局面与最大程度保护公民基本权利之间的适度平衡，既是衡量一个国家是否真正兑现了法治的试金石，也是衡量一个政府是否具有高超治理水平的检测器。[③]

政府经济职能是对市场失灵和市场缺位的补充，也是对市场缺陷的补救。但需要注意的是，政府并非万能的，政府干预经济活动也可能导致新的问题，如“政府失灵”（Government Failure）的出现，会进一步恶化市场失灵的结果，造成

① 萨缪尔森，诺德豪斯．经济学［M］．19版．萧琛，译．北京：商务印书馆，2013.

② 李成，马文涛，王彬．通货膨胀预期、货币政策工具选择与宏观经济稳定［J］．经济学（季刊），2011（1）：51－82.

③ 江必新．紧急状态与行政法治［J］．法学研究，2004，26（2）：3－16.

资源的低效甚至无效配置。政府在行使其经济职能中出现的错位、越位与缺位现象就是“政府失灵”的表现之一。因此，需要对政府职能进行准确定位，通过法律法规规范政府的行为，更好发挥政府的作用。

本章小结

首先，市场体系是指相互联系的各类市场的有机统一体，本章简单描述了产品市场与要素市场之间的关系。在人类社会中，不同社会采用的资源配置制度与机制有所不同，由此形成了三种资源配置方式，分别为市场经济、计划经济和混合经济，混合经济介于其余二者之间。不同资源配置方式对生产什么和生产多少、如何生产以及为谁生产这三个最基本的经济问题的回答不同。

其次，本章介绍了资源最优配置的评价标准。资源最优配置，从狭义上看，是指怎样用有限的要素生产出尽可能多的产品，如何生产符合人们偏好的产品，以及在收入一定的情况下怎样通过交换获得最大满足。从广义上看，资源最优配置要解决的问题包括效率、公平和稳定三个方面的内容。衡量效率的原则是帕累托最优。不同学者对公平的认识与定义存在着差异，大致可以划分为功利主义公平观、罗尔斯的公平观和自由主义公平观。

最后，本章介绍了市场失灵的种种表现与政府在市场失灵时应履行的经济职能。市场失灵主要表现在经济的周期性波动、分配不公、公共产品、外部效应、信息不对称、垄断六个方面。政府经济职能是对市场失灵和市场缺位的补充，其主要包括资源配置职能、收入分配职能、稳定与发展经济职能三个方面。

复习思考题

1. 资源配置的方式有哪些？不同资源配置方式之间有何区别？
2. 市场的三大经济问题是什么？
3. 请说明资源配置效率的衡量标准。
4. 市场失灵的具体表现有哪些？
5. 你认为应该如何处理好政府与市场之间的关系？
6. 案例分析：

拥有千年历史的武夷岩茶，向来价格不菲。但在今年春节期间，媒体调查发现，“天价岩茶”愈演愈烈，有的还打着“非卖品”名义“天价”出售，少数岩茶被炒作成“办事茶”“送礼茶”，成为热门高端礼品，并滋生回收、代售等变现业务。

据报道，在市场上疯传的“天价岩茶”里，上榜岩茶分“非卖品”和“在售品”，其中“非卖品”有18款茶，每斤价格均在10万元以上，售价在30万元以上的有14款；“在售品”有七八十款，每斤价格在5万元以上……这显然都不是普通消费者可以承受的。

“炒茶”若是市场化操作、未偏离法治轨道，那或许还在“市场行为”的范畴。但眼下看，有些“炒茶”行为背后有串联操纵价格的嫌疑，还附着了太多的利益勾兑需求。

比如，有公司进入武夷山收购茶农产品，注册一个商标，取个花名，文案做漂亮，包装搞奢华，以“榜单”“稀缺”“非卖品”等为噱头，蓄意推高价格。

不必讳言，“天价岩茶”不仅扰乱市场，还会让茶农受到伤害。报道显示，这些年高端岩茶火爆，受益的却主要是茶商和少数茶农，武夷山大多数茶农不但没有受益，反而成为受害者。比如，“天价”等乱象，导致岩茶的信誉度有持续下降的趋势，乃至大量中低端岩茶遭遇市场滞销“寒流”，其对相关产业的伤害不能小觑。

（材料来源：何睿．30万元1斤，“天价岩茶”伤了谁？［N/OL］．新京报，2021－02－19．https://www.bjnews.com.cn/detail/161374573915688.html．材料有修改）

请问材料中体现了什么问题？你认为“天价岩茶”问题应该如何解决？

推荐阅读资料

1．斯密．国民财富的性质和原因的研究：上卷［M］．郭大力，王亚南，译．北京：商务印书馆，1981．

2．萨缪尔森，诺德豪斯．经济学［M］．19版．萧琛，译．北京：商务印书馆，2013．

3．凯恩斯．就业、利息和货币通论［M］．徐毓枬，译．北京：商务印书馆，1981．

网上资源

1．美国商务部（U.S. Department of Commerce）．https://www.commerce.gov/．

2．经济合作与发展组织（OECD）．http://www.oecd.org/．

3．美国国家经济研究局（National Bureau of Economic Research）．https://www.nber.org/papers．

第 3 章　公共经济主体

CHAPTER 3

学习目标

1. 熟悉掌握政府、私人企业、社区、NGO、国际组织这五类公共经济主体的概念，厘清它们之间的界限。
2. 熟悉掌握政府、私人企业、社区、NGO、国际组织在经济生活中承担的角色及各自的功能。
3. 了解五个公共经济主体提供公共产品的优势，并会分析各个主体的优势与不足。
4. 应用本章知识对经济生活案例中的经济主体的行为进行分析与研究。

引例

央企供给侧改革见实效

去产能、“处僵治困”、压缩管理层级、减少法人户数、剥离企业办社会职能和解决历史遗留问题……近年来，中央企业供给侧结构性改革持续深化，“解决了一大批长期想解决而没有解决的难题，在国有企业改革重要领域和关键环节实现了重大进展。”在日前召开的媒体通气会上，国务院国有企业改革领导小组办公室副主任、国务院国资委副主任翁杰明这样评价。记者从会上了解到，央企在多个领域的改革取得积极成效，高质量发展基础进一步夯实。

去产能任务提前完成

“2015 年前后煤炭行业严重供过于求，几乎全行业亏损，形势严峻。”谈到几年前的情形，中煤集团党委常委、总会计师赵荣哲回忆说。

“十三五”期间，去产能被列为供给侧结构性改革的首要任务。中煤集团主动引导有序退出煤炭落后产能，几年来关闭 11 座矿井退出产能 2450 万吨，核减 6 座矿井产能 2306 万吨，累计化解煤炭过剩产能 4756 万吨，超额完成去产能工作任务。集团利润总额也从 2015 年亏损 40 亿元转变为今年预计盈利 150 亿元。

这几年，央企去产能工作取得实实在在的成效。会上介绍，2016 年以来，中央企业关闭退出钢铁产能 1644 万吨，煤炭产能 1. 19 亿吨，整合煤炭资源 2. 4 亿吨，妥善分流安置职工 12 万人，提前完成去产能总体目标任务。

随之带来的不仅是经济效益的提升，更是央企布局结构的优化，市场竞争力的增强。

“目前形成了以中国宝武和鞍钢两家世界级钢铁专业公司为主、新兴际华集团以铸管为特色的中央钢铁企业新格局；改变了中央企业煤炭资源分布散、同质化经营、重复建设的局面，基本实现了非煤主业企业原则退出煤炭行业的目标。”翁杰明说。此外，中国宝武粗钢产量突破 1 亿吨；国家能源集团 24 家千万吨煤矿企业入选全国绿色矿山名录……央企行业领军作用再进一步。

解决历史遗留问题有突破

2020 年 12 月 23 日，鞍钢集团与辽宁省鞍山市签订《鞍钢厂办大集体改革改制企业股权无偿划转协议》，110 多户实施重组改制的企业股权正式划转鞍山市，累计安置集体企业职工和集体退休人员 15. 2 万人，标志着鞍钢厂办大集体改革基本完成。

“鞍钢厂办大集体是多年想要解决而未能解决的历史难题。在‘十三五’顺利完成这项任务，为企业发展奠定了基础，更提振了我们对未来发展的信心和决心。”鞍钢党委副书记栗宝卿说。

剥离企业办社会职能曾是许多国企改革的难点。“供给侧结构性改革之要，就是去除无效供给。过去国企长期承担社会管理职能，但随着政府公共管理职能加强，企业提供的服务与政府服务产生了差距，改革势在必行。”翁杰明说。

截至2020年11月底，全国国有企业职工家属区“三供一业”(供水、供电、供热及物业管理)、市政社区管理等职能分离移交、教育医疗机构深化改革等基本完成；退休人员社会化管理完成92.1%；厂办大集体改革完成98.1%，累计安置在职职工171.2万人。

据介绍，本轮改革每年直接减轻企业负担1500亿元，解决了国有企业大而全、小而全的弊端。据国家电网、南方电网测算，供电职能分离移交每年减轻国有企业负担110亿元。剥离企业办社会职能将全国国有企业办社会职能涉及的2430亿元资产转化为主业资产，促进国有资本和国有企业做强做优做大。

高质量发展基础更夯实

底数不清、机构臃肿、管理链条偏长……过去，一些中央企业存在这些方面问题。2016年以来，国资委全面推进“压缩管理层级、减少法人户数”工作。截至目前，所有中央企业的管理层级控制在5级以内（含5级)，法人总数累计减少超过1.7万户，减少比例超过30%。

在中国中铁，2016年以来累计压减法人企业377户，压减比例达34.9%，安置职工1.3万人。“此举节约管理费用5.1亿元，回收和吸引资金93.2亿元，有效提升了企业经济效益和发展质量。”中国中铁副总裁任鸿鹏说。

自压减工作开展以来，中央企业累计减少人工成本350亿元，减少管理费用298亿元，全员劳动生产率由44.6万元增加到59.3万元，提升比例超过30%。通过压缩管理层级，各央企集团总部指令更及时准确地传导至基层单位“神经末梢”，集团管控能力不断增强。

此外，2016年，国资委明确用3年时间基本完成“僵尸企业”和特困企业处置治理任务。截至2019年末，纳入“处僵治困”工作范围的2041户子企业已实现经营扭亏，基本完成主体工作任务。

“从实践效果看，这项工作加快了中央企业结构调整转型升级步伐，化解了局部债务风险隐患，夯实了高质量发展的基础。”翁杰明说，2021年将按照国企改革三年行动方案部署要求，指导推进各地、各中央企业再接再厉，确保全面完成各项改革任务。

[案例来源：李婕. 央企供给侧改革见实效［N/OL］. 人民日报（海外版)，2021-01-04. http://paper.people.com.cn/rmrbhwb/html/2021-01/04/content_2027108.htm]

引言

本章在介绍公共经济主体与多中心化发展趋势的基础上，阐述了政府、私人企业、社区、NGO、国际组织这五类公共经济主体的定义及特征，讨论了政府的职能及政府失灵问题，分析了私人企业、社区、NGO、国际组织提供公共产品的条件或具备的优势，以及NGO、国际组织发展的原因。

3.1 公共经济主体的概述与发展趋势

公共经济主体对社会经济活动具有重要影响，研究公共经济活动必须关注公共经济主体。在这里，公共经济主体主要是指参与到公共经济活动中的组织或集体。一般而言，公共经济主体有政府、私人企业、社区、NGO、国际组织五类。在以上几个主体中，政府作为最重要的主体连接着其他四个主体。公共经济活动并非一般的经济活动，公共经济活动涉及全社会人民的福祉，因此提供公共产品和服务的主体必须行事有效、为人民服务，带有一定的福利性。

在传统社会中，政府是公共经济唯一天然的主体。在公共经济活动中，尤其是普适性较强的公共产品的供给，一般都具有成本高、规模大、周期长、收益低等特点，且不易将“搭便车”的行为排除在外，正是这些与私人产品不同的特点，使得私人企业无法、无力或无意来提供这些公共产品。但政府不同，政府具有动员大量社会资源的能力，可以通过立法强制实施政策，具有广泛社会代表性的优势。因此上述产品一直以来都由政府提供。但随着工业化的加速、社会保障的改善、人民需求的增长等各方面发生的变化，以及政府本身暴露出的弊端、其他公共社会主体如私人企业、社区、NGO的发展，使得政府不再拥有提供公共产品的独有优势。人们开始对比，并通过投票等规则选择主体来为自己提供更好的公共产品和服务。

在公共经济活动中广泛存在政府失灵的现象，这为公共经济主体呈现多中心化的趋势埋下了“定时炸弹”（如图3－1所示）。首先，相比于私人企业，政府系统缺乏明确的绩效评估体制，其生产的效率和效益更难测量，政府官员工作缺乏激励，普遍存在效率低下的现象；其次，官员也是理性经济人，在经济活动中，常常会出现权力寻租现象，扰乱市场秩序，违背社会道德；最后，政府也在不断地发展，不停地进入到新的公共服务领域中去，扩大覆盖面，力图改善民生。的确，政府的扩大为更广泛的人群带来了更高的福利，但与此同时，越来越臃肿的政府机构也使得政府的财政负担不断加重，严重的财政赤字并不少见，长久之后反而影响了人们的福利享受。

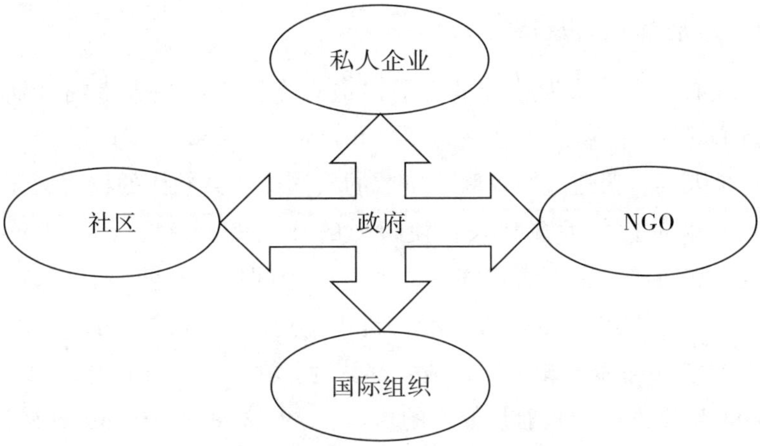

图 3－1　公共经济主体多中心化趋势

在后官僚政治社会中，在解决社会和经济问题时，存在着责任及界限的模糊性，政府不再是唯一的权力中心，社区、地方、NGO 及国际组织，甚至包括私人企业等，都在参与公共服务的提供和社会的战略性决策。① 在现代社会中，人们对公共经济尤其是公共产品的认识不断发生变化，传统上对于具有非排他性和非竞争性的公共产品只能由政府提供的观念开始改变，人们逐渐意识到公共产品是可以分类的。按照产品是否完全满足消费上的非排他性等特点，可分为纯公共产品和准公共产品；按照产品的形态划分，可分为有形和无形的公共产品；按照覆盖地域范围，可分为全国性的公共产品和地方性的公共产品。人们观念的转变与需求的增长使更多的公共经济主体愿意或想要参与到公共经济活动中。

20 世纪以来，科学技术的迅速发展也为其他经济主体参与到公共经济活动中来提供了技术上的可能性。全球化背景下，跨国公司、国际组织等的发展，让世界的交流更加频繁，建立基于公正原则的某种超国家机制，以联合各个国家参与国家公共经济问题的治理成为必然趋势。如今，公共经济主体已呈现多中心化趋势，政府不再是公共经济活动的唯一主体，属于政府独放异彩的时代已经过去。政府、私人企业、社区、NGO 和国际组织共同治理，构建新的公共经济治理网络才是正确的发展道路。

① 黄健荣．公共管理新论［M］．北京：社会科学文献出版社，2005.

3.2 公共经济主体：政府

3.2.1 政府的定义及特征

什么是政府？边沁认为政府是为了“最大多数人的最大幸福”而存在。在洛克（John Locke）看来，政府是为了“the public good（公共利益）”而存在，他认为政府是人们自愿通过协议联合组成的共同体，共同体的权力属于其中的大多数人，政府就是代替大多数人行使权力的裁判者。卢梭（J. J. Rousseau）认为，政府就是在臣民与主权者之间建立的一个中间体，以使两者得以互相适合，它负责执行法律并维护社会以及政治的自由。近现代西方认为，卢梭的“中间体”和洛克的“共同体”相类似，他们都认为，在这个“中间体”或“共同体”里，一切权力属于人民，政府是权力的执行者。① 这种看法在西方比较流行。

阿尔蒙德认为，政府是一套制定和执行政策的结构，是在一定领土上对一定人民具有约束的权威。海曼侧重用政府的活动内容来定义政府，他认为：“政府是这样一个组织，其目的在于对居住于某一社会内的个人的活动进行管理，提供基本服务，并为此类服务提供资金。”② 在内阁制国家，“政府”一词也用来代表国家最高行政机构的核心，即“内阁”。在我国，古人称政府为宰相治理政务的处所，孙中山先生将国家权力分为民权和治权，民权包括选举、罢免、创制、复决四种权力，治权即政府权，包括立法、行政、司法、考试、监察五种权力，这里的政府实际上变成了处理立法、行政、司法等实务的机关，同样兼有统治、执行和管理的含义。

一般来说，政府（Government）是一个政治体系，是于某个区域订立、执行法律和管理的一套机构。广义的政府包括立法机关、行政机关、司法机关、军事机关。狭义上的政府仅指行政机关。

从DIM（决策、信息、动力）方法来分析政府的决策、信息、动力机制的特征以及对经济行为的影响，可以得到经济学意义上的政府的可操作性的界定。首先是决策机制。政府在决策上具有强制性、公共性和普遍性的特征，这使得政府具有课税、禁止或允许、节约交易成本、遏制“搭便车”的优势，且政府拥有强大的财政实力，可以承担其他社会组织无法承担的巨额债务和沉淀资本，政府的这些决策优势可以使政府发挥很大的作用，它能促进经济的发展，也会阻碍经济的发展。其次是信息机制，在市场组织中，信息的传递是横向的，即市场主体

---

① 楚明锟. 公共管理导论［M］. 武汉：华中科技大学出版社，2011.

② 李春根，廖清成. 公共经济学［M］. 2版. 武汉：华中科技大学出版社，2015.

之间是平等的契约关系，信息的收集、传导、处理、储存、取出和分析，可根据价格，相互达成一致和均衡。市场主体信息的反应是敏感的、快速的。而政府信息的传递是自上而下、单向度的，以“纵向信息流”为主。政府机构的人员遵循官僚制办事，而不是依照市场信息办事，他们对市场价格、市场均衡和效率不敏感。最后是动力机制，市场的动力机制在于企业根据价格信号，通过技术进步和节约组织管理费用等途径降低成本以获取利润，在竞争中取得胜利。而政府的动力来源于政治家政治纲领的约束和推动，以及官僚的升迁欲望。要强调的是，政府动力机制的特殊性是分析政府经济行为的重要方面。

公共经济视角下的政府是连接公民和国家的中间体，在决策上具有强制性、公共性和普遍性的特征；在信息上主要是纵向信息流；在动力机制上对价格和利润不敏感，而对选票和升迁敏感。

3.2.2 政府职能

19 世纪英国古典自由主义和功利主义学派的代表人物詹姆斯·穆勒（James Mill），基于“人人自利”的假设，提出唯有通过代议政府，才能保障统治者与被统治者利益一致，从而实现良政。1992 年戴维·奥斯本（David Osborne）与特德·盖布勒（Ted Gaebler）在其著作《重塑政府（*Reinventing Government*）》中提出，政府应实行一种把政策制定与服务社会分开的体制；政府不应该控制公共服务，而应授权社区实施公共服务；政府应是竞争性的政府，政府必须具有创造性和使命感；政府活动的目的是满足民众的需要，而不是满足官僚政治的需要；政府的组织形式应从集权走向分权；政府要以市场为导向，引入市场机制，改善政府及其公共服务。“政府再造论”认为，在今天，大多数政府机构要完成的任务日益复杂，所处的环境充满竞争，变化迅速，顾客（公众）要求质量更高且更有选择余地的服务。① 面对种种变化，现代社会的政府必须摒弃官僚制理念，及时转变职能，应对时代巨变。必须承认的是，政府不是万能的，政府有自身的缺陷，在一些方面，政府不如私人企业、社区或 NGO 做得好。但这不是让政府放任不管，而是要进行自我约束，处理好政府与市场的关系，帮助市场发挥作用。

政府基于产品特性和提供机制可分为生产者、提供者、安排者三种角色，在此基础上可将政府在现代市场经济中的作用或行为模式分为五种角色：公共产品的提供者、宏观经济的调控者、外部效应的消除者、收入及财产的再分配者、市

① 陈振明. 公共管理学［M］. 2 版. 北京：中国人民大学出版社，2017.

场秩序的维护者。话虽如此，但政府的职能并非一成不变的，古往今来，人们对于政府的概念、职能的认识有了很大的转变，而政府自身也在不断调整以适应天下之变。我国的学者从未停止对政府职能的研究，他们试图为当代中国的发展探索新的政府治理模式。有从转变逻辑上着手思考的，学者竺乾威认为，我国政府在改革开放以来三个阶段职能转变的改革逻辑是从以权力为中心到政府运作流程方式为中心，再归回以权力为中心；① 学者吕同舟提出了理论和过程两种辩证统一的政府职能转变逻辑，认为进一步推动政府职能转变需要将职能转变与治理工具的应用创新相结合。② 有些学者从现代政府的特征入手，赵天娥、马萍认为，现代政府制度的基本特征是治理主体多元化、权力界限明晰化、功能取向社会化、政府行为民主化、权力运行规范化，二人认为应建立权力民授的代表型政府、权能有限的法治型政府、运行高效的服务型政府、用权透明的廉洁型政府。③ 谢庆奎则认为政府职能转变与政府创新之间有着互动关系，政府职能转变要以政府创新作为前提，以政府创新来推动职能转变，政府创新要以政府职能转变为基础。但他也提出，政府职能的转变具有明显的滞后性，④ 如20世纪初政企关系的改革创新，烦琐复杂的行政审批制度成为改革突破口，加入WTO后政府职能仍然存在越位、缺位、错位的情况。不管是哪种角度、哪些观点，都代表了古往今来人们对于政府的概念、职能认识的变化，政府必须不断进行自我调整以适应天下之变。

3.2.3 政府失灵

著名经济学家萨缪尔森认为，当国家行动不能改善经济效率或当政府把收入再分配给不恰当的人时，政府失灵就产生了。美国经济学家布坎南（James. M. Buchanan）认为，市场可能失败的论调广泛地被认为是为政治和政府干预做辩护的证据。⑤ 实际上，市场经济体制下社会资源通过价格机制的作用来实现配置，但市场调节、价格机制发挥作用需要一定的前提条件，且市场并非万能的，它无法解决财富分配不公、垄断、外部负效应和事业等问题，因此需要政府对市场活

---

① 竺乾威．政府职能的三次转变：以权力为中心的改革回归［J］．江苏行政学院学报，2017（6）：91－98.

② 吕同舟．政府职能转变的理论逻辑与过程逻辑——基于国家治理现代化的思考［J］．国家行政学院学报，2017（5）：54－58，145.

③ 赵天娥，马萍．现代政府制度的主要特征和路径选择［J］．行政论坛，2013（3）：55－58.

④ 谢庆奎．职能转变与政府创新［J］．国家行政学院学报，2002（A1）：19－22.

⑤ 布坎南．自由市场和国家［M］．吴良健，桑伍，曾获，译．北京：北京经济学院出版社，1988.

动进行一定的干预。

如前文所述，政府在现代市场经济活动中一般扮演公共产品的提供者、宏观经济的调控者、外部效应的消除者、收入及财产的再分配者、市场秩序的维护者这五种角色。但市场解决不了的问题，政府未必能解决得了。布坎南认为政府干预失败的表现及原因有：①公共决策失败。相对于市场决策而言，公共决策是一个更加复杂的过程，不确定性强，存在许多困难和制约因素，这都使政府难以制定并执行合理的公共政策，导致公共政策失败。导致政策失败的原因包括社会中实际不存在作为政府公共政策追求目标的公共利益；现有的公共决策体制和投票规则存在缺陷；决策信息不完全；政策执行上有障碍。②政府工作机构的低效率。导致这个现象的原因包括缺乏竞争机制，即政府部门垄断了公共产品的供给，没有竞争对手，这样即使政府低效运作也不需要考虑生存危机；政府机构及官员缺乏追求利润的动机；监督机制有缺陷。③政府提供公共产品存在权力寻租现象。

斯蒂格利茨把政府失灵的原因归结于三个方面：一是信息不完全，即政府在制定和执行政策时存在信息不完全的问题。二是政府官员的动机，即政府官员是为自己的利益工作的，但政府政策属于公共产品，在公务员体制下官员缺少足够的动力去生产、设计合理的政策。三是政府行为后果的不确定性，即政府行为的失败不取决于政府的动机，而取决于其他部门和社会公众的反应。

总的来说，在现实生活中，政府失灵体现在以下五个方面：政府政策的失败；政府工作的低效率；政府机构的膨胀；政府提供公共产品的低效率；寻租和腐败现象的发生。

市场经济的正常发展少不了政府的引导和监督，因此必须要采取相应的政策来矫正政府失灵现象，使市场良性运转。公共选择学派提出，要进行立宪改革，即修改宪法中的相关规则，明确政府制定政策的规则和程度，指导和规范政治家、经济管理者的行为。这一主张实际上承认了西方政治制度的失败，而要想防范政府失灵，就必须改革现有的西方民主政体。进行市场化改革是避免政府失灵的有效途径之一。在政府公共服务中引入市场竞争机制，可以通过政府内部的竞争、政府与私人企业或其他经济主体的竞争、私人部门之间的竞争，帮助政府改变过去那种低效的工作模式，从而实现“低成本、高收益”。也可以通过雇用政府工作人员，在政府官员之间引入竞争机制，采取优胜劣汰的方式，让政府从专注于过程转变到专注于结果和效益上来。公共管理是政府的重要资源，而适当分权有利于克服组织官僚化，给予地方或其他组织更自由的治理权力，这不仅能够提高效率，也能有效控制政府的规模。法制化建设是避免政府失灵的重要工具，政府官员也是理性经济人，善于趋利避害，当个人利益和欲望战胜公共利益时，难免出现寻租、腐败等现象。法制化建设把政府及其官员的权力锁在“笼子”里，可有效遏制违法行为。

3.3 公共经济主体：私人企业

3.3.1 私人企业的定义及特征

“私人”与“公共”是一对相对的概念。企业是市场经济的微观主体，是构成国家国民经济的一个基本单位，政府作为公共经济活动的核心主体，对企业行使必要的管理和监督职能，企业虽然不可避免地会受其影响和干预，但企业的控制系统是相对独立的，尤其是私人企业。私人企业是市场经济的必然产物，在西方公共经济学中，私人部门是指企业和家庭，该部门是以效益最大化为前提和目标的。①

不同于政府，私人企业以营利为目的，以利润为导向，私人企业最终是要靠获利在市场中生存下来，因此它们也更注重结果和效益。私人企业以有效的运作为动机，它们必须要在市场中靠竞争获得生存和发展的机会。此外，在私人企业中，权力和责任划分清晰，人事管理系统较为灵活，实行优胜劣汰、有进有出，这为企业的发展带来了源源不断的活力。

3.3.2 私人企业提供公共产品应具备的条件

私人企业若要参与到公共产品供给的领域中来，就必须满足三个条件：

（1）私人企业提供的公共产品应属于准公共产品。纯公共产品由于具有规模大、成本高的特点，由私人企业提供要么是交易成本太大，要么是做不到。但这并不意味着私人企业不能涉足公共产品的供给领域。准公共产品具有规模小、成本低的特点，这类产品服务的消费者有限，达成契约的交易成本较小，容易使消费者根据一致性同意原则订立契约，自主地通过市场方式来提供。而私人企业正具备提供此类产品的实力，因此私人企业可以采用私人企业生产、政府采购这种公私混合的公共产品供给方式参与其中。

（2）消费上必须具备排他性技术。纯公共产品和共同资源产品，由于同时具有非排他性，很难解决“搭便车”等问题。但俱乐部产品存在排他性技术（选择式进入方式），可以有效地把“搭便车者”排除在外，因而可以大幅度地降低私人企业提供产品的交易成本，激励私人企业提供某些公共产品。

① 黄恒学．公共经济学［M］．2版．北京：北京大学出版社，2009.

（3）有一系列的制度条件来保障——尤其是产权界定。只有界定私人企业对某一公共产品的产权，且有一系列的制度安排保护产权的行使，私人企业才有动力提供公共产品。

与完全由政府投资相比，私人企业加入公共产品的供给中，虽然占据了部分社会收益，减少了社会剩余，但是增加了社会收益的总量，节约了政府资金，并且通过选择投资的方式可以尽可能增加社会剩余收益。[①] 在我国的实践中，私人企业在农村公共产品领域的供给大有发展。长期以来，我国农村公共产品主要依靠政府供给，受城市偏向政策以及税费改革后政府公共服务能力弱化的影响，农村公共产品政府供给缺位与需求刚性增长之间产生了难以调和的矛盾，必须加快探索农村公共产品供给的新机制。在这个过程中，追求利润的私人企业就是一个不错的选择，其中以龙头企业为主要企业。为了保证农产品质量，要防止农户违约以及提高农户产业化生产的参与率，一些龙头企业倾向于让渡部分资源给公共产品，从而获得产业链合作收益、反向支配农户生产要素以及搭售私人产品获利，使供给公共产品产生的成本得到补偿。[②] 这是一个私人企业参与到公共产品供给中的现实案例，对于其他行业的企业来说，也更有意愿和动力参与进来。

3.4 公共经济主体：社区

3.4.1 社区的含义及特征

社区是进行一定的社会活动、具有某种互动关系和共同文化维系力的人类群体及其活动区域。一般包括了四层含义：①占有一定的地域，如村落、集镇等；②社区的存在离不开一定的人群；③社区中共同生活的人由于共同的利益，面临共同的问题，具有共同的需求而结合起来进行生产和其他活动；④社区的核心内容是社区中人们的各种社会活动及其互动关系。

社区是相对自治的，它与政府和私人企业都不太一样，社区提供的公共产品具有小范围的排他性，社区只为本社区居民生产、提供公共产品和服务；政府提供的范围更大，因此政府在供给公共产品时无法解决“搭便车”的问题；而私人企业可以通过市场机制排除非购买者，对同一种产品收取不同的费用。社区具有自愿基础上的契约性，通过自愿筹集的资金提供公共产品且提供方式灵活多

---

① 王茜，万青．准公共物品私人参与供给下的社会收益及政府政策有效性研究［J］．经济科学，2009（6）：71－78.

② 涂圣伟．充分发挥私人企业在农村公共产品供给中的作用［J］．中国发展观察，2011（2）：50－52.

样；政府提供公共产品具有强制性和普遍性，是通过税收筹集资金，制定财政预算、决算来计划生产，为更广泛的群体提供服务和公共产品，这就难以满足公民的个性化需求；而私人企业常常是通过市场调查来制订生产计划，它们以营利为目的，因此必须尽可能地满足客户的需求，以获得市场份额，继而才能存活下来。

因此，社区在提供公共产品方面具有不可多得的优势特征。社区成员之间存在社区空间，即社会空间和地理空间的结合，他们之间的社会关系更紧密。随着社区的发展，社区的功能逐渐专门化，从而把具有共同性的社会成员联系在一起。这样一来，社区就能够更好地解决政府和市场难以解决且十分复杂的公共问题。

社区服务涉及三个基本的利益相关主体，即消费者、提供者与生产者。社区服务的消费者是社区居民。社区服务的提供者与生产者的情况相对复杂，有必要先了解“提供”与“生产”的区别。“生产是指物理过程，据此公益产品或者服务得以成为存在物，而提供则是消费者得到产品的过程”。“提供”的核心是投入资金和政策安排，“生产”的核心是产品的产出，是技术性的具体操作阶段。社区服务的提供者，即政府或其他能代表社区公共需求的组织，它们是社区服务政策的制定者和社区服务的管理者，将生产者和消费者有机地联系在一起。

具体来说，社区服务的提供者主要包括民政部门、卫生部门、劳动与社会保障部门等承担公共服务职能的政府部门，社区层面的居委会及其他相关的社会组织。社区服务的生产者，即由提供者选定的服务生产者，承担服务的生产、输送任务，直接满足消费者的需要。生产者可以是政府机构，也可以是社会组织、企业或个人。社区服务体系建构的实质就是将消费者、提供者、生产者通过一定的方式联结起来，实现社区服务的消费、提供、生产环节的有机组合。

社区服务类社会组织在社区服务体系中既可以扮演生产者，也可以扮演提供者。参与社区服务、承接政府的公共服务职能的往往是非居民参与型的、专业化的社会组织，其突出的是社会组织所具有的非政府性、非营利性、专业性、组织性的优势，它们扮演着生产者的角色，发挥了提高公共服务绩效水平、促进政府职能转变的功能。参与社区服务的往往是“居民参与型社会组织”，其充分利用的是社会组织所具有的贴近居民、反应灵活、公/互益性、志愿性的特点，发挥了满足居民多样化需求、促进居民社区参与、催生社区社会资本、推进社区基层民主的功能。

3.4.2 社区与政府的区别

（1）政府提供公共产品具有强制性和普遍性；社区则具有自愿基础上的契

约性，不具有强制性和普遍性。

（2）政府通过税收筹集资金，通过预算和政策以及官僚组织提供公共产品；社区则通过自愿筹集资金，以灵活的组织形式提供公共产品。

（3）个人和政府之间的多对一关系使得个人偏好很难真实地显示，不同的民主决策机制会产生公共产品提供的效率差异，而社区可以通过自愿协商和产前契约使得社区当中的个人偏好能够较好地显示出来。

（4）政府公共产品一般会让国民共享，而社区公共产品只能让社区的人员共享，比较容易遏制“搭便车”的问题。

（5）政府提供公共产品具有大范围的非排他性，而社区公共产品具有小范围的非排他性，成本—收益偏离不大。

3.5 公共经济主体：NGO

3.5.1 NGO 的定义及特征

非政府组织（Non-government Organization，NGO），也称为非营利性组织或第三部门，指除政府部门和以营利为目的的市场部门（企业）之外的组织或部门，包括志愿团体、社会组织和民间协会。这一概念最早由美国学者莱维特开始使用，他认为以往人们将社会组织一分为二、非公即私的划分过于粗糙，没有将处于二者之间的社会组织概括进来，而正是这些组织做了政府和私人企业“不愿做、做不好、不常做”的事情，弥补了政府、私人企业的不足。1945 年这个词语在《联合国宪章》中开始正式使用，1952 年联合国经济及社会理事会将其定义为：凡不是根据政府间协议建立的国际组织都可被看作非政府组织。1946 年，非政府组织委员会成立，属于联合国经济及社会理事会的常设委员会，负责审批非政府组织，认可其在联合国的咨询地位和观察员身份。

对于 NGO 的定义，美国约翰·霍普金斯大学教授塞拉蒙（L. M. Salamon）认为，非政府组织应当具有六项基本特征：①正规性。即必须具有正式注册的合法身份，同时还要具有法人资格（民事责任能力）。②民间性。即必须从组织机构上与政府分离。③非营利性。即非政府组织必须不为其管理者谋求利润。在一定时期内非政府组织积累的结余，不得在组织创造者之间分配，必须投入组织宗旨所规定的活动中去。④自治性。即非政府组织对本组织的管理、运行进行自治，要能控制自己的活动以及有不受外部控制的内部管理程序。⑤志愿性。非政府组织在其活动和管理中均有显著的志愿参与成分，形成由志愿者组成的董事会，广泛使用志愿工作人员。⑥公益性。即非政府组织的成立是服务于某些公共目的的，要为公众奉献。①

我国学者陈振明等在《公共管理学》一书中对第三部门的定义作了总结，第三部门就是指介于政府部门与营利性部门之间，依靠会员缴纳的会费、民间捐款或政府财政拨款等非营利性收入，从事前两者无力、无法或无意作为的社会公益事业，从而实现服务社会公众、促进社会稳定与发展的宗旨的社会公共部门，其组织特征是组织性、民间性、非营利性、自治性和志愿性。②

3.5.2 NGO 兴起的原因及提供公共产品的优势

20 世纪 70 年代以来，全球出现了一场“社团革命”；发达国家和发展中国家形成了公民结社的浪潮；NGO 繁荣发展。NGO 之所以能够迅速兴起，是有其社会背景原因的：

（1）市场提供公共产品的失灵。由于公共产品的生产成本高、规模大、周期长、效益低、非排他性和非竞争性等特征，使得私人企业不愿提供、无法提供或提供后难以获得效益，因此大多由政府来提供。③

（2）政府提供公共产品效率低下、寻租腐败现象严重、政府财政负担重等问题导致了政府失灵。政府缺乏竞争机制，官员作为理性经济人，也会追求个人利益，因此工作效率低、寻租、腐败等问题滋生，而为了互相牵制，政府通过扩充机构人员或增加政府部门来达到监督、提效的作用，政府机构也因而变得庞大而臃肿。同时政府还不断扩大公共服务的领域，增加财政支出，政府负担因此加重，难以高效提供公共产品和服务。其中，寻租是人为产生的对租金的追求，是一种非生产性活动，通过浪费有价值的资源来消灭价值。常见的寻租行为有政府的特许权、关税与进出口配额、政府订货等。寻租行为不仅会扭曲市场机制、浪费社会资源，使社会福利降低，还会导致政治腐败和社会道德败坏的严重后果。

（3）自由主义的重新兴起和公民自觉意识的觉醒。20 世纪 70 年代以来，全球范围内形成了民主化浪潮，社会自治、公民自由和人民主权的观念快速传播，日益深入人心，公民有资格、有能力参与到公共事务的管理中，表达自己的政治需求，实现政治利益。

（4）NGO 作为公共经济主体可以弥补政府和市场的不足，它具备独有的创新优势。既包括技术创新，又包括制度创新，NGO 可以吸引大量的专业人才并

---

① SALAMON L M，ANHEIER H K. The emerging nonprofit sector：an overview［M］. Manchester：Manchester University Press，1996.

② 陈振明. 公共管理学［M］. 2 版. 北京：中国人民大学出版社，2017.

③ 黄恒学. 公共经济学［M］. 2 版. 北京：北京大学出版社，2009.

将其汇聚到一起，进行技术创新或探讨制度创新，这是其独有的魅力。NGO 提供的公共产品或服务更贴近基层需求。大多数的 NGO 以社会弱势群体或社会边缘群体为服务对象，坚持自助、互助、助人的原则，具有减少市场机制的负面效应和超越国家机构的官僚作风、增进人际和谐的优势。NGO 的制度、组织、管理、行动更加灵活、弹性大，政治性不强，官僚化程度低，能够对基层迅速进行反应。此外，NGO 的效率优势强大，据测量其效能几乎是政府的两倍，这更能提高社会利益。

3.6 公共经济主体：国际组织

3.6.1 国际组织的定义及特征

国际组织是指两个以上国家或其政府、人民、民间团体基于特定目的，以一定协议形式而建立的各种机构。[①] 国际组织分为政府间组织和非政府间组织，也可分为区域性国际组织和全球性国际组织。政府间的国际组织有联合国，欧洲联盟，非洲联盟，东南亚国家联盟（东盟），世界贸易组织等，非政府间的国际组织有国际足球联合会，乐施会，创行，国际奥林匹克委员会，国际红十字会等，各种国际组织在当今世界发挥着重要的作用。

第二次世界大战后，国际交往越来越频繁，国家间的相互依赖日益加深，这为国际组织的发展带来了新的变化，当代国际组织主要表现出以下特征：

（1）组织机构趋于完善。与过去相比，当代国际组织一般在常设秘书处之上设置大会、理事会这种实质性的权力机构，享有决策权。

（2）组织规模庞大。19 世纪的国际组织，其成员国基本上是欧美少数发达国家。当代国际组织如联合国，几乎包括了世界所有国家，各种专门组织绝大多数都拥有 100 多个成员国。

（3）形成国际组织网络。联合国与 18 个专门性的政府间机构建立了密切的、非隶属的关系，其中 16 个被称为联合国专门机构。联合国还给予 1/6 的非政府国际组织以协商地位，并有 12% 的非政府国际组织与欧洲共同体有密切关系，从而形成了以联合国为中心的国际组织网络。

3.6.2 国际组织的发展与国际公共产品的提供

国际组织的产生并非偶然，而是有深厚的社会背景：①专业化分工。分工的演进是一个永不停止的过程，在这一过程中，市场范围越来越大，经济主体之间

---

① 马呈元. 国际法［M］. 3 版. 北京：中国人民大学出版社，2012.

的交易也随之不断增长，这样必然产生共同利益和矛盾冲突，相应地，在国与国之间用于协调利益和解决矛盾的组织就产生了。②信息不对称的上升。为增进国与国之间信息通畅，减少信息不对称，就需要国际组织来完成这项任务。

1939 年，政府间国际组织只有 80 个，到 20 世纪 80 年代末已达 4000 多个；非政府国际组织数量更多，其中绝大多数是 20 世纪 50 年代以后建立的。因此有人称 19 世纪是国际会议的世纪，20 世纪是国际组织的世纪。

国际公共产品是具有一定的非竞争性和非排他性、但消费群体分布在不同国家的产品。随着经济全球化，为了维持世界经济秩序的稳定，保证国际公共产品的正常流通，国际组织在此背景下应运而生。

国际公共产品主要分为以下几类：

（1）以专业化分工为基础，依附于贸易行为的国际公共产品，包括多边贸易体系、国际金融体系。

（2）被普遍认同的国际法准则和协调国家和地区之间利益冲突的机制，如世界贸易组织的裁决和国际维和行动。

（3）以环境保护为基础的集体行为，这类国际公共产品又可细分为两类：一种是政府间的协调行为，通过政府的部分财政支出，共同行动减少污染或共同研究开发防止环境恶化的方法和手段；另一种是民间通过国际捐赠而发展起来的环境保护行为。

（4）国际红十字会提供的国与国之间的普遍救护和联合国世界粮食计划署等提供的一些救助。

（5）国际统一的技术标准，尤其是在邮政、电信等方面的标准。国际互联网也是一种典型的国际公共产品，它由全世界的网络开发商所提供，但作为整体的国际互联网，不属于任何一个开发商，也不属于某个消费者。

本章小结

随着经济的全球化和快速发展，政府不再是公共经济的唯一天然主体。公民需求的增长、政府自身的局限等原因要求更多更合适的经济主体承担起提供公共产品和服务的责任。从私人企业在准公共产品供给领域的实践、社区独有的空间优势、NGO 的兴起、国际组织的产生等可以看出，在现代经济中，公共经济主体已经呈现多元化的趋势，利用好各个经济主体提供公共产品和服务的优势来弥补政府在经济活动中的不足是必要的。

复习思考题

1. 简述政府失灵现象产生的原因及表现。
2. 私人企业提供公共产品需要具备什么条件?
3. 社区为什么可以更好地解决复杂的公共问题?
4. 简述NGO兴起的原因。
5. 简述国际公共产品的概念及特征。

推荐阅读资料

1. 凯恩斯. 就业、利息和货币通论 [M]. 徐毓枬, 译. 北京: 商务印书馆, 1981.

2. 布坎南. 自由市场和国家 [M]. 吴良健, 桑伍, 曾获, 译. 北京: 北京经济学院出版社, 1988.

3. 奥尔森. 集体行动的逻辑 [M]. 陈郁, 郭宇峰, 李崇新, 译. 上海: 三联书店上海分店; 上海人民出版社, 1995.

4. 高培勇. 公共经济学 [M]. 3版. 北京: 中国人民大学出版社, 2012.

5. 阿特金森, 斯蒂格利茨. 公共经济学 [M]. 蔡江南, 许斌, 邹华明, 译. 上海: 三联书店上海分店; 上海人民出版社, 1994.

网上资源

1. 亚太经济合作组织 (APEC). https://www.apec.org.
2. 石油输出国组织 (OPEC). https://www.opec.org.
3. 世界粮食计划署 (World Food Programme). https://www.wfp.org.
4. 中华人民共和国财政部. http://www.mof.gov.cn/index.htm.
5. 中华人民共和国国家税务总局. http://www.chinatax.gov.cn/.

第 4 章　公共产品理论

CHAPTER 4

学习目标

1. 了解公共产品的定义、相关概念和分类。
2. 了解公共产品的目的、作用和可能存在的问题。
3. 重点掌握公共产品的相关理论。

引例

新冠疫苗供给

2021 年 2 月 4 日，外交部发言人汪文斌主持例行记者会。有记者提问：全球疫苗免疫联盟（GAVI）表示，“新冠疫苗实施计划”（COVAX）的目标是今年上半年向贫穷国家分发至少 3.3 亿剂疫苗。你昨天宣布中方将向 COVAX 提供 1000 万剂疫苗，能否进一步介绍具体安排？能否透露疫苗价格等细节？

汪文斌表示：昨天我已介绍过，应世界卫生组织方面请求，中方决定向“新冠疫苗实施计划”提供 1000 万剂疫苗，主要用于发展中国家急需。当前，各国疫情防控形势依然严峻，中国自身也面临巨大的疫苗接种需求。但我们愿尽己所能，克服困难，为促进疫苗公平分配尽一份力，推动疫苗成为广大发展中国家用得上、用得起的公共产品，而不是少数国家享有的“奢侈品”。我们希望国际社会有能力的国家都能积极行动起来，以实际行动支持“实施计划”，帮助发展中国家及时获得疫苗，为国际社会早日战胜疫情作出积极贡献。

关于疫苗价格问题，汪文斌指出，采用不同技术路线的疫苗成本不尽相同，但有一点是明确的，那就是中方一定会坚持疫苗作为全球公共产品的属性，以公平合理的价格向世界提供。

（资料来源：于潇清，王昕然．外交部：中方定会坚持疫苗作为全球公共产品的属性［N/OL］．澎湃新闻，2021 - 02 - 04．https://www.thepaper.cn/newsDetail_forward_11139702）

野生动物灭绝

人类活动造成物种的灭绝已经不是什么新鲜事了。一般认为，北美大多数巨兽的灭绝与大约一万两千多年前人类再次登陆有关。南加利福尼亚著名的拉伯雷·塔匹特斯曾经保存着现已灭绝的 24 种哺乳动物和 22 种鸟类标本，其中有剑齿虎、巨型美洲驼、20 英尺高的树懒，以及站起来有 7 英尺高且长着 6 英尺宽巨角的野牛。

候鸽曾是北美，也许是整个世界数量最多的鸟类。他们大群筑巢、迁徙，每当鸟群飞过，遮天蔽日，整个天空甚至因此而暗了下来。著名的自然学家约翰·詹姆斯·奥杜邦曾对一个候鸽栖息地进行测量，发现鸽群长约 40 英里、宽约 3 英里，从树顶到接近地面的地方都挤满了鸟儿。因其数量巨大，人们认为该物种不可能被毁灭。但是，白人到来，其大规模射杀候鸽，到 19 世纪末，候鸽差不多完全消失，到 1914 年，最后一只候鸽死于辛辛那提动物园。

美洲野牛也差一点难逃灭绝的命运。在草原上徜徉的大群野牛很容易成为狩猎者的目标。随着铁路的出现以及穿越美洲大陆的铁路线的建设，为满足铁路工人对食物的需求，狩猎者猎杀了成千上万头野牛。且随着对野牛皮需求的增加，对野牛的猎杀愈演愈烈。就如候鸽一样，数量多到似乎不可灭绝的野牛很快步入了灭绝的道路。

（资料来源：别了，野牛［M］//米勒，本杰明，诺斯. 公共问题经济学. 12 版. 楼尊，译. 上海：上海财经大学出版社，2002：174）

引言

通过上述引例，我们了解到新冠疫苗作为一种公共产品对于人类对抗新型冠状病毒具有重要意义，目前正在以创纪录的速度研发和生产。但什么是公共产品？公共产品具有哪些特征？如何供给公共产品？公共产品与私人产品之间的区别是什么？本章将围绕着这些问题展开介绍。

4.1 公共产品理论概述

市场经济是人类迄今为止最具效率和活力的经济运行体制和资源配置手段，具有其他机制和手段不可替代的功能优势。① 但在运行过程中，其局限性逐渐显露出来，由此形成了市场失灵问题。公共产品是西方学者承认市场机制发生失灵的最主要领域，这是由于公共产品的不可分割性和排他性，容易引发公共产品供给过程中的“搭便车”现象，致使愿意花钱提供或购买公共产品的人不多，从而导致公共产品供给不足。因此，有必要对公共产品进行研究，这就是公共产品理论的主要内容。公共产品理论是公共经济学的核心内容。

为了满足社会中每一个个体的需要，实现社会的正常运转，不仅需要私人产品，也需要公共产品。本部分重点介绍公共产品的定义及其相关理论。

通过前面的学习，我们对于商品与市场有了更为深入的了解，市场是生产私人商品最有效的方式，其追求的是效率。在日常生活中，我们能见到各种各样的

① 严新明，童星. 市场失灵和政府失灵的两种表现及民间组织应对的研究［J］. 中国行政管理，2010（11）：90－93.

私人产品，产权明确。但是公共经济学的核心概念——公共产品是什么？

早在300多年前，哲学家大卫·休谟（David Hume）在《人性论》就曾提道："某些物品的完成对于单个人而言并没有什么好处，但对于整个社会却是有好处的，因而只能通过集体行动来执行。这大概可以看成是对公共产品研究的起源。"① 此后300多年，学术界的许多学者都对这个问题进行了研究，但学界对此一直没有达成共识。直到1954年和1955年，萨缪尔森在公开发表的两篇论文《公共支出的纯粹理论》和《公共支出理论的图式探讨》中对公共产品的核心问题进行了回答后，学者们才对公共产品的定义逐渐达成共识。

1954年，萨缪尔森在《公共支出的纯粹理论》一文中给出了公共产品的经典定义："所有人共同享有的集体消费品（X_{n+1}，…，X_{n+1}），每个人对该产品的消费不减少任何其他人的消费，从而对每个居民和各个集体消费产品而言都有 $X_{n+j}=X_{n+j}^{i}$。"② 从定义中可以看出，公共产品是指每个人对它的消费不会减少其他人对该商品的消费量的产品。③ 只要这种集体消费品被提供，每个人对该产品的消费都将等于该产品的供给总量，这就意味着每个人的消费互不影响，增加消费者对这一产品的消费的边际社会成本为零，即消费者对该种产品的消费具有非竞争性。④

在萨缪尔森的基础上，马斯格雷夫于1959年在《财政学原理：公共经济研究》中提出公共产品是"非竞争性消费的货物"，并关注到公共产品的"非排他性"，指出某种物品至少满足其中一个特性，即为公共产品。总之，经过了许多学者的共同努力，最终形成了学界普遍认可的公共产品概念，即公共产品是指同时具有非排他性和非竞争性的物品。⑤

1969年，J. G. Head 和 C. S. Shoup 在 *Public Goods, Private Goods, and Ambiguous Goods*⑥ 中提出：依据经济效率标准对私人产品与公共产品进行划分，所谓的经济效率标准是指如果一种商品或服务既可以由市场提供，也可以由非市场提供，若由非市场提供更有效率，则该种商品或服务即为公共产品；反之，则为私人产品。

---

① 秦颖. 论公共产品的本质：兼论公共产品理论的局限性［J］. 经济学家，2006（3）：77－82.

② SAMUELSON P A. The pure theory of public expenditure［J］. The review of economics and statistics，1954（36）：387－389.

③ 程浩，管磊. 对公共产品理论的认识［J］. 河北经贸大学学报，2002（6）：10－17.

④ 李阳. 公共产品概念和本质研究综述［J］. 生产力研究，2010（4）：30－32，35.

⑤ 李阳. 公共产品概念和本质研究综述［J］. 生产力研究，2010（4）：30－32，35.

⑥ HEAD J G，SHOUP C S. Public goods，pirvate goods，and ambiguous goods［J］. The economic journal，1969（315）：567－572.

4.2 公共产品的特征与分类

4.2.1 公共产品的特征

特征是一个事物区别于另一事物的重要表征。公共产品有两个特征：非竞争性与非排他性。所谓非竞争性，是指产品的价值不会因为别人的使用而降低。也就是说，公共产品一旦被提供出来，消费者甲对该社会产品的使用对消费者乙不会产生影响；向额外消费者提供产品的边际成本为零；众多消费者消费同一产品时互不打扰。非竞争性主要是从消费者主体数量与消费者获得效用的数量上对公共产品进行界定。

所谓非排他性，是指无论人们是否付费，都不能阻止他们使用该公共产品。一旦公共产品被提供，许多人可以免费享用。非排他性具有三层内涵：①无可逃避，即任何人都不得不消费它，即使有些人可能心理不情愿，但是没有办法拒绝。②不能独占，即任何人都不能不让别人消费它，即使有些人有心独占对它的消费，但可能在技术上是不可行的，或者在技术上可行但是成本过高，因而是不值得的。③等量消费，即任何人都可以恰好消费相同的数量。例如和平，它可以被许多人享有而不会耗尽，即具有非竞争性；同时，没有人可以阻止其他人消费该产品，或是阻止他人使用该公共产品的成本非常高，通常难以承担，即具有非排他性。[①]

许多非竞争性的公共产品也具有非排他性。例如国防、灯塔同时具有非排他性与非竞争性，但这并不意味着这两个特征总是同时出现。例如，对桥梁而言，如果收费就是排他性的，如果拥挤就是竞争性的。但是，难道说，图书馆前天不拥挤，昨天拥挤，今天又不拥挤吗？因此，图书馆昨天就不是公共产品，而前天和今天才是公共产品吗？显然不是这样的，拥挤体现出竞争性的存在，很多时候是公共产品供给不足导致的。

通常认为公共产品的非竞争性与非排他性是由两个因素造成的：一是社会全体成员的共同利益。如国防、社会重大疾病的防范与控制等，与每一个社会成员的切身利益息息相关。通过提供此公共产品可以使该社会中的每一个社会成员获益。二是存在着“排他”的技术性难题，即不能将某些特定的个体排除在此类产品的消费之外，或者用于排他的成本非常之高，远远大于排他所带来的收益，

---

① RICH C S，BOBENRIETH E，POTTER B，et al. Policy paper 29：the political economy of international environmental cooperation [J]. Institute on global conflict and cooperation，Working paper Series，1997.

因此没有必要或缺乏动力“排他”。①

4.2.2 公共产品的分类

根据不同的划分依据，可以将社会产品进行不同的分类。其中，根据社会产品的不同消费方式进行划分是最常见的一种划分方法。根据此划分依据，可以将社会产品划分为私人产品、准公共产品与纯公共产品。其中，私人产品是指同时具有明显的排他性与竞争性产品，该产品一旦被消费，他人就不能再消费了。除私人产品外，公共资源、俱乐部产品、纯公共产品均为公共产品。② 其中，公共资源、俱乐部产品属于准公共产品。

表 4－1 公共产品的分类

	竞争性	排他性
私人产品	有	有
俱乐部产品	无	有
公共资源	有	无
纯公共产品	无	无

纯公共产品是指具有非排他性、非竞争性的产品。这一概念最早是由马斯格雷夫提出的。典型的例子包括电视节目（我们接受空中电波传来的电视节目并不会妨碍他人的接收）、信息（我了解某事并不妨碍别人了解同一件事）、国防等。③

纯公共产品是经济学家最先普遍关注的一类，直到 1965 年萨缪尔森模型提出后，准公共产品才逐渐进入研究者的视野。准公共产品是指介于公共产品与私人产品之间的、兼具部分公共产品与部分私人产品性质的某类产品。换言之，准公共产品是具有消费的竞争性但无排他性，或者具有消费的排他性但无竞争性的社会产品，④ 包括俱乐部产品和公共资源两大类。其中，具有消费的非竞争性与

① 任俊生. 论准公共品的本质特征和范围变化［J］. 吉林大学社会科学学报，2002（5）：54－59.

② 陈其林，韩晓婷. 准公共产品的性质：定义、分类依据及其类别［J］. 经济学家，2010（7）：13－21.

③ 杨志勇，张馨. 公共经济学［M］. 3 版. 北京：清华大学出版社，2013：52.

④ 任俊生. 论准公共品的本质特征和范围变化［J］. 吉林大学社会科学学报，2002（5）：54－59.

排他性的社会产品称为俱乐部产品，具有消费的竞争性和非排他性的社会产品称为公共资源。在现实生活中，诸如医疗服务、非义务教育以及某些需要付费使用的设施等，均属于准公共产品。①

第一类准公共产品是俱乐部产品，它的特点是在消费上具有非竞争性，却可以轻易地做到排他。例如，那些可以收费的公路桥，以及公共游泳池、电影院、图书馆等都是这方面产品的例子。正是因为消费这些产品的使用者数量总是一定的，所以形象地称之为俱乐部产品。

第二类准公共产品是公共资源，它的特点是在消费上具有竞争性，却无法有效地排他。比如免费的公用自习室，任何人均可以使用，但是由于自习室的容量是有限的，因而具有竞争性。

根据公共产品的分类，可知公共产品的概念可以从广义和狭义上进行理解。其中，狭义的公共产品是指纯公共产品，即那些既具有非排他性又具有非竞争性的产品。广义的公共产品是指那些具有非排他性或非竞争性的产品，即包括纯公共产品和准公共产品两大类。

4.2.3 纯公共产品与准公共产品的区别

以往学界对公共产品的研究主要在纯公共产品领域，随着美国经济学家布坎南《俱乐部经济论》一文的发表，人们的注意力开始转向准公共产品问题的研究。相较于纯公共产品，准公共产品具有三个重要特征：拥挤性、消费数量的非均等性和局部排他性。

（1）拥挤性。这是从消费者主体数量上看，纯公共产品以特定空间的全体社会成员作为自己的消费主体，对于消费主体的数量没有限制，如国防、天气预报、信息等。但准公共产品则具有部分竞争性，即准公共产品对消费主体的数量有一定限制，在限制范围内，增加消费并不会影响其他消费者的消费效用，也不会增加产品供给的边际成本，一旦消费者数量超过了界限，将会影响其他消费者的消费，出现拥挤。② 如高速公路，当公路上的车畅通无阻时，继续增加车流并不会影响其他过路人；一旦高速公路上的车辆超过公路承载能力之后，就会出现交通堵塞，也即拥挤效应。这是准公共产品与纯公共产品的差别之一。

（2）消费数量的非均等性。从消费者对公共产品的消费数量和效用获得数

---

① 陈其林，韩晓婷. 准公共产品的性质：定义、分类依据及其类别［J］. 经济学家，2010（7）：13－21.

② 任俊生. 论准公共品的本质特征和范围变化［J］. 吉林大学社会科学学报，2002（5）：54－59.

量上看，在一定时期内（如一年），每个消费者对纯公共产品的消费数量和效用获得数量都是相同的，这与纯公共产品不可分割的特征相关。但在一定时期内，每个消费者对准公共产品的消费数量和获得的效用数量是各不相同的。产生这种差异的原因主要有两个：一是由于收入水平和消费习惯等的差异使得消费者对准公共产品的需求数量存在差别；二是准公共产品在消费数量上是可以计量的。由此就产生了准公共产品消费数量的非均等性，即在一定时期内消费者对准公共产品的使用数量上存在差异。[①] 准公共产品消费数量的非均等性特征对于研究准公共产品的经营体制和管制具有重要意义。

（3）局部排他性。这是从排他性上看，纯公共产品是完全不排他的，而准公共产品由于具有拥挤性，因此具有局部排他性。[②] 局部排他性具有多种表现形式，比如通过收费将某些社会成员排除在外，或是在资源紧张的时候定时供水和拉闸限电。

教育、医疗卫生事业、体育、广播等均属于准公共产品。以高速公路为例，首先，高速公路具有拥挤性，当车辆达到一定数量的时候会出现交通堵塞。其次，高速公路具有消费数量的非均等性，每个社会成员均可以使用高速公路，但是不同的社会成员对于高速公路的需求数量、使用次数等会存在差异，从而使得不同的社会成员从高速公路中获得的效用数量存在差别。为此，可以按使用次数来衡量消费者的使用数量。最后，高速公路具有局部排他性。高速公路虽然可以由全体社会成员共享，但在消费上具有一定的竞争性，可以通过收费将某些社会成员排除在外。

需要注意的是，纯公共产品与准公共产品之间的划分并不是一成不变的、绝对的，而是动态变化着的。纯公共产品转化为准公共产品的必要条件是排他技术的发展。随着科学技术的不断进步，用于纯公共产品消费排他的技术种类日益增多，方式日益成熟，纯公共产品转化为准公共产品具有技术上的可能性。而决定因素则是效率原则，通过将纯公共产品转化为准公共产品可以提高社会产品供给效率，更好地实现社会整体利益。[③]

与此相对应的，社会的“公益目标”则是促进私人产品向准公共产品或者

---

① 任俊生. 论准公共品的本质特征和范围变化 [J]. 吉林大学社会科学学报，2002（5）：54－59.

② 任俊生. 论准公共品的本质特征和范围变化 [J]. 吉林大学社会科学学报，2002（5）：54－59.

③ 陈其林，韩晓婷. 准公共产品的性质：定义、分类依据及其类别 [J]. 经济学家，2010（7）：13－21.

准公共产品向公共产品转化的关键因素。如现行的义务教育就是准公共产品转变为公共产品的一个典型事例。其通过财政干预，辅之以必要的行政手段，以遏制或削弱教育这一社会产品的排他性或竞争性予以实现。[①]

4.2.4 公共产品的需求分析：垂直相加

私人产品是具有竞争性和排他性特点的产品，这两种特性使通过市场提供私人产品具有可能性。因为作为理性经济人的消费者，追求的是个人效用最大化，在消费过程中，其会权衡自身从增加一单位产品消费中可以获得的效用，以及需要为此而付出的代价。其中，消费者增加一单位产品的消费所能获得的效用称为边际效用；消费者为增加一单位产品而需要承担的成本称为边际成本。显然，当边际效用大于边际成本的时候，消费者会继续增加该产品的消费；反之，消费者则会减少或停止对该商品的消费。当且仅当边际效用等于边际成本的时候，消费者效用达到最大化。在完全竞争市场中，产品消费的边际成本等于产品价格。也就是说，$MB = MC = P$，MB 代表增加一单位产品的消费，个人获得的边际效用，MC 代表生产一单位产品所需要支付的边际成本。根据私人产品的特征，私人产品的市场需求是在一定时间内，在各种可能的价格水平上所有消费者愿意并且能够购买的某种纯粹的私人产品数量之和。也就是说只要知道市场上消费者的数量，以及每个消费者在各种可能的价格水平上愿意而且能够购买的产品数量这两个条件，就可以清楚地得到该私人产品的市场需求曲线。

假设一个社会有且仅有三个消费者甲、乙、丙，他们消费的商品是苹果（苹果是一种私人产品），同时已知这三个消费者的个人需求曲线，分别用 $D_{甲}$、$D_{乙}$、$D_{丙}$表示，通过水平相加所有消费者的个人需求曲线可以得到苹果的市场需求曲线。比如，当苹果价格为 5 元时，消费者甲愿意每天购买 1 个苹果，因为在这个价格水平下，甲从苹果获得的边际效用与边际成本相等。同样地，乙愿意每天购买 2 个苹果，而丙则愿意每天购买 3 个苹果。因此，当价格为 5 元时，整个市场对苹果的需求量为 $1+2+3=6$ 个。依此类推，可以求出在各种可能的价格水平下的苹果的市场需求量。将这些点依次描绘在需求图上即可得到苹果的市场需求曲线，具体如图 4－1 所示。

① 陈其林，韩晓婷．准公共产品的性质：定义、分类依据及其类别［J］．经济学家，2010（7）：13－21.

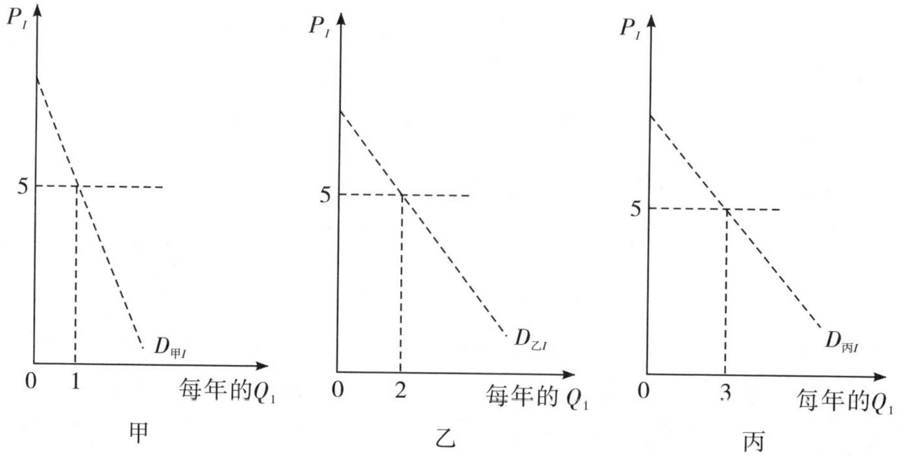

图 4－1　私人产品的市场需求曲线：个人需求曲线的水平相加

通过上面的分析可知，私人产品的市场需求曲线等于市场上所有消费者在各个可能的价格水平上需求量的水平加总。那么公共产品的需求又有什么特点？它与私人产品的需求有什么不同？

通过前面的学习，我们已经知道公共产品具有非竞争性与非排他性两大特点，也就是所有消费者消费的产品数量是相等的。消费者要么不消费，一旦消费，所有社会成员面对相同的消费数量。公共产品的消费者调整消费量的行为是徒劳的，比如消费者甲对公共产品的消费数量为 5 个单位时，其他社会成员不可能消费 3 个单位。也就是说，作为纯公共产品或服务的消费者，无法将其购买量调整到该种公共产品或服务的价格恰好等于其边际效用的水平。事实上，由于收益的非排他性，纯公共产品或服务是不能定价的。

那么如何得到某个社会对某种公共产品的市场需求曲线？虽然，每个消费者获得的纯公共产品数量是相同的，但是不同的消费者对于同等消费量的公共产品愿意支付的价格是不同的。为了得到整个社会对某种公共产品的需求曲线，我们可以尝试将特定数量上每个消费者愿意支付的价格合计起来。

假设社会中有 A、B、C 三个消费者，那么社会对国防这一公共产品的需求可以通过垂直加总个人需求曲线而得到。比如消费者 A 对于 10 单位国防愿意支付的价格为 100 元，消费者 B 对于相同数量的国防愿意支付的价格为 50 元，而消费者 C 愿意支付的价格为 80 元，这个社会的所有消费者对于 10 单位国防愿意支付的价格为 $100 + 50 + 80 = 230$ 元。依此类推，给定各种可能的供给数量，可以找出所有消费者愿意支付的价格之和，将这些点依次描在需求图上即可得到整个社会对于国防的需求曲线，具体如图 4－2 所示。

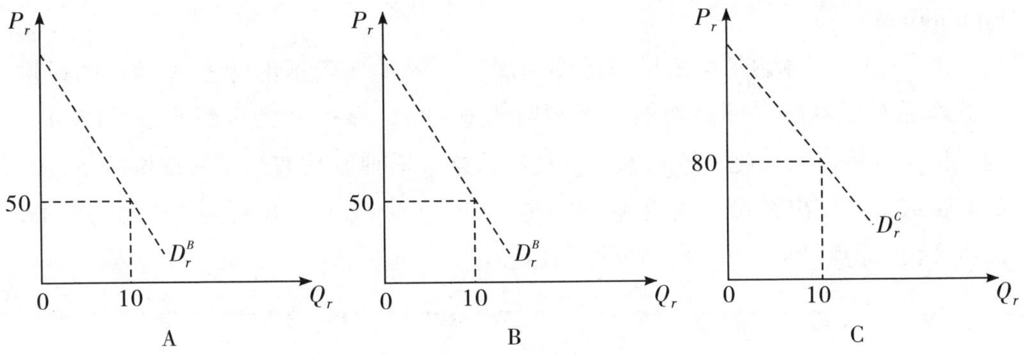

图 4－2　公共产品的社会需求曲线：个人需求曲线的垂直相加

4.3　纯公共产品的供给与生产

我们知道，一个国家与社会高效的经济活动和人民福祉与纯公共产品的供给密切相关。问题是纯公共产品应该由谁提供，通过何种方式进行提供，如何确定供给数量，这些都是本节所要关注的重点内容。

4.3.1　纯公共产品的供给方式——自愿捐献与成本分担

人们通常认为，通过市场机制提供社会产品是最有效率的，也是最常见的方式。但是由于纯公共产品具有非竞争性和非排他性的特点，通过市场机制很难实现资源的有效配置。这是因为实现产品有效配置的条件为边际成本等于边际收益，公共产品的边际收益等于所有社会成员因增加 1 单位公共产品而增加的边际收益之和；而纯公共产品具有非排他性，即边际成本为 0。显然，市场配置的结果是公共产品供给数量的严重不足。

1919 年，瑞典经济学家林达尔（E. R. Lindahl）就如何解决公共产品有效供给不足的问题给出了答案。林达尔认为通过自愿捐献和成本分担的方式可以为公共产品融资，同时使公共产品的供给量达到最佳水平。由于同一个公共产品对于不同社会成员有不同的效用，每个人愿意为此支付不同的价格，因此，如果每一个社会成员都能按照其获得的公共产品的边际收益分担相应的公共产品的费用，那么公共产品的供给数量就是有效率的最优水平。换言之，每一个社会成员的出资额总和恰好等于生产该类公共产品的边际成本。① 林达尔建立了一个类似于私人产品竞争性均衡的公共产品均衡模型，即林达尔均衡（Lindahl

① 孙泽生，曲昭仲，田锦．公共物品理论研究的范式演变：从需求到供给［J］．浙江科技学院学报，2006（1）：50－54.

Equilibrium）。

图 4－3① 是林达尔均衡模型的图形展示。纵轴 h 表示消费者 A 承担的提供公共产品总成本的份额。如果 A 的税收份额为 h，那么 B 的份额就是（$1-h$）。为了便于分析，我们把税收份额视为税收价格。横轴 G 代表的是所提供的公共产品数量或公共支出数量。曲线 AA 和 BB 分别代表个人 A 和 B 对公共产品的需求，曲线 AA 的原点是 O_A，曲线 BB 的原点是 O_B。

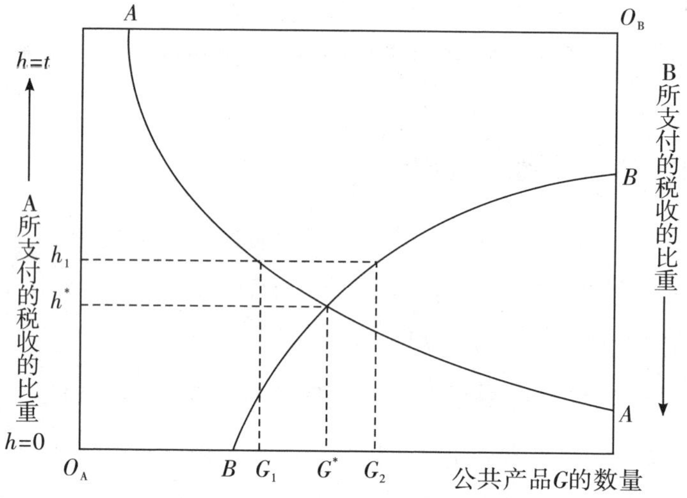

图 4－3　林达尔均衡模型展示图

假设，每个消费者对公共产品 G 和私人产品 X 的效用函数为：

$$U_A = U_A(X_A,\ G)$$
$$U_B = U_B(X_B,\ G)$$

其中，X_A、X_B 分别表示 A 和 B 所消费的私人产品数量，G 表示所消费的公共产品数量。A 和 B 在各自的预算约束条件下努力达到个人效用最大化。

$$pX_A + hG \leqslant Y_A$$
$$pX_B + (1-h)G \leqslant Y_B$$

① 杨志勇，张馨. 公共经济学［M］. 3 版. 北京：清华大学出版社，2013：52.

其中，Y_A、Y_B分别指个人 A 和 B 的收入，p 代表私人产品的价格。

在其他条件不变的情况下，调整税收份额 h，就得到 A 的需求曲线 AA；同理可以得到 B 的需求曲线 BB。在曲线 AA 和 BB 既定的条件下，任选一个税收份额 h_1，此时 A 愿意消费的公共产品数量为 G_1，而 B 愿意消费的公共产品数量为 G_2，显然，G_1 与 G_2 数量并不相等，说明此时 A 与 B 未能就公共产品的产出水平达成一致，二者存在分歧。此时，究竟消费多少公共产品取决于两个消费者的相对力量，相对力量更强的一方取胜，这是所有双倍垄断状况下的正常结果，这时的结果是不稳定的。为了避免由于双方力量不对等导致的不确定性，林达尔假定双方力量相当，A 与 B 可以通过不断讨价还价来调整税收份额，从而确定公共产品的消费量。当税收份额为 h^* 时，双方意见达成一致，公共产品的产出水平为 G^*，此时 A 支付的税收份额为 h^*，B 支付的税收份额为 $(1-h^*)$。h^* 与 G^* 的组合被称为林达尔均衡，相应的税收价格就是林达尔价格。

4.3.2 “搭便车”问题

林达尔均衡条件表明社会成员支付的公共产品价格是以其对公共产品的偏好为依据的，个体对公共产品的偏好程度越高，需要为此支付的价格就越高。不难发现，林达尔均衡条件的成立基于两个假设：假设一是每一个社会成员均愿意且能够如实表达自己对某种公共产品或服务的偏好，以及自己能从公共产品或服务获得的边际效益，而不会对自己的偏好有任何隐瞒；假设二是每一个社会成员对于其他社会成员的偏好及收入状况非常了解，也对公共产品能给其他社会成员带来的真实边际效益非常清楚，这样就使得其他社会成员无法隐藏自己的偏好。

显然，这两个假设条件非常理想化，现实生活中很少能够满足。首先并不是每个人都能够清楚地表达出自己的偏好的，就算清楚自己的偏好，但是每个人都有利己心，不是每一个社会成员都愿意准确地表达自己从公共产品或服务的消费中能够获得的边际效益。如实反映自己的偏好意味着个体需要为此支付更高的价格，作为理性经济人，显然此时隐藏起自身的偏好才是理性选择。面对公共产品，无论一个人是否愿意为之付费，其获得的公共产品数量总是一样的，因此，个体就有了隐藏其偏好的动机。此时，“搭便车”问题就出现了。

所谓“搭便车”问题，最早是美国经济学家奥尔森（M. L. Olson）于 1965 年发表的《集体行动的逻辑：公共利益和团体理论》[①] 提出的，指参与者不需要

---

① 奥尔森. 集体行动的逻辑：公共利益和团体理论［M］. 陈郁，郭宇峰，李崇新，译. 上海：三联书店上海分店；上海人民出版社，1995.

支付任何成本但可以享受与支付者完全等价的物品效用。显然，“搭便车”问题的存在会导致公共产品成本分担的公平性问题，导致社会惰化现象，即当许多人一起工作的时候，个体的活动积极性降低，会比单独工作时付出更少的努力。[①]为了解决这个问题，奥尔森在书中提出了解决方案——在其他因素相同的情况下，只有小群体的组织形式才可以解决“搭便车”的困境。在他看来，小群体的组织形式内部容易产生激励与监督机制，即在小群体内，人们可以观测与衡量到成员的不同贡献，在取得成果以后，可以按照其贡献分配；与此同时，由于成员之间容易观察到每一个人的表现与贡献，便容易形成相互监督。这一机制的核心是组织规模控制了激励与监督的成本，组织规模越大，激励与监督成本愈高，绩效越差。[②]

显然，林达尔均衡为解决公共产品有效供给不足的问题提供了一种解决思路。但林达尔均衡是一种非常理想化的模型，因为林达尔均衡的两个前提假设只有在社会成员人数非常少时才能满足。但现实社会是由成千上万社会成员组成的，没有人能够做到对其他社会成员的偏好与经济状况完全了解，因而林达尔均衡的实现缺乏现实基础。

当绝大多数的社会成员把对公共产品或服务的偏好隐瞒起来，按照成本分担与自愿捐献的方式提供公共产品，将会出现公共产品供给数量不足，远远低于最优水平的结果。

4.3.3 税收——“搭便车”问题的解决

为了解决偏好显示和“搭便车”问题，实现公共产品的有效配置，就应当由政府作为供给者，强权介入，通过税收等方式为公共产品融资。[③] 可以说，税收与公共产品之间具有必然的联系，正是为了生产公共产品，才需要向公众征收税款，从这个角度看，税收实质上是公共产品的生产费用，是将社会财富从居民和厂商向政府转移的过程。一般认为税收具有强制性、无偿性和固定性三个特征。

4.3.4 公共产品的典型例子——灯塔

以灯塔为例，在经济学家的圈子里，“科斯的灯塔”或者“灯塔经济学”可

---

① BAUMOL W. Welfare economics and the theory of the state [M]. Cambridge, Massachusetts: Harvard University Press, 1952.

② 狄金华. 制度变迁与公共物品供给中的激励机制嬗变：基于鄂西南河镇的研究 [M] //社会发展研究（第一期）. 北京：中国社会科学出版社，2012：158.

③ 孙泽生，曲昭仲，田锦. 公共物品理论研究的范式演变：从需求到供给 [J]. 浙江科技学院学报，2006 (1)：50-54.

谓无人不知、无人不晓。“灯塔”在经济学里是公共产品的代名词，灯塔的故事也就成为公共产品经济学的经典故事。具体前文已详细论及，此处不再赘述。

为什么灯塔这种产品最后必须由政府来提供，而大多数的产品和服务，譬如汽车这种产品或者搬运工的服务，都可以由私人企业提供？原因就在于灯塔是公共产品，而汽车和搬运服务都是私人产品。如果按照林达尔的想法，那么应该如何筹集修建灯塔所需要的费用？即采用自愿捐献与成本分担的方法，也就是每个社会成员都应该按照自己可以从灯塔中获得的边际效用提供资金，这是一种理想条件下的选择，但历史告诉我们，这种方法在现实生活中存在一个问题——理性的个体会想方设法逃避缴纳灯塔使用费，从而使得灯塔的修建与运营难以持续。

这个时候如何使用强制性融资的方法来解决上述“搭便车”的问题？此时需要政府的介入，由政府通过具有强制性特征的税收获得修建灯塔所需要的费用，这样一来灯塔的修建费用可以得到保障。

政府经营的灯塔起初一切如常，但时间一长，人们发现，作为公共产品的灯塔总是维护不善，管理不良，风吹日晒也没人去及时维护，设备损坏的频率比私人企业经营时高得多。有些灯塔常年失修，有些只是勉强使用（无独有偶，公共的街灯也比私人灯具损坏快得多，不是被风刮断，就是被人损坏，坏了也没人及时修理）。虽然过往船只不用再额外交费，政府不用再专门雇人来收费，似乎是节约了社会资源。但是，由于经常损坏，实际上政府花在灯塔上的钱比私人企业经营时的成本（包括雇人的费用）还要多。建立公共灯塔的资源来自税收，仍然是社会的财富。这些资源的使用，从社会角度来说是低效率的。由此看来，由政府来提供灯塔这种公共产品并不一定就是有效的。正是因为看到了政府提供公共产品的低效率，科斯（R. H. Coase）特意从美国跑到英国，实地考察英国灯塔制度的历史演变，看看在政府经营之前英国的灯塔制度如何运转。他了解到英国早期的灯塔制度都是私人企业经营的，只是由于收费困难，才被政府经营的灯塔制度取代。在分析了私人经营的灯塔制度和政府经营的灯塔制度的利弊得失之后，科斯提出了一个新观点，即新制度经济学家对传统公共产品经济学的修正。

科斯认为，政府经营的灯塔制度对资源的浪费和低效使用表明，由政府代替私人企业生产公共产品并不一定是最好的解决方案。实际上，在英国早期灯塔之所以由私人企业经营演变为由政府经营，原因在于制度的缺乏。只要有关制度足够完善，私人企业经营灯塔的效率是最高的。譬如，政府应该制定有关灯塔收费的强制制度，对逃避付费的行为予以严厉惩罚以保证制度的执行。同时，私人企业通过竞争决定谁来提供灯塔服务；对私人企业经营灯塔的收费水平予以监督和核查，使其不至于利用垄断地位牟取超额利润，侵害船运公司的利益。这样，通过完善制度，政府监管下的私人企业经营就既可以解决私人企业经营交易成本过高的问题，又可以解决政府经营效率低下、浪费资源的问题。也就是说，政府要做的不是代替私人企业经营灯塔，而是提供制度，对制度的实施予以监督。

英国的灯塔由私人企业经营转为由政府经营就是因为私人企业无法继续提供灯塔这种公共产品。不过，制度经济学家认为，政府只要实行好的制度安排，私人企业也可以提供像灯塔一类的较好的公共产品。

4.3.5　纯公共产品最优供给的一般均衡模型[①]

美国著名经济学家萨缪尔森最早提出公共产品最优供给的一般均衡模型。他假定一个社会有两名消费者 A 和 B，两种产品（私人产品 X 和公共产品 G），其生产可能性组合既定，消费者偏好既定，现寻求公共产品的最优供给条件。

1. 数学证明

一般均衡条件下，公共产品最优供给的条件和私人产品不同。一般均衡分析的结果是：消费的边际替代率之和等于生产的边际转换率。这就是公共产品最优供给的萨缪尔森条件。其简单证明如下：

这个证明是要保证：

$$MRS_{\mathrm{A}} + MRS_{\mathrm{B}} = MRT$$

证明：为了达到极乐点 M，即最大化社会福利函数 W，假设：

$$W = W(U_{\mathrm{A}},\ U_{\mathrm{B}})$$
$$U_{\mathrm{A}} = U_{\mathrm{A}}(X_{\mathrm{A}},\ G)$$
$$U_{\mathrm{B}} = U_{\mathrm{B}}(X_{\mathrm{B}},\ G)$$

生产可能性曲线为：

$$F(X_{\mathrm{A}} + X_{\mathrm{B}},\ G) = 0$$

① 杨志勇，张馨．公共经济学［M］．3 版．北京：清华大学出版社，2013：48.

假设拉格朗日乘数为：

$$L = W[U_A(X_A, G), U_B(X_B, G)] - \lambda F(X_A + X_B, G)$$

分别对 X_A、X_B 和 G 求偏导数，并令该式值为零，有：

$$\frac{\partial L}{\partial X_A} = \frac{\partial W}{\partial U_A}\frac{\partial U_A}{\partial X_A} - \lambda\frac{\partial F}{\partial X_A} = 0$$

$$\frac{\partial L}{\partial X_B} = \frac{\partial W}{\partial U_B}\frac{\partial U_B}{\partial X_B} - \lambda\frac{\partial F}{\partial X_B} = 0$$

$$\frac{\partial L}{\partial G} = \frac{\partial W}{\partial U_A}\frac{\partial U_A}{\partial G} + \frac{\partial W}{\partial U_B}\frac{\partial U_B}{\partial G} - \lambda\frac{\partial F}{\partial G} = 0$$

可得：

$$\frac{\dfrac{\partial W}{\partial U_A}\dfrac{\partial U_A}{\partial X_A}}{\dfrac{\partial W}{\partial U_B}\dfrac{\partial U_B}{\partial X_B}} = \frac{\dfrac{\partial F}{\partial X_A}}{\dfrac{\partial F}{\partial X_B}} = 1$$

等式右边之所以等于1，是因为最后一单位 X_A 和最后一单位 X_B 对函数（$X_A + X_B$，G）的变化所做的贡献相同。可得：

$$\frac{\partial W}{\partial U_A}\frac{\partial U_A}{\partial X_A} = \frac{\partial W}{\partial U_B}\frac{\partial U_B}{\partial X_B}$$

还可得到：

$$\frac{\dfrac{\partial W}{\partial U_A}\dfrac{\partial U_A}{\partial G}}{\dfrac{\partial W}{\partial U_A}\dfrac{\partial U_A}{\partial X_A}} + \frac{\dfrac{\partial W}{\partial U_B}\dfrac{\partial U_B}{\partial G}}{\dfrac{\partial W}{\partial U_B}\dfrac{\partial U_B}{\partial X_B}} = \frac{\dfrac{\partial F}{\partial G}}{\dfrac{\partial F}{\partial G}}$$

2. 图示法

这个分析可以借助图4－4来理解。假设整个社会只有两个消费者A和B，两种产品，分别是公共产品 G 和私人产品 P，其生产可能性组合既定，消费者偏好既定。那么如何生产，公共产品 G 才能达到最优呢？

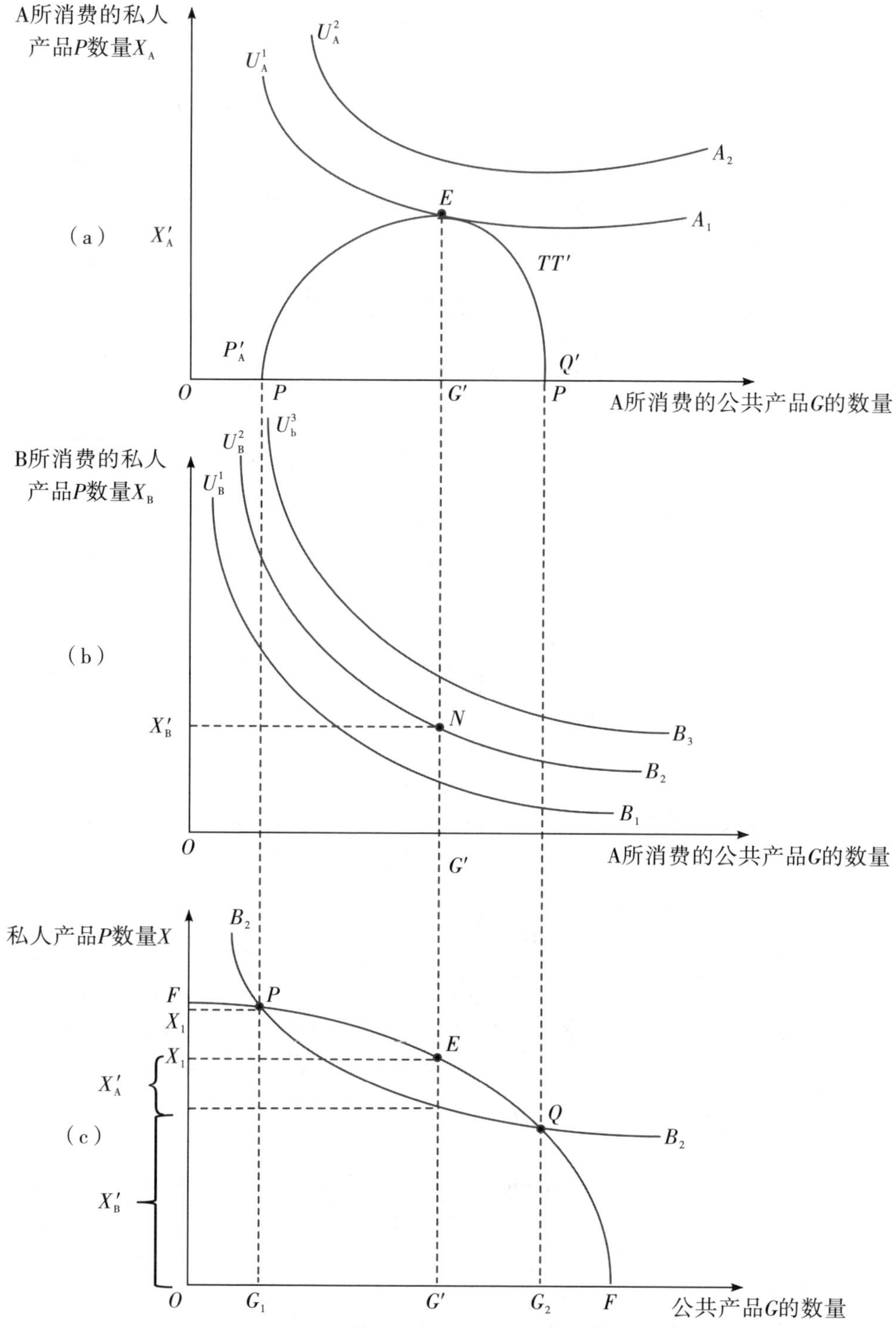

图 4-4　资源在私人产品和公共产品之间的配置

图 4 -4 中，纵轴表示消费者所消费的私人产品 P 的数量，横轴表示消费者所消费的公共产品 G 的数量。首先看图（b），U_B^1、U_B^2、U_B^3 表示 B 的无差异曲线，同一无差异曲线上的点表示两种产品的不同数量的组合给消费者提供的效用是相同的。假设当前消费者 B 的无差异曲线为 U_B^2，即图（b）中的无差异曲线 U_B^2，QQ'代表生产可能性曲线，这一曲线表示在既定资源和技术条件下，经济社会所能生产的各种商品最大数量的组合。当社会中只存在两个消费者的时候，那么这个社会生产的产品恰好被 A 和 B 消费，此时生产就是有效率的，以私人产品 P 为例，生产可能性曲线上的点等于消费者 A 和消费者 B 所消费的私人产品的数量之和，即 $P = P_A + P_B$。

当消费者 B 所消费公共产品 G 的数量为 G_1，可以发现消费者 B 所消费的私人产品 P 的数量为 P_B'，此时由于整个社会的生产可能性组合既定，根据整个社会的生产可能性曲线 QQ'可知，消费者 A 所消费的私人产品 P 的数量为 P_A'，此时将点（X_1，P_A'）绘制在图（a）。同理，可以绘制出无数多的点得到曲线 TT'，这就是消费者 A 的消费可能性曲线，表示可供 A 消费的公共产品与私人产品的组合。当 U_A^1 与 TT'相切于点 E，此时 A 所消费的公共产品数量为 G'，在图（c）可以发现此时整个社会中消费者 A 所消费的私人产品数量为 P_A，消费者 B 所消费的私人产品数量为 P_B。

上面我们在消费者 B 的无差异曲线为 U_B^2 时，得到了消费者 A 的消费可能性边界 TT'。但我们知道，消费者 B 的无差异曲线具有无数种可能，图形上表示就是消费者 B 的无差异曲线可以任意移动。因此，当消费者 B 的无差异曲线发生移动的时候，根据同样的方法我们可以得到无数个消费者 A 的消费可能性曲线 TT'与无差异曲线的切点 E，这些切点的连线得到 LL（如图 4 -5 所示），LL 上每一点都表示消费者 A 的序数效用函数。相应地，可以把消费者 A 和 B 的序数效用函数相应的点转化为效用面，从而得出所有帕累托最优点的效用可能性轨迹。

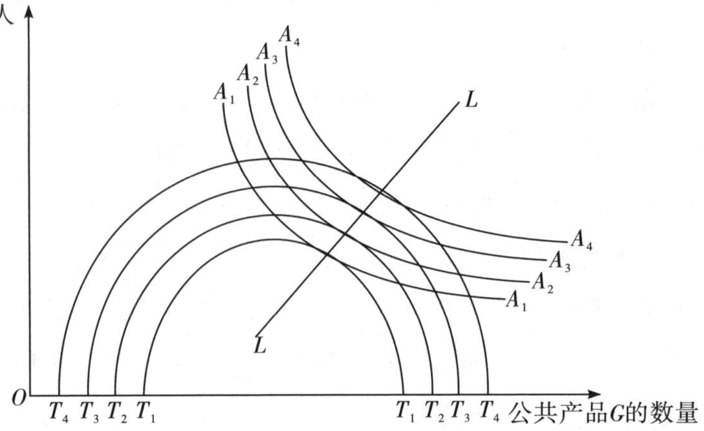

图 4－5　社会资源最优配置轨迹

在图 4－6 中，纵轴表示消费者 B 的序数效用函数，横轴表示消费者 A 的序数效用函数，UU 表示消费者 A 和消费者 B 的效用可能性曲线，WW 一组曲线为社会无差异曲线（用社会福利函数表示）。假定 UU 和 W_0W_0 相切于点 M，那么点 M 代表的是最佳社会状态和“极乐点”。

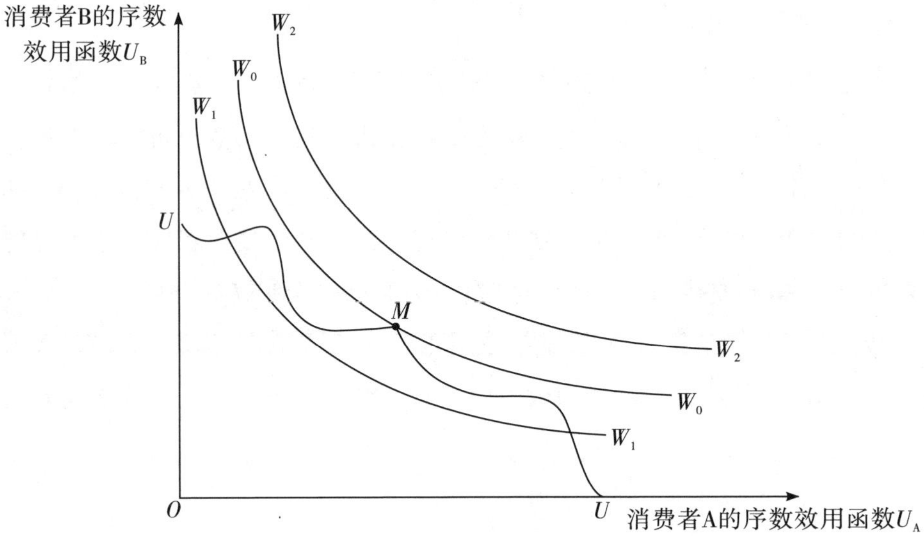

图 4－6　社会资源配置极乐点

4.4 准公共产品的供给与生产

前面已经提到，公共产品可以划分为纯公共产品和准公共产品，纯公共产品在现实生活中比较少见，准公共产品也被称为混合产品，是日常生活中更为普遍的存在。准公共产品是指介于私人产品与纯公共产品之间，具有不充分的非排他性和非竞争性的产品。

根据不充分的非排他性、非竞争性的不同组合，可以把混合产品分为具有非排他性且非竞争性不充分的混合产品，具有非竞争性且非排他性不充分的混合产品，以及非排他性和非竞争性都不充分的混合产品三类。

根据边际生产成本和边际拥挤成本的大小不同，可以将混合产品分为边际生产成本和边际拥挤成本都为零的准公共产品，边际生产成本为零、边际拥挤成本不为零的准公共产品，具有利益外溢性特征的准公共产品三类。

4.4.1 边际生产成本为零、边际拥挤成本不为零的准公共产品的提供方式①

有些准公共产品的边际生产成本为零，但当消费该准公共产品的人数不断增加时，会出现拥挤现象，拥挤给他人带来的不便以及给社会带来的潜在危害从本质上来说也是一种外部成本。如何使这种外部成本转化为内部成本，从而避免或减少拥挤？一种可能的方式是：对拥挤性产品实行收费。

图 4－7 说明的是对拥挤桥梁实行收费前后车流量配置的情况。假设 Q_1 为行车拥挤点，D 为行车需求曲线，MPC 为行车的个人边际成本曲线，MSC 为行车的社会边际成本曲线。当行车需求曲线为 D 时，车流量已超过行车拥挤点 Q_1，随着车流量的增加，所有使用者由于拥挤从桥梁中得到的利益在相应减少，因而社会边际成本 MSC 开始大于个人边际成本 MPC。由于消费者只考虑个人边际成本与边际效益，而不会考虑自己车辆投入运行是否会加剧道路拥挤，是否会给他人增加成本。因此，只要消费者认为自己的行车利益大于自己的边际成本，消费者就会源源不断地加入车流，以致当车流量最终达到 Q_3 时，虽然个人边际成本 MPC 等于边际效益 D②，但是，社会边际成本 MSC 已大大地高于边际效益 D，车流量超过了有效率的水平 Q_Z，从而造成了桥梁使用的严重过度。

---

① 蒋洪. 财政学［M］. 上海：上海财经大学出版社，2000.

② 从消费者的角度来看，消费者的边际效益曲线就是消费者的需求曲线。

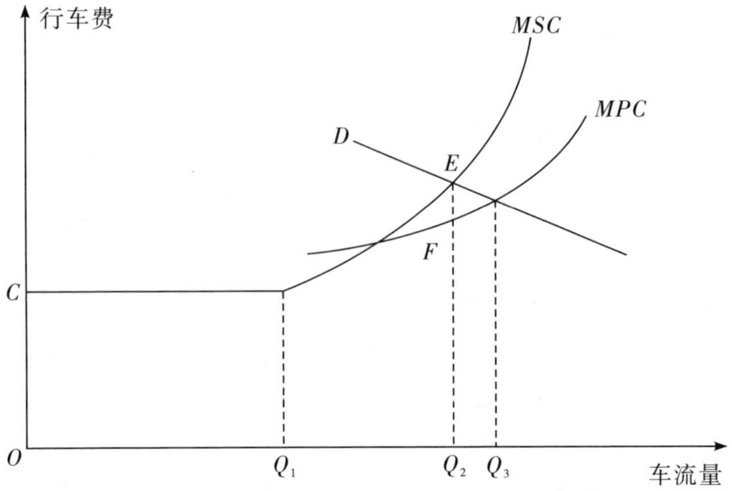

图 4－7　拥挤性产品——桥梁收费的效率分析

一种使桥梁通行量达到有效率的水平的可行方法是，在原先收费标准（C）的基础上进一步收取拥挤性费用。拥挤性收费标准应根据社会边际成本等于社会边际效益时的外部边际成本（*MSC* 与 *MPC* 之差）来确定，即确定在 *EF* 水平上。通过收费有助于让使用者来承担由自己行为带来的外部成本，从而使外部成本内在化。这样，在成本机制的约束下，车流量才会减少到效率所要求的水平 Q_Z。从图 4－7 可以清楚地看到，通过对桥梁使用者收取拥挤费用，桥梁使用量由 Q_3 降低到了 Q_1 的合理水平，从而缓解了桥梁的拥挤状况。

由此可见，对“拥挤”进行收费，有助于使用者了解自己的行为给他人带来的成本，从而促使个人从社会的角度来选择消费水平，有利于缓解拥挤程度，使产品的使用更有效率。

需要说明的是，这里仅仅考虑的是对产品使用拥挤的收费，而没有考虑对产品成本的弥补。是否应该通过市场的方式对产品成本进行弥补以及应在多大程度上进行弥补，还要取决于市场提供与政府提供的效率比较。

由于准公共产品具有拥挤性和消费数量非均等性，因此，政府需要通过收取恰当的费用来调节准公共产品的需求，按照消费数量使消费者公平负担准公共产品的生产成本。同时，准公共产品一般都具有排他性，这也使得对准公共产品实行收费成为可能。准公共产品实行收费是为了筹集必要的资金，使准公共产品生产成本公平负担，消除拥挤和闲置现象，保护资源，消除“搭便车”现象。

4.4.2 具有利益外溢性特征的准公共产品的提供方式[①]

有一部分准公共产品具有利益外溢性，即具有正的外部效应，那么使用什么方式提供才是比较有效的呢？一般来说，具有利益外溢性的准公共产品有三种供给方式：公共提供、部分公共提供以及市场提供，三者对应的筹资方式分别是税收、收税与收费、市场价格。如果由政府提供这类准公共产品，应该如何筹资呢？我们通过图 4 - 8 进行分析。

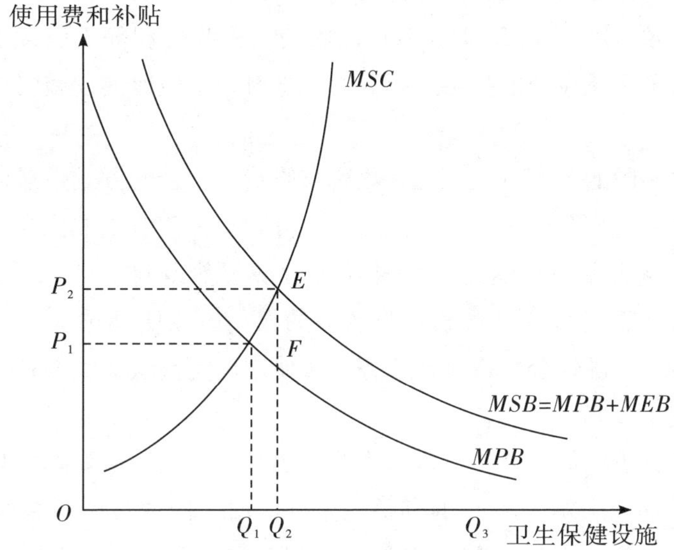

图 4 - 8　外溢性产品——卫生保健设施收费的效率分析

假设图 4 - 8 描绘的是某种具有利益外溢性的准公共产品。其中，*MPB* 反映了卫生保健设施给私人带来的边际效益。*MEB* 为其外部边际效益，这种外部效益可以表现为通过卫生保健活动提高了城市居民的整体健康水平，从而有利于减少疾病的传染，有利于劳动生产率的提高，也有利于城市精神风貌的改善等，这种外部效益为该城市的所有居民所享受。*MSB* 则为卫生保健设施的社会边际效益，它为私人边际效益 *MPB* 与外部边际效益 *MEB* 之和。*MSC* 为卫生保健设施的社会边际成本。在这些假设条件下，卫生保健设施的最佳配置量应为 Q_2。

如果政府采用一般性税收的方式为卫生保健设施进行筹资，由于设施的使用者与税收的缴纳者之间并不存在直接的一一对应关系，因此对于使用者来说将免

① 蒋洪. 财政学 [M]. 上海：上海财经大学出版社，2000.

费消费该设施。在这种情况下，使用者对卫生保健设施的需求量将会达到 Q_3 的水平，这时，社会边际成本已远远地超出了社会边际效益。显然，对于卫生保健设施这种准公共产品来说，完全的税收筹资方式将带来极大的资源浪费。如果政府采用价格的方式来筹资，那么，卫生保健设施将完全按照消费者的私人边际效益来进行配置。由于市场价格 P 并不反映卫生保健设施的外部效益，因而对该设施的配置 Q 将处于相对不足的状态。如果政府采用收税与收费相结合的方式来筹资，当政府按照产品的社会边际成本来分摊费用，其中对使用者的收费等于私人使用卫生保健设施的边际效益，即等于 FQ_Z；当纳税人的收税等于卫生保健设施的边际外部效益，即等于 EF 时，政府的收费与税收之和等于该设施的社会边际效益，同时又等于该设施的社会边际成本。这时，卫生保健设施将处在最佳的配置水平上。

比较三种不同的筹资方式可见，收税与收费相结合的方式是最优的。当一种准公共产品的利益部分外溢时，它的另一部分利益为消费该准公共产品的消费者所享受。对消费者享受的这部分利益实行收费显然既符合“谁受益，谁负担”的原则，又有利于消费者进行成本与效益的权衡，促使其选择一个合理的消费量。因此，对于外溢性公共设施或服务，按使用者受益状况收取费用会有助于提高该设施的使用效率。

由以上的分析推而广之，可以得出这样的基本结论：从效率的角度来看，当准公共产品（如社会治安等）的利益完全外溢时，应通过税收来弥补准公共产品的成本；当准公共产品（如住宅等）的利益完全内在时，应通过价格来弥补准公共产品的成本；只有当准公共产品（如文化设施等）的利益一部分外溢、另一部分内在时，才应根据准公共产品的内在效益通过政府性收费来部分弥补准公共产品的成本。

混合产品的二重性（既有公共性，也有私人性）使得该类产品或服务的提供和相关公共收费水平的决定既不能完全依靠市场，也不能单纯依靠非市场的政治决策过程。混合产品的提供和相关公共收费水平的决定要采取两者相结合的办法来进行。依靠哪一种方式，主要视混合产品外溢性的大小而定。外溢性越大，依靠政治决策的程度也越大；反之，则依靠市场机制揭示的程度越大。在准公共产品的提供过程中，应该注意发挥市场机制与政府机制的优势，加强公私部门的合作，实现准公共产品的有效供给。

4.4.3 “公地悲剧”与“反公地悲剧”①

“公地悲剧”（The Tragedy of the Commons）理论最初是由加利福尼亚大学的生物学教授哈丁（Garrett Hardin）提出的，其在 1968 年发表的《公地的悲剧》一文中描述了这个问题。公地制度是英国曾经实施的一项土地制度，即封建主在自己的领地中划出一片尚未耕种的土地作为牧场，无偿提供给当地的牧民放牧。然而，由于是无偿放牧，每一个牧民都想尽可能增加自己的牛羊数量，随着牛羊数量无节制地增加，牧场最终因过度放牧而成了不毛之地，此即为“公地悲剧”。从经济学角度分析，在使用公共资源时，由于产权的非排他性特征，个人在决策时只考虑个人的边际收益大于等于个人的边际成本，而不考虑其行动给别人造成的损失和所带来的社会成本，最终造成一个给予他们无限制放牧权的经济系统的崩溃。哈丁进一步指出，就作为公共物品的自然资源本身来看，人类过度使用空气、水、海洋水产等看似免费的资源，必将付出无形而巨大的代价。

自哈丁 1968 年提出“公地悲剧”30 年后，1998 年，美国迈克. 黑勒教授（Michael Heller）发表了《反公地悲剧》（*The Tragedy of Anti-Commons*）一文，从公地产权界定与使用的另一个侧面建立起了与“公地悲剧”相对应的“反公地悲剧”理论模型。黑勒指出，“公地资源”（公共资源）特有的产权性质，决定其不仅存在着被过度利用的情况——公地悲剧，同时也存在着它的另一个侧面，即低效利用、无效利用甚至根本没有被利用的情况——反公地悲剧。也就是说，为了自身利益，在公共资源中，每个人都可以阻止其他人使用该资源或是设置一些障碍阻碍他人使用该资源，从而造成资源闲置。哈丁教授的“公地悲剧”理论只是探讨了公共资源被过度利用（Overuse）这一种情况，但他忽视了其未被充分利用（Underuse）的可能性。就像在大门上安装需要十几把钥匙同时使用才能开启的锁，这十几把钥匙又分别归不同的人保管，而这些人又往往无法在同一时间到齐。显而易见，打开房门的机会非常小，房子的使用率非常低。烦琐的知识产权保护、国企的多头管理等都是“反公地悲剧”的典型例子。之所以也叫悲剧，原因在于每个当事人都知道资源或财产的使用安排能给每个人带来收益，但由于相互阻挠而眼睁睁地看着收益减少或资源浪费。②

“公地悲剧”主要是由于公地资源产权空缺，任何人都没有将其他人排斥在资源的使用主体以外的权力，一个人所能做的只能同别人一样，即尽可能多地利

---

① 李晓峰. 从“公地悲剧”到“反公地悲剧”[J]. 经济经纬，2004（3）：26 - 28.

② 陈新岗.“公地悲剧”与“反公地悲剧”理论在中国的应用研究［J］. 山东社会科学，2005（3）：75 - 78.

用资源，从而避免自己的利益受损，结果只能是导致资源的过度使用直至衰竭。“反公地悲剧”则是因为在公地内，存在着至少两个或更多的权利所有者与使用者，而且任何人都可以运用自己所拥有的权力设置种种使用障碍来阻止其他人有效地使用，结果是包括自身在内的任何经济主体都不能真正地拥有有效的使用权，从而导致资源的闲置和使用不足。在现实的经济活动中，为使多头管理的公共资源能够得以利用（哪怕是不充分的利用），要么各个产权主体之间相互进行多重谈判，要么由某个主体到各个主管部门寻租，以获得一个近似完整的使用权，而这些都大大地增加了交易费用，影响了资源的使用效率。

从上述分析可以看出，“公地悲剧”与“反公地悲剧”是一对既相互联系又相互区别的经济学概念。两者的相同之处主要表现在：第一，从产权拥有者多少的角度出发，可以将财产划分为私有财产和公有财产，私有财产由于产权边界清晰，归属明确，其配置效率往往很高，不会产生类似的现象，因而两种“悲剧”的分析对象都是针对公共财产而言的。第二，无论是“公地悲剧”，还是“反公地悲剧”，其核心问题都是产权问题；同样要避免两个“悲剧”重演，也都须从产权问题入手。第三，“公地”的概念被大大拓宽，不仅仅指哈丁意义上的公共的牧场，也不仅仅指作为公共物品的自然资源，而是延伸到任何一种在产权安排上主体不明确或者主体很多、一个人行使权力会影响到其他人并且同时受其他人制约的一般财产。二者在含义上的主要区别在于：第一，两种“悲剧”的具体产生机理有别。“公地悲剧”的产生是由于公地上任何人都没有排斥其他人同时使用资源的权力，而“反公地悲剧”产生则是由于公地上任何人都在一定程度上拥有不让别人正常使用资源的权力。第二，两种“悲剧”的结果有别。“公地悲剧”导致的是资源的过度利用，而“反公地悲剧”导致的则是资源的无效利用、低效利用，甚至根本不能利用。或者换句话说，“公地悲剧”导致的是大量“搭便车”情况的发生，而“反公地悲剧”导致的则是车上的座位部分空余，甚至完全空着，没有被充分利用。

那么如何破解“公地悲剧”呢？“公地悲剧”产生的根源在于产权不清，因而需要明晰产权。通常有两种方案，方案一是界定产权，将公共产权私有化。只有通过法律法规明确资源产权，确定各方责任，才能避免资源的过度使用。方案二则是通过外部干预来解决“公地悲剧”，比如利用政府管制等举措进行解决。

本章小结

公共产品是指同时具有非排他性和非竞争性的产品。按照社会产品的经济属性，可以将社会产品划分为私人产品、准公共产品与纯公共产品。其中，私人产品位于一个序列的一端，消费者甲的消费每增加一个单位将减少其他消费者的消费；而纯公共产品位于序列的另一端，消费者甲消费的增加并不会减少其他消费者的消费；准公共产品则介于二者之间。公共产品的供给问题是公共产品研究的关键问题之一。根据公共产品的不同特征，公共产品的供给方式有不同的选择。林达尔揭示了公共产品有效供给的一种政府机制，即每个社会成员按照自身所获得公共产品的边际效益支付应分担的资金费用，那么公共产品的供给数量将达到最佳效率水平，此时公共产品供给达到了“林达尔均衡”，社会成员支付的价格称为“林达尔价格”。

复习思考题

1. 公共产品的基本特征是什么？谈一谈你的理解。

2. 香港的交通堵塞非常严重，但司机与非司机在改善交通状况这一问题上的答案却有不同看法。司机赞成建设新路，而非司机们则认为应该征收道路通行费和执照费等。这些方案的理论依据分别是什么？你赞成哪一个方案？请说明理由。①

3. 假如通行费的目的是使驾驶者的私人成本等于社会成本，通行费的多少取决于汽车中有多少乘客吗？取决于汽车的大小（或者小汽车、卡车和公交车的不同）吗？取决于收费的日期吗？②

4. 案例分析

案例 1：广州市增城区碧桂园凤凰城的楼巴是由碧桂园开发商购车并组建车队负责运营的，以“线路多、班次频、辐射广”著称。每天有超过 300 班次楼巴在广州市内往返，包括天河南二路、环市路、科韵路、黄村、科学城等各个方向以及周边地铁、公交接驳站，其中往返天河的车更是密至 15 分钟一班，上下班高峰期车满即开。每天有上万名业主依靠楼巴出行，很多业主在此置业便是看重其便捷的楼巴可抵达广州中心城区。

---

① 米勒，本杰明，诺斯．公共问题经济学［M］．12 版．楼尊，译．上海：上海财经大学出版社，2002：174.

② 米勒，本杰明，诺斯．公共问题经济学［M］．12 版．楼尊，译．上海：上海财经大学出版社，2002：174.

案例2：珠江隧道位于广东省广州市荔湾区，于1990年10月14日动工，1993年12月28日建成通车，总投资6亿元人民币，主要由广州珠江隧道实业有限公司负责兴建。隧道呈南北走向，北端出入口位于荔湾区黄沙，连接内环路、六二三路，南端出入口位于上芳村，连接花地大道，是穿越珠江的一条过江隧道，隧道的建成对附近地区的交通情况有很大的影响，逐渐成为通往佛山市南海区等地的主要交通干道，每日车流量极大，远超其最初设计的通行能力。

案例3：许多海边旅游点的五星级度假酒店有占用酒店附近的沙滩的习惯，他们会把类似"对外不开放，闲人免进"的牌子放在私人沙滩范围的边界，表示大众不能进来或借道。虽设置了标识，但在旅游淡季时，"私人沙滩"一般是对所有人开放的，只有旺季到来时，酒店才会为了保障其住客的权益而拒绝非住客进入"私人沙滩"。

请问以上三个案例中的物品分别属于哪一类型的产品？各自具有什么特点？其供给方式有何不同？存在什么问题？对于当前存在的问题，你认为应该如何解决？

推荐阅读资料

1. 曼昆. 经济学原理［M］. 梁小民，译. 北京：机械工业出版社，2003.

2. 奥尔森. 集体行动的逻辑［M］. 陈郁，郭宇峰，李崇新，译. 上海：三联书店上海分店；上海人民出版社，1995.

3. LAFFONT J J. Chapter 10 incentives and the allocation of public goods［J］. Handbook of public economics，1987：537－569.

4. SAMUELSON P A. The pure theory of public expenditure［J］. The review of economics and statistics，1954，36（4）：387－389.

网上资源

1. 德国劳动经济学研究所（IZA）. http://www.iza.org/en/webcontent/index_html.

2. JSTOR数据库. http://www.jstor.org/action/showPublication? journalCode=jlaboreconomics.

第 5 章　公共选择理论

CHAPTER 5

学习目标

1. 了解公共选择理论的基本内涵、历史背景及发展历程。
2. 掌握公共选择理论在民主社会中的具体运行规则，同时需要了解民主政治过程中的政党行为、公共选择者的行为和利益集团在选举中的作用。
3. 了解政府失灵的现象和原因，同时掌握寻租的内涵、类型及影响。

引例

观察西方一些国家选举投票率

我们对以美国为代表的西方国家选举投票率和选举制度研究发现，近年来，投票率下跌已经成为国际普遍现象。与全国性选举相比，地方性选举的投票率极低，纽约、洛杉矶等金融中心城市的地方选举投票率在20%左右，一些大城市投票率仅为个位数。学者研究认为，投票率与选举的正当性（认受性）没有必然联系，投票率低不一定意味着选举正当性（认受性）低。美国两党近年来在投票率问题上取态相反、斗争激烈，近期的“民主峰会”进一步暴露了美国在选举投票问题上的政治两极化。

事实证明，投票率是西方民主的一个游戏，实质是最终赢得选举、获取政权的工具；投票率高低从来不是其选举的关注重点，赢得选举、维持执政地位才是关键。在英国殖民统治下，香港没有真正意义的投票权可言，回归前香港所谓的“选举”制度不存在投票率问题，通过操弄选举获取最大政治利益才是英国的目的，英国企图借此阻碍中国政府对香港恢复行使主权并实行有效管治。

一、低投票率是近年国际普遍现象

自20世纪90年代初以来，全球平均的选举投票率已明显下降。以美国为例，其选举投票率近年已下跌至经合组织国家中的倒数几名。美国国会中期选举的投票率一般只有40%，而党内初选的投票率一般只有25%到30%。

与全国性选举相比，地方选举投票率通常更低。2021年11月，在美国纽约市（总人口约800万，与香港相近）的地方选举（包括市长、市议会议员）中，投票率仅为24%，在490多万的登记选民中，投票人数不超过130万。2017年的纽约市长选举投票率为21.7%。2017年洛杉矶市长选举投票率是20.1%，2013年是23.0%，2009年仅有17.9%。2019年芝加哥市长选举投票率为32.8%。美国南方最大城市达拉斯2015年地方选举投票率只有6%。加拿大多伦多、温哥华、蒙特利尔近年地方选举投票率大都约为40%。

西方很多地方选举投票率低，其原因往往是缺乏党派竞争，候选人之间观点接近，难以激励选民投票。西方学者认为，除非出现丑闻或重大举措，否则地方政治大多处于“平衡状态”，激发不出选民的投票兴趣。

二、投票率与选举的正当性（认受性）没有必然联系，投票率低不一定意味着选举正当性低

美国等国的选举法没有规定任何最低的投票率门槛作为选举成功或者认受性

的条件。西方学者认为，无论投票率高低，产生的投票结果不会有什么两样，低投票率不会产生不公平、不公正的选举结果。美国有 1.6 亿注册选民，如果从中随机抽取的 1.6 万人刚好能代表全国选民构成情况，那么这场选举就已经有了准确的结果和正当性。对同一个选区，70% 的投票率和 50% 或 30% 的投票率往往有相同的选举结果；达拉斯市 6% 的极低投票率也不会被认为威胁到选举的正当性。低投票率的选举并不一定缺乏代表性，而应关注投票率的构成，而不是投票者的规模。不投票也是一种选择，说明那些不投票的选民同意由那些积极投票的选民代为选择政府领导人和代议士。

学者认为，不应为了提高投票率而推动那些无助于实现选举功能的选民投票。对于那些通常不投票或没有投票倾向的人，他们投票可能仅仅因为受到强迫，而与实现选举功能无关，这种情况下，投票率低反而不是坏事。

关于投票率与人们对政府的信任度之间的关系，尽管美国选民在地方选举中的投票率远比联邦选举低，但美国盖洛普公司、德勤公司多年调查都显示，美国人对地方政府的信任程度反而长期高于对联邦政府的信任。

一般来说，一个国家（地区）遇到重大挑战，面临艰难抉择，才会出现创纪录的高投票率。例如，美国 2020 年大选投票率（66.8%）创 1900 年以来新高，就是因为美国面临多方面的严重困难。当社会发展平稳，选民对未来有较好预期，没有通过投票来改变政府政策的强烈愿望，对选票就不会看得很重。投票率不高反而表明选民对政府施政和现状基本满意，感到不需要通过选举实现大的改变。

三、美国两党在投票率问题上的斗争表明投票率高低从来不是其关注的重点，赢得选举才是关键

美国民主党一直自称代表基层、弱势群体和劳工阶层，一直致力于提高投票率，降低投票门槛，尽可能把少数族裔、新移民、年轻人等群体都变为选民，并尽可能方便他们投票。投票率越高，民主党获胜的可能性越高。他们指责共和党故意使投票变得困难。共和党人则表示，他们反对投票改革是因为担心选民欺诈，指责民主党让自己的选民自动登记，提高民主党的投票率，而不关心选票的诚信性。61% 的美国人认为，如果改变选举规则，使登记和投票更容易，不会使选举更不安全。大多数共和党人则认为，如果改变投票规则，使投票更容易，会降低选举的安全性、可靠性。

特朗普 2020 年公开指责民主党，称如果实行民主党推动的扩大选民投票的举措，“将永远不会有一个共和党人在这个国家当选”。实际上特朗普承认了当美国人民更多参与投票时，共和党就会输。他知道压制投票是他和共和党获胜的

唯一途径，更高投票率只对民主党是好事，对共和党却不利，共和党只能依靠较低的投票率获胜，因此必须尽力压低投票率。

无论民主党如何想方设法提高投票率，或者共和党如何竭力降低投票率，他们真正关心的从来不是投票率，其最终的唯一目的都是赢得选举。只要能赢得选举，他们会不择手段地鼓励或者限制投票、提高或降低投票率。赢得选举、取得政权才是关键，投票率必须为此服务。

刚刚结束的“民主峰会”上，美国总统拜登提出“捍卫自由和公平的选举”，大力推动关于投票权改革的法案出台，旨在使投票更容易。这两个法案在共和党人的坚决反对下，一直无法获参议院通过，而共和党控制的 19 个州的立法机构已经以防止选举欺诈为名通过了限制投票的法律。

美国皮尤研究中心认为，在美国，投票本身已经成为一个基本的党派分界线，大多数民主党人认为投票是一种权利，而大多数共和党人认为这是一种特权。皮尤研究中心调查发现，有 3/4 的特朗普支持者拒绝接受拜登作为合法的美国总统，他们支持特朗普对 2020 年大选投票存在广泛欺诈的指控。2021 年 11 月，国际民主和选举援助研究所首次将美国列入其“民主倒退国家”的名单，认为美国民主的明显恶化，表现在人们质疑可信的选举结果的趋势增加，努力压制选举参与，以及失控的两极化；在没有任何欺诈证据的情况下，美国出现了对 2020 年选举的暴力抗争，这已经以不同的方式在秘鲁和以色列等地复制。

美国媒体批评：“民主峰会”上拜登的讲话显得异常空洞，拜登并没有为改变国内的民主倒退做出足够的努力，美国的民主正处于严重危险之中，而扭转美国国内的民主倒退对于保持美国在国外的民主“领导地位”至关重要；对美国民主的最大威胁来自内部，这不是一个美国有资格向其他国家讲授民主的时刻。正如美国投票权组织“黑人选民重要”的创始人所说：“当拜登总统正在主持‘民主峰会’时，我们自己的民主就在这里崩溃。当你无法在国内保护民主时，你就不能试图向全球输出和捍卫民主。当你自己的房子着火时，你不可能成为全球消防员和民主火炬手。”

（案例来源：王振民，李正辉. 西方一些国家选举投票率观察［N/OL］. 人民日报，［2021 - 12 - 24］. http://paper. people. com. cn/rmrbhwb/html/2021 - 01/04/content_2027108. htm）

引言

在现实生活中，每个人都会面临着各种各样的选择，需要从多种选择中做出最终的决策。社会中的每个人对于各种事物都有自己的偏好或利益，因此在做出决策时会根据自己的偏好或利益从若干个备选方案中选择最有利的方案。公共选择是社会成员个人选择的结果。公共选择理论则是研究由不同个体组成的集体的公共选择行为。公共选择理论作为目前公共经济学中研究政府问题的一种流行理论，首次将政府纳入经济分析的研究对象范围之内，开创了政治经济研究的新视角。

5.1 公共选择理论概述

5.1.1 公共选择理论的内涵

公共选择理论来源于瑞典经济学家维克赛尔（Knut Wicksell）的公共财政学，作为公共财政学的奠基人，维克赛尔提出财政学应该始终以政治过程的研究为前提条件，且与政治学保持密切的联系，他认为研究财政如果脱离了政治过程，那么与传统的财政学就毫无差异了。同时他主张经济学不应该只是被动地提供政策建议，而应该关心政治运行中进行政治决策的结构。公共选择理论创始人、美国著名的经济学家布坎南，从维克赛尔的论文《财政理论研究》得到启发，认为 20 世纪 80 年代的政治经济学研究不应该再继续采用凯恩斯的研究思路，他将政治决策的分析同经济理论结合起来，将经济分析进行扩大并应用到社会、政治、法规的选择过程。

所谓公共选择理论是指把传统经济理论的分析方法运用于政治领域分析的理论。因此，公共选择理论不仅是当代西方经济学的一个分支，同时也是一个极其重要的涉及现代政治学和行政学的研究领域。公共选择理论的研究对象是公共选择问题，公共选择就是指人们通过民主决策的政治过程来决定公共产品的需求、供给和产量，是把个人选择转化为集体选择的一种过程（也可以说是一种机制），是利用非市场决策的方式对资源进行配置。公共选择理论摆脱传统凯恩斯主义思想的束缚，将经济学研究的基本方法应用于研究西方政治过程，不仅拓宽了经济学的研究领域，也为政治科学研究提供了新的方法论，故被列为当代十大经济学派之一。①

5.1.2 公共选择理论产生的历史背景及过程

1. 公共选择理论产生的历史背景

在自由竞争时代，资本主义国家信奉亚当·斯密的“管得最少的政府是最好的政府”的教条，政府实行自由放任的经济政策，基本上不对国民经济活动进行干预，扮演着“守夜人”的角色。从自由竞争进入垄断阶段，西方国家政府对国家经济进行局部干预，理论上出现了建立在市场失灵论基础上的政府干预拾遗补阙论。然而，资本主义持续出现的经济危机让人们意识到市场缺陷和政府干预的必要性。20 世纪 30 年代中期，政府行政服务急剧扩张，行政支出随之大幅上涨，政府对市场和社会经济生活进行全方位、大规模的干预。其中最为盛行的是凯恩斯主义宏观经济政策，与此同时政府不断加强对微观经济的管理和干预。在第二次世界大战后，受凯恩斯宏观经济理论的影响，为纠正市场经济自发运行的缺陷，资本主义发达国家纷纷采取了强化国家干预经济的相关政策。但随着政府干预经济程度的加深，国家经济干预政策陷入了困境，经济形成了“滞胀”局面。凯恩斯主义无法解决财政赤字和通货膨胀问题，这为公共选择理论的产生营造了客观的经济环境。

在传统的政府和市场关系的经济理论中，政府往往被视为市场的管理者，市场在政府的干预下运作。当市场能正常运作时，政府起到监督的作用；但当市场运作失常，即市场失灵时，政府将代替或弥补市场某些功能。久而久之，政府被看作是无所不能的超级机器，而且人们认为其中的官员们不同于市场上的交易主体，官员们并不是为了追求个人的利益，他们只是从国家和选民的利益角度出发来制定和实行政策。受传统自由市场经济的影响，经济研究主要集中在对市场的研究，忽视了对政府及其行政行为的研究。然而，随着政府干预经济政策的强化，公共经济活动领域不断扩展，先前的政治经济学以及凯恩斯宏观经济理论对政府和市场关系的研究已无法解决资本主义所面临的问题和满足当时政府公共经济运行的需要。传统经济学认为国家、政府及其制定的相关经济政策只是作为经济活动的一种外在变量；同时，无所不能的政府形象导致人们认同公共机构的官员们制定和实施政策的出发点是促进公共利益的观点。但在公共选择理论学者看来，政府制定和实施经济政策应被视为决定经济活动的关键内在变量，而不再是一个被动的外在变量。此外，公共选择理论认为公共机构的官员们并非完全无私

① 宋延清，王选华. 公共选择理论文献综述 [J]. 商业时代，2009 (35)：14-16.

的，他们同样是理性的、自私的，也会追求个人效用的最大化，因而应摒弃传统政府为公的观念。

公共选择理论的发育与福利经济学的发展有着密切的联系。19 世纪 90 年代至 20 世纪 40 年代，福利经济学经历了空前的大论战，产生了新福利经济学和旧福利经济学的分化。旧福利经济学以边际效用基数论为理论基础，建立了福利概念；而新福利经济学主张效用序数论，认为边际效用是不能衡量的，个人间的效用是无法比较的，因此不能用基数词表示效用数值的大小，只能用序数词表示效用水平的高低。新福利经济学提出的效用序数论使得 18 世纪建立于排序方法基础上的孔多塞悖论重新受到理论界的重视，由此新、旧福利经济学间的论战成为公共选择理论的“育婴房”。①

2. 公共选择学派的发展过程

基于当时西方资本主义国家“滞胀”局面、相关政治经济理论匮乏和新福利经济学思想的影响，公共选择理论开始产生和发展。但公共选择学派的形成并非一蹴而就的，其经历了一段曲折的发展历程。

（1）产生阶段。公共选择学派产生于 20 世纪 50 年代，英国经济学家邓肯·布莱克（Duncan Black）于 1948 年发表的《论集体决策原理》为公共选择理论的产生奠定了基础。1958 年，邓肯·布莱克出版的《委员会与选举理论》一书被视为公共选择理论的代表作，在书中他首次提出了公共选择研究方法。

（2）形成阶段。20 世纪 60 年代是公共选择理论逐渐形成的时期，在该时期内，布坎南带领一批公共选择理论追随者，包括塔洛克（Gordon Tullock）、邓肯·布莱克、沃伦·纳特（Warren Nutter）等人，以在弗吉尼亚大学创立的托马斯·杰斐逊中心为研究基地，主张将政治因素纳入经济学的经济分析当中，并强调在经济发展中规则和制度不能简单地被视为外在因素，而是将其作为一种内在因素进行研究。但在该阶段，布坎南等人的研究涉及范围宽泛，实际上是一种新的政治经济学，但是由于研究方法不同，也在一定程度上促成了公共选择理论的诞生。在这一时期，布坎南和塔洛克合著的《同意的计算：立宪民主的逻辑基础》被认为是公共选择理论的经典著作，布坎南也因此成了公共选择理论的奠基人。

（3）扩大阶段。20 世纪 70 年代，公共选择理论的影响力不断扩大。1969 年布坎南、塔洛克寻求到弗吉尼亚工艺学院的支持，创办了“公共选择研究中

① 袁政. 公共选择理论研究评述［J］. 北京航空航天大学学报（社会科学版），2010，23（2）：1 - 6.

心”，其学术影响逐渐建立起来。当时该中心成了公共选择研究的“国际避难所”，同时出版了《公共选择》杂志。在布坎南等学者的努力下，公共选择理论迅猛发展。

（4）快速发展阶段。在20世纪80年代和90年代，更多的学者和政治家受到公共选择理论的影响。1982年，由于公共选择理论与当时正统经济学派的观点冲突，弗吉尼亚工艺学院的公共选择研究中心被强制关闭。1983年，公共选择研究中心被迁到乔治·梅森大学（曾是弗吉尼亚大学的附属学院）。直至今日，乔治·梅森大学依旧是国际公共选择研究的大本营。1986年，布坎南以其在公共选择理论方面的突出贡献而获得诺贝尔经济学奖。此时，公共选择理论已发展成为各国学者们分析市场失灵、政府失灵及政府经济决策等问题不可缺少的理论方法。

5.1.3 公共选择理论的方法论基础

公共选择理论采用经济学的分析工具和方法来分析政治，是“政治的经济学”。它在方法论方面包含三大要素：个人主义的方法论、理性经济人假设和作为交易的政治。

1. 个人主义的方法论

公共选择理论在方法论方面具有个人主义，即把作为微观经济分析出发点的个人同样视为集体行动的出发点，把个人的选择作为公共（或集体）选择的基础。[①] 因此，集体偏好是个人偏好的集结。

公共选择理论方法论中的个人主义是一种假设，独立的个体被认为在各自的私人行动和社会行动中都具有个体独自的目标。而社会集体是由许多个体组成的，因而在该社会集团中，集体行动受到一组规则的指导。集体中的个体则根据各自的偏好、决策和选择行为采取行动。对应到政治活动中，布坎南认为，“集体行动被看成个人在选择通过集体而不是经由个人来实现目的时的个人活动，政治不过被视为一系列过程，或一种允许上述活动产生的机构”。市场过程与政治过程有相似的地方，在市场中个人行为通常是经过市场发生相互交换、相互使用行为的，宏观经济结果也正是由此产生的。而在政治过程中也同样是许多个人行为产生了一系列的政治结果。因此，政治决策过程与经济运行过程一样，都可以采用个人主义的分析方法。

2. 理性经济人假设

理性经济人假设是西方经济学的基本假设。在经济市场中，经济当事人都从自

---

① 宋延清，王选华. 公共选择理论文献综述［J］. 商业时代，2009（35）：14－16.

身的偏好或效用函数出发，在交易中最大限度地追求自己的利益。即在经济市场上，个人都是利己的、追求自身利益最大化的人，或者说是理性的效用最大化者。

与经济学一样，公共选择理论将理性经济人假设作为理论基础分析政治家的行为。理性经济人强调人都是理性的自利主义者，对于市场交易者而言，他们不论是产品的消费者还是生产者，在交易时都会基于自身的利益与交易对象讨价还价，以追求实现自身的最大利益。在公共选择理论学者看来，政治家和市场中的交易者一样，一方面，政治家的行为动机是自利的，在制定政策时，会以自己的利益为出发点，时刻关注自己的个人利益；而另一方面，在选择自己的行为或进行决策的实际行动中，政治家们是理性的。他们会通过理性计算，充分利用自身所能获取的资源、信息等，使自己的行为选择最大化其期望效用。因此，政治家与市场交易者一样，是理性的自利者，均符合经济学上的理性经济人假设。理性经济人假设在很多公共选择理论文献中又被称为理性人假设、经济人假设或理性选择假设。

3. 作为交易的政治

传统经济学将研究重点集中于企业的生产，经济学家认为在经济社会发展过程中，资源的最优配置和效率的有效提高起着决定性的作用。但自 20 世纪 20 年代，旧制度经济学在美国经济学界的主流地位受到前所未有的挑战。在旧制度经济学中，学者们主要关注企业的生产，将相关的经济制度作为一种影响市场的外生变量。但随着凯恩斯宏观经济理论不足的凸显，经济学学者们纷纷进行了新的理论探索。到 20 世纪 70 年代中期，出现了新制度经济学。在新制度经济学中，经济学家开始重视对制度的研究而不只是对技术的研究，并在分析单位上做了调整，着重关注交易过程而不只是企业生产过程。

在新制度经济学快速发展的同时，公共选择理论的相关观点也得到了认可和传播。在公共选择理论中，学者们把经济学中的理性经济人假设移植到政治领域，并将经济市场上的交易分析拓展到政治领域，把人们在政治领域的相互作用过程视为“政治上的交易”。具体而言，公共选择理论认为在政治过程中经济学的基本问题不再是“选择”而是“交换”，是不同个人之间的交换。在不断交换的过程中，交易双方不断进行博弈，最终交易将达到一种所谓的帕累托最优状态。故政治过程和经济过程一样，其基础是交易动机和交易行为，是利益的交换。

不过，经济交换和政治交换之间也有明显的区别。经济交换只是一种简单的交换结构，而政治交换的结构则更为复杂。在交换市场上，个人在转让一种私人商品的所有权来直接得到另一种私人商品的所有权后，个人的效用马上就会得到满足。而在政治方面，不能保证个人在投出选票后就能获得个人效用，而只有当个人与其他选民集体一致行动时才能获得某种公共产品。同时，只有当选票达到一定的数量后，选民才能得到相应的等价物。这一点与市场交换完全不同。

除此之外，公共选择理论在宪法修改方面的观点同样来源于维克赛尔。维克赛尔在很早的时候就提出了在法律面前要人人平等。不过，由于所处时代的局限性，他并没有把分析结构扩展到法制选择的水平，只是对当时资源配置决策问题进行了粗略的讨论。同时，他自己也承认他不能评价政治决策。而以布坎南为代表的公共选择学派经济学家则将宪法修改引申到民主改革的层次。这样就大大地发展了维克赛尔的理论。

5.2 公共选择机制

公共选择理论学派认为，公共产品的提供并不是政治官僚们单方面决策的结果，而是由供给和需求共同决定的。某种公共产品的总需求可看成社会公众对它需求的总和，但不同的人对于不同的公共产品，其需求存在差异。如若不考虑公众需求的差异性，为社会每位成员提供相同的公共产品，例如相同的公共设施、相同的公共服务等，这种无针对性的公共产品供给必将造成公共资源的大量浪费，因而通过何种方式确定不同的个人需求将是公共选择理论中的公共选择机制问题。

在民主体制下，每个公民都具备参与政治和管理国家的权利，因此，自古希腊雅典民主制实施以来，民主成为每位公民的政治追求。民主制在产生初期是以直接民主形式出现的，即全体公民可召开全体大会，共同决定本城邦的重大问题，通过投票选举公共权力的执行者，公民扮演着监督者的角色，随时可撤换行为不符合名义的公共权力执行者。但直接民主往往只是和城邦制度结合在一起，在现代社会中，国家不再只是“袖珍小国”，直接民主在大国中难以实施，间接民主形式因此脱颖而出。在间接民主制中，公共选择不再是由公民直接决策，而是通过代议制的形式间接决策。与民主制两种形式相对应，公共产品需求决策时也存在两种决策形式，即直接决策和间接决策。具体而言，在直接民主制下，公共产品的需求量是直接由所有的投票人决定的；而在间接民主制下，公共产品的需求量是由选民所选出的代表来代行决策的。那么，采用何种决策方法能有利于在提高公共产品的供给效率的同时保障大多数人的利益？这是公共选择理论中深入探讨的公共选择机制问题。

5.2.1 直接民主制下的公共选择机制

1. 全体一致规则

全体一致规则又称为一致同意投票规则，是指一项公共决策或集体行动方案，只有全体投票者一致同意，或者在至少没有一个人反对的前提下才能被通过和实施的一种表决方式。① 因此，在全体一致规则下，通过表决的集体决策需要满足每一位投票人的偏好，这意味着每一位投票者的任何变动都不可能在不损害他人利益的前提下而使自己的利益有所增加，从而达到帕累托最优。

基于全体一致规则的定义，深入分析其存在的以下几点特征：

第一，基于该规则所通过的决策议案是顺应每一位投票者的意愿，在保障每一位投票者利益不受损害，且不会使任何一位投票者受益的情况做出的集体决策，这已达到帕累托最优的理想境界。

第二，在全体一致规则下，每一位投票者均享有同等否决权。上面提到全体一致规则可实现帕累托最优，该特征取决于这种规则的同等否决权，即基于全体一致规则，参与决策的每一位投票者都具有同等否决权，当投票者发现所提决策议案不符合或损害个人利益时，可投出否决票，这样该决议案无法获得通过。

第三，全体一致规则可有效地避免"搭便车"行为的发生。在该规则下，每一位投票者都必须参与议案的表决过程，这有利于增加投票者对议案的了解，同时意识到自身的行为将对议案的表决起着至关重要的作用，从而引起每一位投票者对议案表决的重视。

第四，该规则需要全体投票者经过一而再、再而三的协商与讨价还价才能最终达成。因为在一般情况下，一次协商难以满足所有投票者的需求，因而需要反复多次与投票者进行协商，直至达到帕累托最优，满足每一位投票者最大限度的利益，该议程才能结束。

从上述全体一致规则的四大特征来看，该规则也存在一定的缺陷。首先，该规则十分耗时耗力，追求达到帕累托最优就必须得到每一位投票者的认同，这需要经过多次协商，不断对议案进行讨论、修改，这样做会不断增加决策成本、降低效率。其次，全体一致规则的同等否决权将增加决策的不确定性，当前面大部分投票者已赞同某议案时，而最后一位投票者可利用否决权增加其讨价还价的能力。最后，全体一致规则忽略了投票者的策略行为。在全体一致规则中，其假定每一位投票者都会诚实地投票，但是这样的假设不符合现实。在实践中，投票者

---

① 惠晓鹭，尹清雨．投票规则及群决策原理的简单应用［J］．魅力中国，2010（34）：142－143.

基于个人利益，都希望最终的议案能最大程度地满足自身利益，因此他们在投票过程中会采取策略行动，企图让议案满足自己的期望。

2. 多数投票规则

鉴于全体一致规则成本过高、脱离实际的特点，公共选择学派的学者们进一步提出了多数投票规则。多数投票规则是指在民主政治生活中，一项集体行动方案必须获得至少一半的投票者的赞同票，从而使议案通过的一种表决方式。由于多数投票规则的便捷性，少数服从多数的投票方法在世界范围内的政治生活中得以广泛采用。多数投票规则可分为简单多数规则（赞成票超过投票人总数的一半以上）和比例多数规则（赞成票数占大半票数比重，例如三分之二或五分之四）。

相比于全体一致规则，多数投票规则具有节约投票成本的优点，同时也具备不同的特点：第一，该规则只能满足多数人的利益，而忽视了少数派成员的利益。由于集体决策取决于能否得到某一多数比例的投票者的支持，因此集体决策最终通过的决议只能体现多数派成员的利益；少数派成员虽然也投了反对票，但由于其所占票数少而不得不遵守最终的表决结果，这甚至可能会损害少数派成员的利益。由此可见，在多数投票规则下，最终的集体决策结果通常无法实现帕累托最优的理想境界。第二，多数投票规则具有内在强制性。由多数投票规则得到的集体决策结果往往是由多数派成员的意愿决定的，但最终全体成员都必须服从决策方案，这意味着将多数派成员的意愿强加于少数派成员。第三，不同于全体一致规则，在多数投票规则中，单个投票者的选择行为具有可忽略性，这在无形中助长了投票者不重视选举权的行为。当很多人不重视选举权行为时，可能会出现选举结果被利益集体操纵的危险倾向。第四，在多数投票规则下，决策成本较低，并且由于投票者对投票结果具有预期，当其预期决策结果与自身利益相悖时，可能会消极对待投票行为。另外，该规则下最终的选择结果可能不是唯一的，而有可能取决于投票过程的次序，不同的投票次序可能导致不同的集体决策结果，也就是投票者可能做出前后不一致的甚至相互矛盾的决策。该现象被称为“周期多数”或“投票悖论”，对此，后文将进行详细论述。第五，该规则可以避免集体决策中投票者的策略行为或讨价还价行为。由于在多数投票规则中，选民的选票不具有一票否决的特征，因而对集体决策的最终结果不一定起着决定性的作用。因此，当选民意识到其选票不能对集体决策构成决定性的作用时，其讨价还价的行为也不再有意义了。

3. 循环投票现象

（1）投票悖论。

在多数投票规则中存在着一种不可忽视的现象，其导致集体决策相互矛盾、最终结果不存在的可能性。该现象是由法国著名思想家马奎斯·德·孔多塞在18 世纪 80 年代发现的。目前对该现象问题的代表性结论是阿罗不可能性定理。公共选择理论将多数投票规则中的这种特殊现象称为“投票悖论现象”或“周期多数现象”，即在运用简单多数投票规则进行集体决策选择时，如果议题能在投票成员中作出修改，那么最终投票结果容易根据投票次序的不同而变化，导致这些选择方案在分步骤的部分方案间比较的过程中都有机会当选。

孔多塞提出的“投票悖论”，也被称为“孔多塞悖论”：假设有三位投票者（甲、乙、丙）对三个方案（A、B、C）进行投票。三者具有不同概率的偏好，具体排序为甲认为方案 A 优于方案 B，方案 B 又优于方案 C；乙则认为方案 B 优于方案 C，方案 C 又优于方案 A；而丙认为方案 C 优于方案 A，方案 A 又优于方案 B。如果按照简单多数投票原则从方案 A、B、C 中任选两个，即三个人中只要两个或两个以上的人支持某一方案，某方案就可当选。在多数投票规则下，每个人均按照个人偏好进行选择，发现认同方案 A 优于方案 B 的人有三分之二；认为方案 B 优于方案 C 的人有三分之二；认为方案 C 优于方案 A 的人也有三分之二。因此，此时的投票的解决完全取决于三个方案的排列次序，而不是方案本身的优劣。在最终的选择过程中，会出现循环结果的现象，也就是投票循环现象。

1972 年的诺贝尔经济学奖的获得者——肯尼思·阿罗在他的《社会选择与个人价值》（1951）中证明了著名的阿罗不可能性定理。阿罗不可能性定理是指不可能从个人偏好次序推导出群体的偏好次序。阿罗认为，公共选择方法不可能同时满足它所界定的社会选择的规范性条件。阿罗提出民主社会的民主决策需要符合五个公理，分别为：①帕累托原则（Pareto Principle），也被称为 P 条件。如果所有选民认为选项 X 优于选项 Y，那么社会将选择 X，而非 Y。②没有独裁者，即不存在将个人偏好强加于社会的可能，在其条件要求下，社会选择不是由单个个人所做出来的。③理性假设，集体选择的过程是理性的，由集体规则推出的社会偏好关系必须满足完备性和传递性条件。完备性是指对任意两个决策方案 X 和 Y，要么对 X 的偏好甚于或无差异于 Y，要么对 Y 的偏好甚于或无差异于X。传递性是指对于任意三个方案 X、Y 和 Z，如果对 X 的偏好甚于或无差异于Y，对 Y 的偏好甚于或无差异于 Z，则对 X 的偏好甚于或无差异于 Z。[①] ④无约束域，公共选择程序能处理好任何序列的偏好关系。⑤无关备选方案的独立性，即对两个备选选项的任一选择，只取决于个人对备选选项的偏好排序，而与其他备

① 萧浩辉. 决策科学辞典［M］. 北京：人民出版社，1995.

选方案无关。由于公共选择方法无法同时满足上述决策规则条件，因而不可能存在一种能保证效率、尊重个人偏好并且不依赖程序的政治机制或集体决策机制，进而也就根本不存在能排除循环投票现象的机制。阿罗不可能性定理对民众社会合理性能力提出了疑问，揭示了民主政治内在的弊端。在当时的社会中，阿罗不可能性定理一经问世就遭到了巨大的冲击，众多学者试图从多方面对该定理进行反驳。但事实上，阿罗不可能性定理经受住了所有技术上的批判，其基本理论从未受到重大挑战。

（2）中位选民定理和单峰偏好理论。

如何消除循环周期现象，公共选择学派提出了两种方法。

第一种方法是中位选民定理，即如果投票人的偏好是单峰的，在多数投票规则下，当所有投票人都按照各自偏好的预算规模进行排序时，方案所达到的决策结果将与中间投票人偏好一致。所谓中间投票人是指对议案或公共产品的需求选择持中间立场，或者说是偏好中性的人。如图 5 - 1 所示，假设有三个投票人，他们对某一公共产品的需求曲线分别是 D_1、D_2、D_3，该公共产品的价格为 P，三个投票人偏好的公共产品数量分别为 Q_1、Q_2、Q_3。在如图 5 - 1 所示的三人单峰偏好下，所选择的公共产品数量应该是 Q_2。因为投票人 1 和 2 所希望的选择结果在 Q_3 的左边，而投票人 2 和 3 所希望的选择结果在 Q_1 的右边。因此这些共同决定了投票人 2 所持有的方案会被选中。

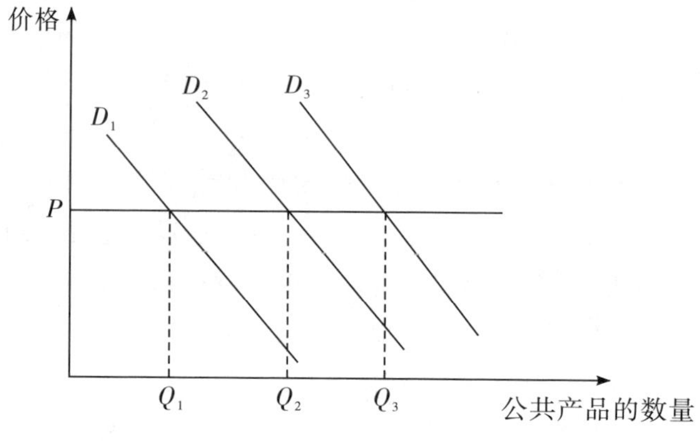

图 5 - 1　中位选民定理

参与选举的选民总人数为单数，则简单多数投票规则能产生唯一的集体选择方案，且最终集体决策方案与中间投票者的偏好一致。在此，中间投票者是指对议案或公共产品的需求选择持中间立场，或是偏好中性的人。

第二种方法是单峰偏好理论。邓肯·布莱克也分析了循环周期现象，他提出要消除投票悖论，选民们的偏好必须是单峰的且具有同质特征。所谓单峰偏好是指投票者对多个选择方案的偏好排序如同一座山只有一个峰顶。与单峰偏好相对应的是多峰偏好，是指投票者对多个选择方案的偏好有两个或两个以上的峰值。接下来将对单峰偏好和多峰偏好进行比较。

假设投票者甲、乙、丙对三个选择方案 A、B、C 呈现出以下偏好次序，如表 5－1 和表 5－2 所示。

表 5－1　偏好次序 1（单峰偏好）

投票者	第一选择	第二选择	第三选择
甲	A	B	C
乙	C	B	A
丙	B	A	C

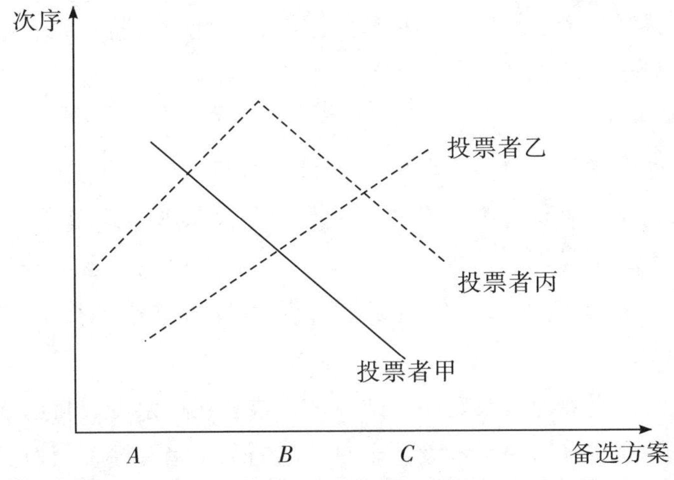

图 5－2　单峰偏好

表 5－2　偏好次序 2（多峰偏好）

投票者	第一选择	第二选择	第三选择
甲	A	B	C
乙	C	A	B
丙	B	A	C

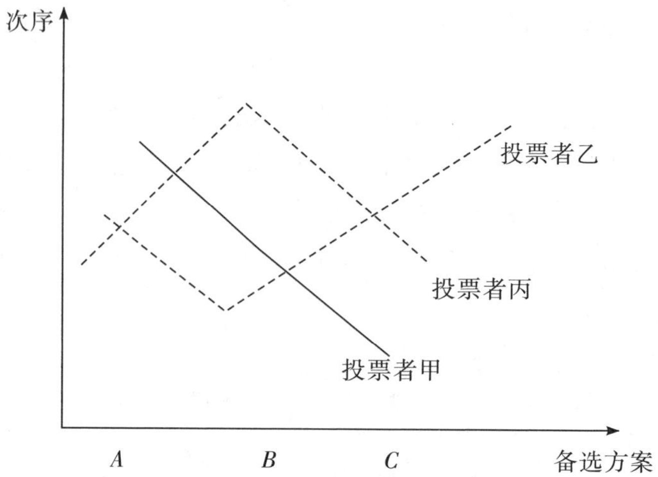

图 5 - 3　多峰偏好

从偏好次序上看，偏好次序 1 与偏好次序 2 的差别在于偏好次序 1 是单峰偏好，而偏好次序 2 为多峰偏好，图 5 - 2 和图 5 - 3 对其进行了描述。结合以上图表可知，多峰偏好是产生投票悖论现象的原因，因此只需将投票者的偏好改为单峰偏好，就可消除循环投票现象，得到一个均衡结果。

4. 互投赞成票

公共选择理论认为，政治活动中的投票行为与市场活动中的交易行为相似，在政治过程中也存在交易行为。在政治活动中，投票者为追求更高的个人利益，与其他投票者之间达成协议，在公共选择过程中进行交易。目前政治交易行为主要分为两种：一是买卖选票，也就是利益集团收买选票的行为；二是互投赞成票。

互投赞成票，又称为投票交易，即一个投票者在投票赞成自己强烈偏好的议案的同时，也赞同与自己关系不大甚至对自己的利益稍有损害而对另一投票者至关重要的议案，以换取该投票者对自己强烈偏好议案的支持。

5.2.2　代议制民主中的公共选择规则

由于直接制民主中的公共选择规则受到明显的地理和物理上的限制，同时还受到其他不可克服因素的限制。因此，人们只好选择代议制民主中的公共选择规则作为决策规则。所谓代议制民主中的公共选择规则是通过选择、委托专门的代表来管理国家事务的规则。在公共管理理论中，主要是从投票规则、政党行为、选民在选举代表中的行为以及利益集团在集体决策中的作用四大方面研究代议制民主。而在投票规则方面，公共管理学派对代议制民主中的公共选择规则与直接制民主中的公共选择规则的研究内容基本相似，主要是集中于对其三大方面的研究。

1. 政党行为

在公共选择理论中，政党是通过合理的方式以普通选举来获得政权、支配政府的人的联合体。在公共选择理论发展史上，安东尼·唐斯（Anthony Downs）在 1957 年出版的《民主的经济理论》中第一次提出了根据理性经济人假设建立的代议制民主政府的分析模型。他提出在理性经济人假设下界定政党动机和选民理性，认为“政党是为了赢得选举而制定政策，而不是为制定政策去赢得选举”。因此，在政党政治下，政治间的竞争也是政党间的竞争，而政党间的竞争是为了上台执政和最终控制政党、获得社会资源分配的权力。同时在上台之后，执政党官员们所追求的并不是社会利益的最大化，而是由选票最大化带来的收入、名声及权力等好处。在实际的竞选过程中，各政党为了获得选票，赢得执政机会，往往在其竞选过程中，将投票人对公共产品的偏好作为竞选纲领，承诺在其当选之后能为大多数选民提供他们所期望的公共产品。

公共选择理论研究发现，在现行的民主政治体制中，出于获得选举胜利的目的，政党的行为方式和结果受到选举规则中各种政治体制的影响，具体表现为政党的数目受到选举规则的影响。

（1）多数制下的政党数目。公共选择理论认为，在多数制下，每一个政党都会争取过半数的选票以赢得当选。如果在一个选区中只能选取一个代表的话，就会产生两党民主制或者促使党派合作形成两大党派联盟。在这种情况下，如果政党数目较多，那些规模小的政党就难以得到足够的支持，就会在政党竞争中被消灭，或是与其他政党联合成一个大党。另外，在国家范围内有可能存在两个以上的活跃的政党。因为在一个选区内由于规模小而消失的政党，可能在另一个选区中获得支持，赢得胜利。

（2）比例代表制下的政党数目。比例代表制是指政党所能获得的代表数根据各政党所获选票数在总票数中所占比例分配议员席位。相对于多数制，比例代表制在确定各政党所占议员席位时的步骤更为复杂。确定产生一个议员席位所需要的票数即当选票数，随后利用各政党所得票数除以当选票数得到各政党所得议席分配数。由此可见，在席位数与所获选票总数成正比的情况下，就有可能产生多数党。在这种情况下，政府将由多数党派或几个政党联盟组建内阁。

2. 公共选择者的行为

公共选择者是指能在公共政策实施过程中受益，对于公共政策具有自我效用期待且最终得以实现的人。从理性经济人假设来看，投票者对于公共选择是有自我效用期待的，因此他们会对各政党的政策进行比较，最终选择能给予他们最大效用的政党。

但是，在实际的政治活动中，并非所有的公共选择者都能获得他们所期待的效用。公共选择者在进行公共选择过程中是否完全依据自身偏好是值得探讨的。公共选择理论发现，投票者在进行公共选择时不是完全按照个人偏好的，是有着自己的策略选择的。具体而言，存在两种情况的策略选择：一是隐瞒偏好，也就是出于逃避公共产品生产的成本，投票者会隐瞒或减轻自己对该公共产品的偏好；二是策略性投票，出于自身利益，投票者在公共选择中会自己或联合其他投票者采用有利于自己的各种战略。因此研究公共选择者的行为成为如何最大限度地将个人偏好转化为社会偏好的关键。

3．利益集团在选举中的作用

在公共选择过程中，除了公共选择者的行为会对公共选择结果造成影响外，利益集团在公共选择过程中也扮演着至关重要的角色，因此公共选择理论对利益集团在选举中的行为进行了深入研究。

利益集团表现为各种宽泛的制度形式和规模。某些集团寻求扩大其成员的利益，例如工会、专业人士协会（律师、医生、会计师等）和工业协会（石油、煤矿等）。其他集团则寻求从特殊的公共产品——外部性问题方面来影响公共政策或公共舆论。通常而言，建立一个集团是基于某一个目标，在集团成立之后，就会转向有利于其成员的其他活动形式。利益集团成员目标的共同性使得实现共同目标成为该集团的公共利益，但也可能导致出现所有的公共产品在“囚徒困境”中的“搭便车”现象。由此可得出两大结论：一是与潜在成员数量多的情况相比，潜在成员数量少时更加容易形成利益集团；二是要形成能有效代表为数众多的个体的组织，需要运用“选择性”的激励来抑制“搭便车”行为。[①] 所谓“选择性”的激励是指区别对待集团成员，按照其对集团利益的贡献，实行奖惩分明的制度。

利益集团是一种基本的社会现象，公民通过利益集团组织化的方式参与和影响政府决策，是现代民主政治的一个基本特征。在政治活动中，政府和社会之间的互动和交换主要由有组织的利益集团来进行，这种互动决定了政府决策过程的特点和政策的取向。其中，利益集团对选举的影响是利益集团影响政府决策的重要方面。利益集团对选举的影响主要是指利益集团通过支持政府官员的竞选活动

---

① 缪勒．公共选择理论［M］．3版．韩旭，杨春学，译．北京：中国社会科学出版社，2010.

从而影响政府政治决策的行为。利益集团对竞选的影响主要指利用其自身的财力优势影响竞选人的竞选行为，且该行为受到法律的大力支持。比如美国的竞选法允许公司、工会、特殊利益集团和其他团体建立政治行动委员会（Political Action Committee，PAC），向国会议员候选人和政党直接捐款，还规定 PAC 为总统和国会议员竞选所进行的“独立”开支活动可以不受限制。由此可见，在该规定下，利益集团的行为将合法地直接或间接影响各级选举，尤其是对国会选举开了“绿灯”。此外，利益集团所代表的巨大利益群体本身对某个候选人的支持也是很重要的。

除此之外，利益集团和政府间的互动和交换还体现在利益集团对立法机关的影响。在西方民主国家中，针对立法机关的立法过程的特点，利益集团往往通过游说来鼓励议员将该利益集团支持的立法草案早日送上立法议程，在一读、二读的过程中要求议员投赞成票或者否决票。在实践中，利益集团通常采用的具体做法是在国会的两院中争取议员为自己的利益说话、出力，或者亲自参与有关议案的拟订，并力争使议案的内容符合自己的要求，等等。①

但在实际的政治活动中，并非所有的利益集团每一次都能给公共选择行为施加影响。公共选择理论认为，利益集团对竞选活动影响的大小与该集团在候选人或政府官员心中的地位有直接的联系，并且会决定该利益集团成员能在其中获益多少。

5.3 官僚制理论

近代出现的代议制民主，是民主实践中一种实在的途径。但作为次优的民主，代议制民主依旧存在着诸多缺陷，具体可分为两大方面：一方面，在控制机关中存在普遍的无知和无能，或者更温和地说，缺乏足够的治理资料；另一方面，它在利益集团影响之下与社会的普遍利益存在不完全一致的危险。②

5.3.1 政府失灵

在资本主义市场发展过程中，市场在社会资源配置中发挥着至关重要的作用。在自由资本主义发展阶段，政府主要采用放任主义的态度。但到了垄断资本主义过渡时，资本主义市场经济出现了一系列的固有弊端，如失业、贫富分化、周期性经济危机加剧，尤其在 1929—1933 年的经济大危机之后，人们意识到市场机制的局限性。在此情况下，凯恩斯主义兴起。凯恩斯主义的代表者是凯恩斯，其主张放弃自由放任主义，实行政府干预。“二战”后，凯恩斯主义成为西

① 迈尔斯. 公共经济学［M］. 匡小平，译. 北京：中国人民大学出版社，2001：95.
② 萨缪尔森，诺德豪斯. 经济学［M］. 19 版. 萧琛，译. 北京：商务印书馆，2013.

方经济学的主导学派，西方各国政府普遍采用了干预主义政策。在凯恩斯主义的指导下，政府采用系列干预手段调节市场机制，保障了资本主义经济的持续繁荣。然而，人们也逐步发现，同市场失灵一样，政府也会出现失灵。有些事情市场无法处理，而政府也不一定能处理好，同时政府失灵将会给社会带来更大的灾难。在20世纪70年代，西方国家出现以低经济增长、通货膨胀、财政赤字、高失业率为特征的“滞胀”现象，验证了人们的发现。在此背景下，探讨政府失灵的原因成为学术界关注的焦点，西方公共选择理论及其政府失灵理论开始形成和发展。①

政府失灵问题是公共选择学派的一个核心主题。布坎南在《公共选择理论》中提到，公共选择学派主要将之前人们用于检查市场失灵的方法，完全不变地用来研究政府和公共经济的一些部门。通过揭示市场制度的缺陷，深入研究政府干预的逻辑及局限性，进而完善政府干预的决策过程，指出政府干预行为的限度，分析政府失灵的原因，并提出改进的措施。② 在公共选择学派看来，所谓政府失灵是指政府难以按照社会福利最大化原则行事，由此导致政府规制不仅不能纠正市场失灵，反而会扭曲资源配置，带来更加严重的社会问题。

公共选择学者对政府失灵的表现和原因进行了深入研究，具体原因有以下四个方面：

一是公共决策失误。所谓公共选择就是政府决策，即政府通过制定和实施公共政策对经济生活进行干预。与市场决策相对应，公共决策是以集体作为决策主体，以公共产品作为对象，通过有一定政治秩序的政治市场（即通过投票确定购买公共产品）来实现。因而，公共决策是一个十分复杂的过程，在进行公共选择的过程中存在着种种困难、障碍或制约因素，使得政府难以制定并实施好的或合理的公共政策，导致公共决策失误。由此不仅不能实现补充市场机制的作用，反而可能加剧市场失灵，造成巨大的社会资源浪费和社会灾难。

在公共选择理论学者看来，造成公共决策失误的原因是多方面的。首先，社会实际中不存在作为政府公共政策追求的所谓的公共利益。阿罗不可能性定理说明了在民主制度下几乎不存在完全公正和有效率的选举制度；同时，受利益集团的干预，在公共选择过程中存在各种利益集团间的联盟，最终导致公共决策无法根据公共利益进行选择。其次，各种决策体制或决策方式由于各自的缺陷导致难

① 陈振明．市场失灵与政府失败：公共选择理论对政府与市场关系的思考及其启示［J］．厦门大学学报（哲学社会科学版），1996（2）：1－7.

② 陈振明．市场失灵与政府失败：公共选择理论对政府与市场关系的思考及其启示［J］．厦门大学学报（哲学社会科学版），1996（2）：1－7.

以达到优化政策或理想政策。例如，在代议制民主中，使用全体一致规则会出现多数人压迫少数人的情况；同样，多数投票规则在满足多数人利益时将以牺牲少数人利益为代价。再次，存在信息不完全问题。政策信息的获取需要巨大的成本且过程艰难，因此不论是选民还是政治家都面临着获取信息不完全的问题，因而许多政策是在信息不充分的情况下做出的，由此导致决策失误。最后，投票人的"短见效应"，由于政策效果的复杂性，大多数选民难以预测其对未来的影响，只能着眼于目前的影响；而政治家为了谋求连任，就会迎合选民的短见，制定一些成本滞后或从长远看弊大于利的政策。

二是政府规模扩张。政府规模扩张包括政府机构工作人员的增加和政府机构支出水平的增长。帕金森定律早已证明，政府自身具有扩张的本性，特别是在"二战"之后，西方国家的政府迅速膨胀。以美国政府支出为例，1929 年美国政府总支出占 GNP（国民生产总值）的 10%，1949 年增长为 23%，1999 年到达了 28.3%。对于政府支出迅速膨胀的原因，公共选择学派的学者提出了五点解释：①政府作为公共产品的提供者和外在效应的消除者导致了扩张。政府在提供公共用品和服务方面具有规模优势。现代政府日益承担起了弥补市场缺陷，克服市场失灵的职责，政府对经济生活的日益干预导致政府规模的不断扩张。②政府对收入和财富的再分配导致了扩张。布伦南和布坎南在《征税权：财政宪法的分析基础》一书中把政府描述为一个经济垄断者，支配其行动的即效用最大化原则。政府预算中转移支付的增长主要是政府的再分配活动造成的。③利益集团的存在导致政府规模的扩张。塔洛克认为多数投票规则下的利益集团的存在是政府规模增长的原因。道格拉斯·诺斯和兰斯·戴维斯把政府规模增长和利益集团的行动联系起来，认为政府增长和私人部门中白领和管理阶层就业的增长是平行的。专业化的日益发展造就了大批新的利益集团。为了减轻专业化所导致的交易费用，这些利益集团开始向政府施压，在要求政府进行再分配的同时，还要求政府降低交易费用以提高其效率，由此造成政府开支的不断增长。根据缪勒（D. C. Mueller）和奥尔森等人的研究，一个国家的利益集团越多，政府支出规模就越大；稳定的经济和政治环境有利于利益集团的成长，而利益集团的增多又增加了扩大政府开支的压力。[①] ④官僚效用最大化所致的扩张。美国学者威廉·A. 尼斯坎南在《官僚制与代议制政府》中提到，由于官僚缺乏对自身利益最大化的追求和竞争压力，往往导致政府开支的过度增长。此外皮考克和威斯曼发现，响应某种外部动荡，如战争，会导致政府官僚体制扩张，增加官僚体制的决定权力，往往使其

① 张良，戴扬. 公共选择理论的政府观：综述与启示［J］. 生产力研究，2007（7）：146－148.

取得一种永久性的规模增加。[1] ⑤官僚幻觉导致扩张。如果税赋能够“伪装”起来，纳税人就有了政府规模比它的实际规模要小的幻觉，因而政府增长就能够超出纳税人偏好的水平。如果纳税人只看到公共支出带来的利益而看不到其相应的税收成本也会产生财政幻觉，由此会导致公共支出增长。[2]

三是官僚机构的低效率。在公共选择理论中，学者们分析了官僚机构低效率的原因：①缺乏竞争机制。政府的一个基本职能是提供公共产品，直接提供市场可能供应不足的公共产品，作为某些公共产品的唯一提供者，政府缺乏竞争对手。这可能导致韦默（D. L. Weimer）和维宁（A. R. Vining）所说的 X 无效率——“用来描述技术上可行时，垄断者没有达到成本最小化的情况”。即由于没有相应的竞争对手，政府机构可能会过分生产多于社会需求的公共产品。②缺乏科学的评价标准和评价方法。公共产品本身具有的非竞争性和非排他性使得衡量其价值极其困难。另外，由于政府机构所追求的是提供公共产品的社会效益，社会效益的衡量更是缺乏准确的标准和科学、可靠的评价方法。③缺乏激励机制。不同于企业追求利润最大化的目标，政府官员的目标是规模最大化，以此增加自己的升迁机会和扩大自己的势力范围。因此，在激励机制方面，政府缺乏企业的降低成本激励机制。而又由于政府机构的工作成本难以计算，这就有形无形地促使政府机构供给的公共产品超出社会最优分配时所需的数量。④监督机构的缺陷。作为选民的代理人，政府机构及其工作人员的行为必须接受委托人的监督。但公共选择学者和公共政策学者们认为现有的监督机制不健全，很多监督只是形式上的。尤其是监督信息的不对称，监督者难以获取真实的信息，这使得监督者实际上被被监督者所控制。

四是寻租。寻租既是政府失灵的典型表现之一，也是政府低效率的重要原因。从政治学的角度来看，寻租是公职人员为实现其私利而违反制度和法律的一种权力滥用行为；而从经济学的角度来看，寻租是一些人通过合法或非法手段谋求经济租金的政治活动和经济活动。布坎南认为，寻租活动者——尤其是其中的利益集团，其进行的游说、行贿等行为，目的在于追求一种高额垄断利润，即租金，具体是指支付给要素所有者的报酬中，超过要素在任何可替代用途上所能得到的报酬的那部分。从某种意义上说，这是不需要吸引资源用于特定用途的一种分配上不必要的支付款项。

---

① 缪勒. 公共选择理论［M］. 3 版. 韩旭，杨春学，译. 北京：中国社会科学出版社，2010.

② 张良，戴扬. 公共选择理论的政府观：综述与启示［J］. 生产力研究，2007（7）：146－148.

5.3.2 寻租

如上所述，寻租行为具有共同的特征：寻租赖以存在的前提是政府权力对市场交易活动的介入。在现代市场经济中，随着政府对经济干预的加强，政治活动中的权力因素有可能介入经济活动当中，因而对经济的正常交易形成干预。寻租的实质是权钱交易，是政治权力和经济资源之间的交换。

学者们将寻租行为分成多种类型。其中，缪勒在《公共选择理论》（第 3 版）中将寻租分为三种类型：

（1）通过政府管制的寻租。一方面，随着政府对市场干预的加强，针对经济的管制也越来越多，这为寻租行为的产生提供了契机。政府实施政策的过程是一个利益分配的过程。在这个过程中，政府是公共产品的生产者，选民是公共产品的消费者。在政府管制过程中，生产者和消费者之间的利益是对立的，出于追求选票最大化的目标，政治家与某些利益集团达成合作，通过提高某些受管制产品的价格，让这些利益集团受益。另一方面，某些公共产品的生产和销售需要获得政府的特许。之所以政府特许权会产生寻租行为，是因为特许权在实际中往往会被人为地制造短缺，因此某些人会通过与政府官员寻租的方式获得买卖许可。

（2）通过关税和进口配额的寻租。由于各国的生产要素和生产水平有所不同，因此为了充分利用各国资源，每个国家必定会制定本国的进出口政策，其中进出口的关税和配额是重要的影响因素。提高某些商品的进出口关税、控制某些商品的进出口配额也就成了政府外贸部门和公司进行寻租的主要对象。

（3）在政府订货中的寻租。在市场经济国家，由于政府能力和技术的限制，政府订货是经常的事情。例如，高速公路的建设和我国大型工程建设都是由私人企业承包的，是典型的政府订货的例子。由于政府订货是一种政治决策和垄断行为，其本身是一种稀缺产品，并非所有的厂商都能够获得。在这种情况下，就为那些寻求政府订货者们创下了租金。此时，如果负责验收工程的官员不够廉洁，那么承包政府订货的厂商就会在最终的验收环节向验收官员行贿，企图通过虚报成本或降低工程与产品的质量标准等来达到寻得租金的目的。经济学家们对实际工程承包的分析发现，政治家们获得的来自企业的竞选经费与企业获得的承包额之间成正相关关系。这也是我国“豆腐渣”工程层出不穷的原因。

同时，公共选择理论学者在研究寻租行为时发现，政府及其官员在寻租过程中未必都是被动者的角色，其有时也会主动做出寻租行为。麦克切斯内提出了“政治创租（Political Rent Creation）”和“抽租（Rent Extraction）”概念。他认为创租是指政府官员利用民众赋予的公共权力，通过行政干预的手段增加私人企业的利润，人为地创造经济租金，从而迫使企业向其“进贡”，作为获得这种经济租金的条件。抽租是指政府官员为了威胁某些利益集团，故意做出不利于该利益集团的政策，迫使利益集团不得不将部分既得利益与政府官员共享。

从以上对政府寻租行为的分析，可发现政府寻租行为主要有以下几个特点：一是寻租行为是交易成本极高的非生产性寻利行为，是一种典型的“负和博弈”，会对社会资源造成巨大的浪费：①利益集团或者个人为了获得经济租金，会花费大量的时间和金钱进行游说和疏通关系；②政府官员为“创租”和“抽租”以及保护自身不得不付出时间和精力；③政府为了防止或解决各类寻租行为而进行反寻租活动所损耗的资源。二是政府寻租行为破坏了市场的公平竞争，扭曲了社会资源的配置，进而严重制约了社会总体的良性运行和协调发展①。寻租行为作为一种非生产性活动，不能为社会产生新的财富，只不过是改变了生产要素的产权关系，将更大部分的国民收入装入私人腰包。而对于获得特权的利益集团或者个人而言，由于缺乏竞争对手，他们通常没有动力改进现有技术、提高产品质量、降低成本，往往将更多的时间和精力用于行贿官员以获得超额收益。三是寻租行为严重损害了政府机构的形象和信誉。同时政府官员的“创租”和“抽租”行为，破坏了社会公平的基本原则，妨碍了高效、透明和责任政府的形成，削弱了政府在人民群众心中的公信力②。

通过对政府失灵原因的分析，公共选择理论学者得出的基本结论是：市场失灵并不是把问题交给政府处理的充分条件，市场解决不了的问题，政府也并不一定处理得好，甚至可能导致更为严重的社会问题。正如查尔斯·沃尔夫所说：“企求一个合适的非市场机制去避免市场缺陷并不比创造一个完整的、合适的市场以克服市场缺陷的前景好多少。换句话说，在市场‘看不见的手’无法使私人的不良行为变为符合公共利益行为的地方，可能也很难构造出‘看得见的手’去实现这一任务。”③

基于政府干预行为的局限性，公共选择理论学者们提出了相关的应对措施④：

第一，进行行政体制改革。在公共选择理论学者看来，官僚体制改革是解决政府干预行为的局限性和避免政府失灵问题的关键。布坎南认为，公共选择的观

① 陶国庆．政府寻租行为分析及治理对策［J］．生产力研究，2011（6）：126－128．

② 陈振明．市场失灵与政府失败：公共选择理论对政府与市场关系的思考及其启示［J］．厦门大学学报（哲学社会科学版），1996（2）：1－7．

③ 沃尔夫．市场或政府［M］．谢旭，译．北京：中国发展出版社，1994．

④ 陈振明．市场失灵与政府失败：公共选择理论对政府与市场关系的思考及其启示［J］．厦门大学学报（哲学社会科学版），1996（2）：1－7．

点直接导致人们注意、重视规则和对规则的选择，而要改进政府的政治过程，必须进行规则改革，确定一套行之有效的行政规则和程序，从而使政策方案更合理，减少或避免决策失误。

第二，在政府机构内部建立竞争机制。公共选择理论家们认为，只要打破公共产品生产的垄断，在政府机构内建立起竞争机制，就可以消除政府低效率的最大障碍。他们提出了建立这种竞争机制的一些设想。例如，可以设置两个或两个以上的机构来提供相同的公共产品或服务，使这些机构之间展开竞争，从而增进效率（城市的供水系统和公交系统就可以采取这种办法）。又如，可以把某些公共产品的生产承包给私人生产者（如美国的高速公路是由政府投资生产的公共产品，却承包给私人建筑公司）。还有，当一个国家面积大、人口多、事务多时，可以在不同地区设立相同的机构展开竞争，也就是说，加强地方政府之间的竞争。

第三，对政府的税收和支出加以约束。政府活动的支出依赖赋税，因此，对政府的税收和支出加以约束，就从根本上限制了政府的行为框架，抑制政府的过度增长或机构膨胀。这种约束可以从政府预算的程序和预算的数量两个方面入手，前者要求在批准程序上注意保持收支平衡；后者要求政府收支增长直接与国民经济的增长挂钩，并保持在一定的比例内。

第四，引进利润动机。即在政府机构内建立激励机制，使政府官员树立利润观念。允许政府部门对节省成本的财政剩余有某种自主处置权，例如，可直接分享成本节余，或作为奖金津贴以及其他各种福利项目发放。当然，这种利润动机容易造成虚假的或损害公众利益的节余（如巧立名目乱收费，以一定的资金提供尽量少的公共服务等），为此必须建立与竞争机制相配套的监督机制。

本章小结

公共选择理论大约起步于 20 世纪 50 年代至 60 年代。

公共选择理论的方法论中主要包含三大因素，分别为个人主义的方法论、理性经济人假设和作为交易的政治。

依据现代民主制度，可将公共选择理论分为直接民主制下的公共选择机制和代议制民主中的公共选择规则。

全体一致规则是指一项公共决策或集体行动方案，只有全体投票者一致同意，或者在至少没有一个人反对的前提下才能被通过和实施的一种表决方式。在该规则下，可达到帕累托最优的理想境界。

阿罗不可能性定理证明了投票悖论出现的可能性。

政党、公共选择者（投票人）、利益集团的行为会对公共选择的结果造成影响，同时他们的行为都是基于成本—收益原则做出的。

寻租既是政府失灵的典型表现之一，也是政府低效率的重要原因，其会对社会资源造成巨大的浪费。

复习思考题

1. 什么是公共选择理论？公共选择理论产生的历史背景是什么？
2. 试论述公共选择理论的方法论基础。
3. 全体一致规则的优缺点分别是什么？
4. 试论述利益集团在公共选择中的作用及影响。
5. 政府失灵的表现和原因是什么？

推荐阅读资料

1. 缪勒. 公共选择理论［M］. 3 版. 韩旭，杨春学，译. 北京：中国社会科学出版社，2010.

2. 方福前. 公共选择理论：政治的经济学［M］. 北京：中国人民大学出版社，2000.

3. 布坎南. 民主财政论：财政制度和个人选择［M］. 穆怀朋，译. 北京：商务印书馆，2011.

4. 文建东. 公共选择学派［M］. 武汉：武汉出版社，1996.

5. 汪翔，钱南. 公共选择理论导论［M］. 上海：上海人民出版社，1993.

6. 奥尔森. 集体行动的逻辑［M］. 陈郁，郭宇峰，李崇新，译. 上海：三联书店上海分店；上海人民出版社，1995.

7. 布坎南，塔洛克. 同意的计算：立宪民主的逻辑基础［M］. 陈光金，译. 北京：中国社会科学出版社，2000.

网上资源

1. 中华人民共和国中央人民政府. http://www.gov.cn.
2. 乔治·梅森大学公共选择研究中心. https://publicchoice.gmu.edu.

第6章　公共财政支出

CHAPTER 6

学习目标

1. 了解公共财政支出的概念、分类、支出方式、影响因素及目标。
2. 了解公共财政支出规模的组成、增长规律、效应及效益分析。
3. 了解购买性财政支出及转移性财政支出。

引例

甘肃榆中巨资“造门”被通报　当地：配合调查，停建整改

据官方微信公众号“榆中发布”22日消息，18日晚，住建部《关于甘肃省榆中县北入口环境整治项目和陕西省韩城市西禹高速韩城出入口景观提升工程有关问题的通报》指出，榆中县北入口环境整治项目存在脱离实际搞“政绩工程”“形象工程”的问题。通报发出后，榆中县委县政府立即召开专题会议，学习通报精神，分析存在问题，深刻反思，研究部署整改落实措施。

消息称，榆中县委县政府诚恳接受住建部通报指出的问题，坚决贯彻落实住建部、省委省政府及市委市政府的要求，提高政治站位，清醒认识问题的严重性和严肃性，在积极配合省市纪委监委相关调查的同时，以最积极的态度，最稳妥有效的方式做好整改工作。

其举措包括：一是停建未建项目，县城北入口环境整治项目未开建工程全部停建。二是严格落实住建部及省市整改要求，针对已建成的县城北入口环境整治项目，完善功能，尽快启动运营管理工作，最大限度发挥综合效益。三是深刻汲取经验教训，举一反三，牢固树立正确的政绩观和发展观，把“补短板、惠民生”作为全县各项工作的重点，着力解决人民群众关心的民生实事，全力打赢打好脱贫攻坚战。

澎湃新闻记者还注意到，榆中县委宣传部主办的榆中新闻网已将涉及该县的新闻《两县市造景、造门被通报，住建部认为这些工程是脱离群众、脱离实际的“政绩工程”“形象工程”》放置于首页头条位置，并转载了评论文章《高速出入口“巨资造景观”之风当止》《“形象工程”不能总等着住建部去发现》等。

2019年1月18日，住建部在官网发布消息称，为贯彻落实党中央、国务院决策部署，指导各地在城市建设中贯彻落实新发展理念，树立正确的政绩观和发展观，住建部于2018年9月至11月组织对全国城市出入口景观建设项目进行调查。经调查发现，甘肃省榆中县北入口环境整治项目、陕西省韩城市西禹高速韩城出入口景观提升工程存在脱离实际搞“政绩工程”“形象工程”问题。

其中，关于甘肃省榆中县北入口环境整治项目的通报内容为：榆中县在栖云北路与312国道交汇处和栖云北路入城口处（间距不到500米）建设两座高达28米、宽达145米的秦汉仿古城门、一座大型雕塑以及两个远离居住区的景观广场，投入资金6200万元，平均造价达3425元/平方米。

住建部指出，榆中县属于国家贫困县，没有将有限的财力优先用于民生改

善，而是举债在城市出入口“造景”“造门”，盲目立项，搞“形象工程”。

住建部表示，该部决定将对甘肃省榆中县北入口环境整治项目、陕西省韩城市西禹高速韩城出入口景观提升工程存在脱离群众、脱离实际搞“政绩工程”“形象工程”问题予以通报。甘肃、陕西省住房和城乡建设厅要督促榆中县、韩城市人民政府针对调查中发现的问题，深入查找原因，能采取补救措施的要及时整改到位；已成为事实且造成损失的，要认真反思、举一反三，做出深刻检查，坚决杜绝此类脱离实际、脱离群众的“政绩工程”“形象工程”再度发生。请甘肃、陕西省住房和城乡建设厅分别将榆中县、韩城市对有关问题的整改情况于2019年4月15日前报住建部。

澎湃新闻梳理发现，榆中县斥资建造秦汉仿古城门等项目的背后，是整个县城向秦汉风格城市风貌靠拢的谋划。2016年，榆中县以公元前214年蒙恬北击匈奴拓疆扩域设榆中县为据，确定了县城风貌为秦汉风格。中国甘肃网报道指出，榆中县从秦汉风格的南北城门开始，改造榆中县城原有建筑外貌，新建的阡陌小镇、棚户区改造项目、朝阳学校、博雅小学，以及市区东出口整治改造，全部按秦汉风格建设，形成秦汉风格城市风貌。

此次通报提及的秦汉仿古城门分为南北两座，分别于2017年6月和5月完成主体建设。据当地媒体报道，北城门由城门和城墙组成，其中城门由城门、城门楼和四个阙组成。建筑占地面积1200平方米（1.80亩），总建筑面积2050平方米，其中古建建筑面积850平方米。南城门由城门和城墙组成，其中城门由城门、城门楼和四个阙组成。建筑占地面积2250平方米（合3.37亩），总建筑面积3300平方米，其中古建建筑面积1050平方米。

在榆中县投资6200万元的北入口环境整治项目中，这两座相距不足500米的城门总造价为4200万元。2018年7月，《兰州日报》一篇报道提及，榆中县结合北出口整治筹资4200万元按秦汉风格修建两座城门，配套的蒙恬飞骑击匈奴雕塑落成，建成了从县门到城区的宽40米、投资12487.85万元的迎宾大道。

（案例来源：甘肃榆中巨资“造门”被通报后，县委书记停职检查［EB/OL］. 澎湃新闻，2019－01－26. https://baijiahao.baidu.com/s?id=1623647147572161001&wfr=spider&for=pc）

引言

政府公共财政支出是社会经济正常运行的必要条件，它对于促进经济增长和提高社会福利水平具有重要意义。例如，政府提供的公路、电力和水利等基础设施可以提高资本和劳动的边际生产率，进而提高经济效率；政府提供的法律使产权得到有效保护，从而使经济有序运转；政府提供的转移支付以及社会保障等服务可以促进社会和谐，降低不平等程度；政府提供的教育和医疗服务可以提高人们的教育水平和健康水平，进而提高人们的素质、改善人们的福利。①

6.1 公共财政支出概述

公共需要，指的是那些由个人和企业无法通过自身的市场活动得到满足的需求，但又是市场经济的正常运行和社会的良好发展所必需的，这些共同消费需求就是市场经济条件下的公共需要。

公共财政支出，指的是各级政府履行其必要职能所进行的各项活动的成本，包括提供公共产品和准公共产品以及为实现收入公平分配而进行的转移支出。公共财政支出要解决的问题：一是公共财政支出如何履行政府的公共服务职能，二是公共财政支出在分配中怎样实现效率、比例和结构的优化。

6.1.1 公共财政支出的分类

公共财政支出分类是将政府支出的内容进行合理的归纳，以便准确反映和科学分析支出活动的性质、结构、规模以及效益。从不同角度对财政支出进行科学分析，不仅具有理论意义，而且具有现实的经济意义。通过不同分类、综合分析，从而全面、准确地处理财政支出中的各种矛盾，掌握财政资金的支出规律，提高财政资金的使用效率，使政府的各项支出都能发挥出最大效用。具体分类如下：

1. 按政府职能分类

按照政府职能划分公共财政支出，可将其分为五大类，即经济建设费支出、社会文教费支出、国防费支出、行政管理费支出和其他支出。

2. 按支出的经济性质分类

公共财政支出可分为购买性支出和转移性支出。

---

① 严成樑，龚六堂．政府公共支出理论框架评述［J］．财经问题研究，2011（1）：89－95.

购买性支出，指政府用于购买商品、劳务和公共工程方面的支出，是社会总购买力的组成部分。我国的公共财政支出，按具体内容还可以分为：购买劳务的支出，如公务员的工资、福利费、汽车修理费、修缮费、邮政、电信支出等；购买物品的支出，如购买公共设备、汽车等固定资产的支出；购买公共工程的支出，如桥梁、道路、水库建设支出和资本性投资支出等。

转移性支出，指不用于购买商品和劳务，而是政府按分配政策，单方面地、无偿地直接拨付给单位和个人，由其自行使用、形成社会购买力的支出。转移性支出的基本形式是各项政府补助，如社会保障支出、政府的价格补贴支出等，政府的公债利息支出也属于转移性支出。

区分购买性支出与转移性支出的经济意义：购买性支出所起的作用是通过支出将政府掌握的资金与微观经济主体提供的商品和服务进行交换。在安排购买性支出时，政府必须遵循等价交换的原则，因此，购买性支出体现出财政活动对政府形成了较强的效益约束。转移性支出则是通过支出过程，将财力从政府转移到接受者手中，支出结果是资金所有权，即购买力的转移，对收入分配有直接影响，但对社会生产和就业以及社会总供需状况的影响则是间接的，要通过资金接受者的行为来实现。因此，这种分类对研究财政收支与市场的关系具有重要意义。

3. 按财政支出的具体用途分类

我国财政支出按用途划分的具体科目主要有：基本建设支出、企业挖潜改造资金、简易建筑费、地质勘探费、科技三项费用、流动资金支出、支援农业生产支出、农业综合开发支出、城市维护费、价格补贴支出、科教文卫事业支出、公交流通等部门事业费支出、农林水利气象部门事业费支出、抚恤和社会福利支出、救济费支出、国防支出、行政管理费支出等。

我国财政部门在编制每年的收支预算时，就是以财政支出的具体用途作为其支出类级科目的划分标准，以便财政支出的支付。这样既便于安排各项支出，及时组织资金供应，也便于对各种资金进行管理和监督。

4. 其他分类

财政支出还可以进行其他分类：比如，按预算的级次分类，政府预算可分为中央预算和地方预算，相应地，可以把财政支出分为中央财政支出和地方财政支出；按财政支出的目的性分类，财政支出可以分为预防性支出和创造性支出。

6.1.2 公共财政支出的方式与影响因素

公共财政支出的方式，即政府公共财政支出具体以什么样的形式服务于社会的需要。随着商品的多样化和人们需求的多元化，公共财政支出的方式也是复杂多样的，主要有以下三种方式：

（1）无偿拨款。无偿拨款指财政资金在上级财政与下级财政之间的无偿调拨，财政资金从财政部门向付款单位的无偿调拨以及财政资金从财政部门向用款单位的无偿转移，这是公共财政支出最基本的方式。财政拨款一般在预算年度内，按季、月一次或分次按照经费领报的隶属关系逐级办理。

（2）有偿贷款。有偿贷款指用于有偿使用的财政周转金。自财政实施这种贷款支付方式以来，其种类已很多，如中小企业发展贷款、扶贫开发有偿贷款、国债转贷等。

（3）财政补贴。财政补贴主要有两种：价格补贴和政策性企业亏损补贴。

影响公共财政支出的因素有很多，主要有：

（1）经济发展因素。发展经济学认为，一个经济社会的发展可以被划分为五个阶段，即早期阶段、起飞阶段、成熟阶段、高消费阶段和提高生活质量阶段。从经济发展的早期阶段到起飞阶段这一时期要求公共财政支出增长。在成熟阶段，市场体系比较完善，随着 GNP 的提高，社会总投资的比例提高，而公共部门投资占 GNP 的份额将有所下降。但公共财政支出的增长将从基础设施转向教育、健康和福利服务等方面，总的来说还是呈上升趋势。在高消费阶段和提高生活质量阶段，经济稳定和收入再分配方面的支出相对于其他公共财政支出有较大增长，因此，相对于 GNP 的比例也是有所提高的。这些分析表明经济发展因素是影响公共财政支出规模的重要因素。

（2）政治性因素。其对公共财政支出规模的影响主要体现在两个方面：一是政局是否稳定；二是政体结构的行政效率。

（3）社会性因素。如人口状况、文化背景等因素，也在一定程度上影响着公共财政支出的规模。

（4）公共财政支出的向上刚性。公共财政支出的向上刚性是指公共财政支出有向上增加容易、向下压缩困难的特点，这导致公共财政支出呈现相对规模增长的趋势。皮考克与威斯曼的分析认为：政府喜欢多支出，公民不愿意多缴税，因此，当政府决定预算支出规模时，应该密切注意公民关于赋税承受能力的反应，公民所容忍的税收水平是政府公共财政支出的约束条件。

（5）公共商品需求的弹性。公共商品产量水平相对规模的扩大，可能由需求的更快增长引起，还可能由收入弹性和价格弹性两者同时引起。

（6）公共财政支出的环境因素。相同的公共商品产量水平在不同环境下需要不同的公共财政支出水平。

(7) 人口变化对公共财政支出的影响。人口增长促使公共财政支出增长是一个较为直观的事实。这种增长可以从总量和结构两个方面来考察。从总量考察，人口总量的增加要求公共劳务增加。从结构考察，人口中的某类群体的增长，或某一地区人口密度的增长对公共财政支出也有影响。

6.1.3 公共财政支出的目标①

公共财政支出的基本目标是追求财政资金使用的经济性（Economy）、效率性（Efficiency）、效益性（Effectiveness），简称“三 E”。通过财政分配活动所能实现的“三 E”目标，全面综合地反映财政支出的绩效状况。由此来看，追求公共财政支出的“三 E”目标，是实施公共财政绩效管理的基本方向。

1. 公共财政支出的经济性

财政收入是国民收入的重要组成部分，在一定时期内，社会提供的财政资源总量较为稳定，决定了财政收入来源的有限性，而社会公共需求却有无限扩张性。按照瓦格纳的公共财政支出不断增长法则：公共财政支出的增长幅度大于经济增长幅度是一种必然的趋势；政府消费性支出占国民所得的比例是不断增加的。随着经济发展和人均所得的上升，公共部门的活动将越来越重要，公共财政支出也就逐渐增加。这就对社会有限财力如何分配和使用提出了严峻挑战。在收入规模总量一定的条件下，公共财政支出的经济性主要体现在支出结构的合理性，以克服财政分配苦乐不均和严重浪费，即公共财政支出内部各构成要素符合社会共同需要的目的，且各构成要素占公共财政支出总量的比例协调、合理，基本能够满足各种不同部门履行社会职责的需要，促进建立各个公共部门的有效支出决策机制和支出优先排序机制。

2. 公共财政支出的效率性

财政收入进入分配领域后，一般都要经历初次分配和再分配两个环节。初次分配由各级政府行使分配职能的财政部门完成，按照不同部门所承担的不同社会职能调配支出，对财政资源总量进行整体安排；再分配则由财政资金的使用部门根据本单位预算具体耗用做预算。公共财政支出的效率性以支出使用环节为重点，考察财政支出活动的产出同所消耗的财力等要素的比较关系。公共财政支出的高效率意味着用最小的投入达到既定的目标，或者投入既定而产出最大化。

3. 公共财政支出的效益性

公共财政支出的效益性是指财政支出与所产生效果之间的关系。一般来说，

---

① 陆庆平. 公共财政支出的绩效管理 [J]. 财政研究，2003 (4)：18 – 20.

财政支出满足社会共同需求的多个方面，财政分配活动涉及政治、经济、文化、科技、社会等多个领域，为此，财政支出的效益也要从不同领域的多个方面体现出来，可以表现为财政支出产生的经济效益和社会效益，也可以表现为直接效益和间接效益、近期效益和远期效益等。财政支出的总体效益是由各要素构成所产生的效益组成，各个层次、单个支出要素的效益高，才能使财政支出总体效益高。

公共财政支出的经济性是财政活动的先导和基础，效率性是财政有效机制的外在表现，效益性是财政活动最终效果的反映。从财政支出经济性研究发展到效益性研究，反映了财政工作重点从重收入管理到强化支出管理的重大转变，公共财政支出绩效应是三者的科学有机统一。

6.2 公共财政支出的规模与效益分析

6.2.1 公共财政支出的规模

狭义上的公共财政支出规模，是指一定财政年度内政府通过预算安排的公共财政支出总额。它在数量上等于公共部门经常账户和资本账户的支出总额，其中，公共部门的内部交易活动，如中央政府划拨给地方政府的款项，不包括在内。该公共财政支出规模主要是与经济发展相比较的，它反映着政府职能范围的大小和对社会经济发展的影响力的强弱；同时，它也是衡量政府支配社会资源的多少、满足公共需要的能力高低的重要指标。

广义上的公共财政支出规模，是指某一财政年度内通过政府安排的用于社会共同需要方面的所有支出，包括预算内支出、预算外支出和各级政府以各种形式所筹集的体制外支出等。分析广义上的公共财政支出规模，有助于真实地考察国家在一定时期内的公共财政支出情况。

公共财政支出规模的具体组成如下：

（1）公共部门消费。中央政府和地方政府按市场价格购买产品和劳务的经常性支出，包括工资、薪金、公务员的国民保健服务基金以及生产公共产品所需的全部支出项目。

（2）公共部门投资。中央政府和地方政府对固定资产的投资（土地、建筑物、车辆、工厂和机器等），减去部门出售的固定资产，加上股票票面价值的增加以及为发展中央和公共企业（公司）所做的工作。

（3）补贴。中央政府和地方政府在经常账户上支付给个人和公共部门而无需偿还的支出。

（4）经常性资助。对私人部门的资助，主要指国家保险，如失业救济金和养老金；援助外国的款项，如发展基金；也包括经常补助金。

（5）资本转移。中央及地方政府在资本账户中支付给私人部门和外国而无需偿还的款项。

（6）债息。公共部门支付的利息总额减去向公共部门支付的其他部分的款项。

由此可见，公共财政支出规模是一个可变量。公共部门的消费和投资，表明公共部门对经济中的实际资源的所有权；而补贴、经常性资助和资本转移，则表明经济中一个集团对另一个集团的转移支付。就转移支付而言，政府发挥中介的作用，即转移资源而不是消费资源。债息也是一种转移支付。对私人部门和海外的净借贷，是指政府在金融资产交易中的净支出，反映出政府为行业提供贷款方面所起的有限的金融中介机构的作用。

具体衡量公共财政支出规模的指标有两个：

（1）绝对指标。指以一国货币单位表示的、预算年度内政府实际安排和使用的财政资金的数量总额。其优点是可直观反映某财政年度内政府所支配的社会资源的总量，给人以较明确的主观印象。但该指标无法显示公共财政支出的社会资源在社会总资源中所占的比重，同时也没有考虑通货膨胀等因素。

（2）相对指标。指一定财政年度内公共财政支出占 GDP 的比重。该指标反映公共财政支出的实际规模，方便国与国间进行比较，因而常被作为衡量公共财政支出规模的主要方法。

此外，财政支出边际系数和财政支出弹性系数也用于反映公共财政支出规模的增长趋势。

财政支出边际系数 = 年度财政支出增加额/年度国内生产总值增加额

$$MGP = \frac{\Delta G}{\Delta GDP}$$

财政支出弹性系数 = 年度财政支出增长率/年度国内生产总值增长率

$$Eg = \frac{\Delta G(\%)}{\Delta GDP(\%)}$$

随着现代国家政府职能的不断扩大，无论是从绝对量还是从相对量上看，各国的政府公共财政支出都呈上升趋势。

一是绝对数量的极大膨胀。从西方财政发展的状况来看，公共财政支出绝对数量的膨胀是和政府职能的扩张紧密联系在一起的。原因在于：第一，进入垄断阶段后，政府不再坚持“小政府”和“小财政”的政策；第二，社会经济总规模和国民收入的绝对数量迅速增长。

二是相对数量的大幅度上升。价格统计和通货膨胀等因素的影响，使得公共财政支出的相对数量更具比较意义。公共财政支出占 GNP 的比重上升，表明政府对经济干预程度不断加深。

三是内容和范围大幅度扩大。一方面，西方政府的公共财政支出主要集中在消耗性支出上，或者说主要集中在政府的行政职责的履行上，如政府的军事支出、行政支出、警察和司法支出等。另一方面，社会问题越来越多，公众也对政府服务的质和量提出了更高的要求，这就使得政府不得不增加其转移性支出，大规模地介入社会公平和宏观经济稳定等领域。

总之，从全球范围来看，公共财政支出的增长呈现如下特点：①各国的公共财政支出绝对数量都随 GDP 或 GNP 的增长而不断增长。②多数国家的公共财政支出比率呈提高趋势。③相当一部分国家的公共财政支出比率保持在大体稳定的状态。④有一部分国家的公共财政支出在 20 世纪 80 年代后下降了，但下降幅度不大。⑤经济发达国家的公共财政支出比重比发展中国家的大。

6.2.2 公共财政支出的增长规律

政府公共财政支出无论是从绝对数量还是从相对数量来看，在各国都呈现上升趋势，那么如何对各国公共财政支出的增长现象做出解释呢？

公共财政支出增长理论包括以下几方面：

（1）瓦格纳法则。学界一般认为，对公共财政支出增长的最早解释是 19 世纪德国经济学家与财政学家瓦格纳给出的。他考察了当时欧洲国家、日本、美国的公共财政支出记录后发现，这些国家公共财政支出的变化趋势是一致的，即不断增长。瓦格纳最先提出财政支出扩张论：随着人均收入的提高，财政支出占 GDP 的比重也随之提高。其中，导致政府支出增长的因素包括政治因素和经济因素。政治因素是指，随着经济的工业化，市场扩张和市场中当事人关系的复杂化引起对商业法律和契约的需求，由此要求建立司法组织、采取治安措施、执行法律。经济因素是指工业发展推动都市化发展，人口居住密集化，由此产生拥挤等外出问题，因而也需要政府进行管理与调节工作。此外，教育、娱乐、文化、社会福利等公共财政支出随实际收入的上升会出现快于 GDP 增长的现象。

（2）皮考克和威斯曼的梯度渐进增长理论。该理论认为，公共财政支出增长有两大原因：一是正常时期的内在原因（社会的正常发展时期），政府支出增加与 GDP 增长呈一种线性关系。二是非正常时期的外在原因（战争时期，自然灾害或社会灾害时期），私人投资和消费能力下降，为了稳定社会和发展经济，政府不得不急剧增加支出。当社会恢复正常后，宏观税负水平和财政开支都难以回到原来的水平上。因此，每一次较大的经济和社会动荡，都会导致政府公共财政支出水平迈上一个新的台阶。

（3）马斯格雷夫和罗斯托的经济发展阶段增长理论。马斯格雷夫和罗斯托在对经济发展史料及整个经济发展过程中公共财政支出增长形势进行深入研究的基础上，提出了公共财政支出增长的经济发展阶段增长理论，他们认为公共财政支出的增长分为三个阶段。在经济发展早期阶段，公共财政支出主要为了促进经济高速增长，重点投资经济发展所必需的社会基础设施，如法律、秩序、教育、公路、桥梁等。而在经济发展中期阶段，社会基础设施的供求趋于平衡，公共部门投资逐渐让位给日益增长的私人投资。但由于市场失灵问题，政府必须加强对经济的干预，来矫正、弥补市场机制的不足，为此也必然导致政府公共财政支出的增长。在经济发展成熟阶段，公共财政支出的主要对象将从提供社会基础设施转向提供教育、保健和社会福利等方面的服务。由于人口的增加和人均生活水平的提高，这种支出结构的变化也必然导致公共财政支出规模的不断扩大。

（4）福利经济学的公共财政支出增长微观模型。该模型采用效应最大化的分析方法，将市场有效供给原理运用到政府公共产品的供应中，通过对影响公共财政支出的变量，如公共产品的需求和质量、生产组织形式和公共部门成本价格等进行分析，认为如果某项公共财政支出的收入弹性大于 1，则政府将增加对该项的支出，而公共财政支出相对于 GDP 的比重也将上升。公众对公共产品和服务的质量、价格和需求也日益增加，相应地公共部门的成本和公共财政支出也会增加。

（5）公共选择学派的财政支出增长理论：官僚行为增长论。公共选择理论认为导致政府支出不断增长的原因主要有以下两方面：

利益集团的影响。利益集团是指具有共同目标的人，为了促进共同目标的达成而协作行动所形成的集团。关于利益集团为何确实存在，奥尔森强调了以下几个因素：如小团体规模、不同人的利益不对称及制裁作用等。利益集团在影响投票人的行为、立法的通过及官僚机构的运作方面的作用已被广泛地承认。在实行多数投票规则的情况下，公共选择理论认为，利益集团的大量存在直接促使了政府预算规模的扩张。在没有“讨价还价”和“互投赞成票”的情况下，多数投票规则对政府预算规模的投票反映了中位选民的偏好。但若考虑到利益集团的存在，尤其是当利益集团、官僚和被选出的代表议员所组成的“铁三角”关系存在时，政府预算规模就会扩大。利益集团的存在与发展，加速了政府规模膨胀的进程。

官僚的作用。尼斯坎南（W. A. Niskannen）对此问题作了比较深刻的研究，他认为官僚的目标就是要使他的预算最大化，官员们努力说服立法官员，使他们相信公共产品和劳务的利益较大，这就像是私人部门推销自己的商品一样，如果官员的这种推销获得成功，政府的预算规模就会扩大，财政支出将不断增加。

6.2.3 公共财政支出的效应分析

1. 公共财政支出的归宿效应

公共财政支出的归宿就是公共财政支出的分配效果，或者说是公共财政支出的受益分布问题，它揭示了公共财政支出的实质，即谁受益于公共财政支出。近几年来，人们对公共财政支出的迅速扩张发出的抱怨虽然越来越多，但其实质性的问题通常是到底谁受益于公共财政支出的增长。

现实中公共财政支出受益的分配并不是平等分布的，有些人的得益多一些，有些人的得益则可能少一些，这既取决于个人自身的特殊情况，也与个人出生和生活地点有关。当政府支出项目的获利者不是政府想要帮助的人时，这便发生了利益的转移。公共财政支出项目名义上的受益者往往并非该种支出的最终归宿。

2. 公共财政支出的激励效应

公共财政支出的激励效应，指的是政府的公共财政支出政策作用于个人领域时，对个体消费者消费行为的影响。例如“用脚投票”就是公共基础激励效应的一种表现，即在社会资源有限的条件下，纳税人将对比公共产品的消费（受益）与因此而减少的对其他产品的消费（机会成本）。如果其受益小于机会成本，只有采取“用脚投票”等方式来追求更大的受益。

3. 公共财政支出的替代效应和收入效应

在提供准公共产品的过程中，政府常常采用对私人部门予以补贴的做法。在这个过程中，政府支出在市场经济中将产生替代效应与收入效应。例如，政府对高等教育的补贴就存在着替代效应。因为补贴降低了教育费用的价格，居民便会用教育来替代他们原想花钱购买的其他商品；而政府给贫困人口提供的免费食品将产生收入效应，食品补贴改变了居民的财富状况，导致了居民消费结构的变化。多数情况下，替代效应和收入效应是同时存在的。替代效应通常会产生低效率，它影响了市场得以有效运作的价格体系，导致居民对某一商品过度消费或消费不足。正是由于不同的支出方式会导致居民的不同消费行为，政府便可以据此来达到政策调控的目的。

6.2.4 公共财政支出的效益分析

公共财政支出效益，是指政府为满足社会共同需要而进行的资源配置活动中所取得的成果。在公共财政支出规模确定的情况下，取得的成果越大，则公共财政支出的效益就越高。一般来说，公共财政支出的效益包含以下四个方面：

（1）经济效益。与经济领域的其他投入一样。公共财政支出也存在着一个经济效益高低的问题，而且在大多数情况下，追求经济效益是政府公共财政支出活动首先考虑的目标。判断一项支出项目的经济效益如何，往往会涉及一些复杂的数学计算以及成本和收益的衡量问题，实际生活中采用的多是成本—效益分析方法。

（2）社会效益。政府的特性及公共财政支出所具有的公共性，使得政府在进行公共财政支出时不得不考虑更多的因素，即在某些情况下，政府必须把社会效益放在重要的位置。

（3）政治效益。经济与政治是紧密联系的。公共财政支出作为政府调节经济的主要手段，在很大程度上甚至完全是政府政治目的的体现，因此，公共财政支出的效益也就包含政治效益这一内容。在政府行政支出持续增长的情况下，公共财政支出的政治效益通常可从社会政治的安定、行政机构的效率、政府决策的水平以及人民群众对政府的满意程度等几个方面加以评价。

（4）生态环境效益。随着社会工业化程度的提高和人类活动领域的不断延伸，人类对自身所处的生态环境的影响也越来越大。环境污染、物种灭绝，生态环境遭到严重破坏，日益成为人类社会可持续发展所不得不面临的问题。改善生态环境、保持生态平衡这一人类公共需要使政府在进行公共财政支出的效益分析时，必须把支出的生态环境效益考虑在内。

公共财政支出效益的分析方法有以下四种：

（1）最低费用选择法。它指的是一种通过计算各备选项目方案的有形成本，以最低成本作为择优标准的方法。实际生活中常常采用的程序是：第一，根据政府确定的建设目标，提出各种备选方案；第二，以货币为统一尺度，分别计算出各备选方案的各种有形费用；第三，按照费用的高低进行排序，从而选取费用最低的方案。最低费用选择法虽然有利于成本的计算和方案的快速确定，但问题是费用最低的方案不一定是最好的方案。

（2）公共劳务收费法。该方法是西方市场经济国家衡量公共财政支出效益常常采用的方法，即通过对公共劳务的定价使公共劳务得到最节约、最有效的使用，从而达到提高公共财政支出效益的目的。其中，公共劳务指的是政府为行使职能而开展的各种工作，包括军事、行政、各项社会事业等方面。对公共劳务进行定价，可以改变政府资源使用的状况。目前，不少国家对公园、邮政、铁路的使用都实行政府定价和政府收费制度。

（3）成本—效益分析法。该方法是把私人经济活动的成本—效益分析方法应用到了政府公共财政支出的分析当中，由于该方法具有较强的科学性和准确性，因此经常被用于政府支出的分析中。成本—效益分析法是对可选择的行为过程获得的利益和将付出的成本进行测定，然后将成本和利益合起来加以比较分析，从而为经济主体提供一种可选择的经济决策方案。

（4）社会效益评价法。前三种方法虽然各有不同，但都是对公共财政支出的成本和收益进行的一种量的分析，实际上，由于政府的特性和目标追求的多样性，政府往往会考虑更多的因素。因此，对公共财政支出的社会效益，如稳定、安全、环境等指标进行的评价也是很重要的。

非市场化公共产品的价值化体现在以下三个方面：

（1）补偿需求曲线和消费者剩余。补偿需求曲线是人们为使用一定数量的公共产品所愿意支付的价格，该曲线能有效衡量政府公共财政支出项目的社会效益。值得注意的是，补偿需求曲线不同于通常的需求曲线，收入变动对它不产生影响，它只是反映纯粹的社会边际效益。随着边际效益的递减，补偿需求曲线是一条向下倾斜的直线，其与横轴和纵轴的交接所形成的图形面积，称为消费者剩余。

（2）时间价值化。“时间就是金钱”，政府对许多公共产品的供给是通过为居民节省时间而产生社会效益的，对这些政府项目的社会效益的评价可通过时间价值来量化。例如改善交通运输系统而减少居民的通勤时间。

（3）生命价值化。估算生命价值有两种方式：一是假设方法，即通过假设一个人如果没有死亡，他在正常生命的时间内能赚到的钱的多少来衡量。由于该方法未扣除个人用于维持生命的成本和费用，以及社会相应节约的教育费用等，会导致高估个人生命价值。二是通过间接方法估计，有些职业存在较大的死亡危险，因此给这些职业的人附带的风险补偿是应当的。但由于人们往往无法很好地意识到风险，会导致低估个人生命价值。

6.3 购买性支出

购买性支出是政府用于商品和劳务的支出，包括社会消费性支出和投资性支出两大部分，具有有偿性、等价性、资产性和消耗性。购买性支出结构是指购买性支出各组成项目占相应支出总额的比例及其相互关系。社会消费性支出和投资性支出在购买性支出中所占比重的大小，反映财政在不同时期的经济作用和财政职能的变化，体现财政对基础设施建设、产业调整以及科技进步的支持力度。在我国的购买性支出中，投资性支出比重较高，也是我国购买性支出在财政支出中所占比重比较大的原因。随着我国社会主义市场经济体制的确立，政府的经济管理职能逐步弱化，社会管理职能日渐加强。伴随着政府职能运用范围的变化，财政购买性支出结构发生了很大变化：经济建设支出占财政支出比重从 1978 年的 64% 下降到 2005 年的 28%，下降了 30 多个百分点；相反社会消费性支出则大幅度提高。

购买性支出的规模可以用购买性支出的绝对数量指标和相对数量指标来衡量。绝对数量指标：一国货币单位表示的购买性支出的实际数额。与一个国家的经济发展水平、政治环境、社会因素密切相关。在不同国家或同一国家的不同历史时期，政府购买性支出的绝对规模都是不相同的。受经济发展水平、政治环境和社会环境诸因素的影响和推动，政府购买性支出的绝对规模会相应变化。相对数量指标有两个：购买性支出占 GDP 或 GNP 的比重，购买性支出占财政支出总量的比重。

6.3.1 社会消费性支出

社会消费性支出是维持政府机构正常运转和政府提供公共服务所需经费的总称，主要包括国防支出、教育支出、行政管理支出、科学研究支出以及医疗卫生支出、文化支出等内容。

1. 国防支出

国防支出是指国家用于陆、海、空军及国防建设的各种费用，包括军费、国防科研事业费、民兵建设费等，是典型的公共产品。国防支出从总体上看，具有纯粹的社会消费性质。国家对国防的投入，一方面会提高部队战斗力，增强国防实力，增大国防安全系数；另一方面，会产生巨大的社会经济效益，促进国民经济快速增长：其一，直接增加资本投资，从而增加社会总需求，提高经济增长率；其二，提高资本的利用效率，能够增加总需求，提高经济增长率；其三，军事技术发展带动民用技术同步进步，促进社会生产率的进步，从而提高经济增长率；其四，其他间接影响，包括但不限于增加私人财富，增加由军队带动的部分社会人群的消费。

2. 教育支出

教育与行政管理和国防相比，一般被看作一种混合产品。教育产品可以分为以下几种类型：

一是具有纯公共产品性质的教育。包括义务教育，对有违法、轻微犯罪行为而不适宜在普通中学就读的中学生进行的工读教育，对盲、聋哑、智力低下等有生理缺陷的儿童、青少年进行的教育，以广播、电视等形式进行的公共教育，国家公务员教育等。这些教育是提高全民素质、稳定社会秩序所必需的，具有强制性，因而接近于公共产品，理应由政府提供和保证。

二是具有准公共产品性质的教育。主要有高等教育、职业教育、各类成人教育等。这类教育具有两面性，不论是高等教育、职业教育，还是各种形式的成人教育，都是提高公民素质的教育，可以为国家培养建设人才，从而促进社会经济发展，因而属于公共产品范畴。除此之外，就是对受教育者来说，可以从高层次的教育中获得更多、更高的知识和技能，为将来找到一份较好的职业，增加个人和家庭收入，拥有较多的晋升机会奠定了基础。也就是说，个人从高级教育中得到的利益是内在化和私人化的，而且一些人接受高级教育，就会减少另一些人接受高级教育的机会，具有一定程度的排他性。因此，按照公共产品理论，义务教育以外的高层次教育属于混合物品，可以由政府提供、私人部门提供，或是由政府、私人部门混合提供。

三是具有私人产品性质的教育。主要是根据个人偏好需要提供的教育，包括聘请家庭教师进行的教育，为学习特定的专项技能拜师学艺，参加各种形式的补习班、职业培训班的学习等。这类教育具有严格排他性，受教育者需按单位产品付费，并从接受的特定教育中受益。

教育支出的经济效应主要体现在以下几个方面：

教育支出具有正的外部效应。世界银行对教育支出的外部效应进行了调查，调查结果表明各类教育的社会收益分别为：初等教育 18.4%，中等教育 13.1%，高等教育 10.9%。在教育的三个阶段中，初等教育的外部收益高于其他类型的教育。而高等教育的外部收益率相对较低，这是由于高等教育的投入大、成本高，虽然其贡献大，但大部分转化为私人收益，即接受高等教育后人们的收入有较大幅度的提高。

教育支出是经济持续发展的重要支撑点。教育是科技进步与发展的源泉和基础。首先，教育是劳动力再生产的重要条件。其次，教育是科技成果转化为现实生产力的重要前提。最后，再教育是解决结构性失业的重要手段。

发展教育是实现社会公平的重要途径。由于贫富差异和分配不公平现象的存在，如果教育完全由私人部门提供，人们受教育的机会就会因家庭收入的不同而有很大的差异。

3. 行政管理支出

行政管理支出是国家财政用于国家各级权力机关、行政管理机关和外事机构行使其职能所需要的费用支出，包括立法支出、行政支出、公安支出、国家安全支出、司法检查支出和外交支出。

广义的行政管理支出包括现行《政府收支分类科目》中的以一般公共服务为主的三类科目：一是一般公共服务，包括人民代表大会、政协、党派团体、政府各部门等；二是公共安全，包括武装警察、公安、检察、司法等；三是外交，包括外交管理事务、驻外机构、对外援助、对外合作交流等。

若按费用要素区分，行政管理支出包括人员经费和公用经费两大类。人员经费中主要包括工资、福利费、离退休人员费及其他。公用经费中包括公务费、修缮费、设备购置费和业务费等。

4. 科学研究支出

科学研究支出分为几大类：基础研究、应用研究、技术研究与开发、管理费用等。科学技术是推动生产力发展的第一要素，是当今世界影响一国经济、社会发展的最重要力量。“没有哪一个国家……可以不关心、不利用、不干预、不管理和不控制技术，不或多或少给予科技投入”。[①] 政府运用财政支出手段支持科学技术的发展，进而带动和引导整个国家的科技投入，已经成为世界各国的普遍选择。但科技创新过程中有许多不确定性：科技成果产出风险性大、科技投入的高风险性和收益的不确定性。同时科技产品具有公共性与外部性，尤其是一些基础研究，研发产出的是一些知识性、原理性、基础性的东西，具有广泛的通用性，外部性强。

5. 医疗卫生支出

政府提供医疗卫生服务的几个原因：

第一，公共卫生领域集中地存在着具有外部效应的纯公共产品，如提供安全饮用水、防范传染病与寄生虫病、控制病菌的传播媒介以及提供关于免疫、营养、计划生育的信息的免费服务等，由于这些产品具有明显的非排他性，即不能排除不付费者享用这种服务的利益，因而私人部门根本不会提供或者不会充分提供这类产品。

第二，市场是以个人对劳动和资本贡献的大小来分配收入的，而劳动的贡献是以个人的健康为前提的，在市场规则下，低收入者自身难以抵御卫生条件差和疾病风险的侵袭，往往会陷入“贫困的循环”，政府的介入就是将卫生保健视为一种人人应有的权利，保障人人健康劳动，缓解或消除因收入差距可能对健康带来的不良影响。

第三，疾病的风险是最难以确知的，在私人市场上，人们化解风险的方法是购买商业保险，但商业保险的趋利性必然产生“逆向选择”，即选择低风险的保险对象，而政府的公共卫生服务带有社会保险的性质，让疾病的社会风险在更大的范围内由政府承担，高风险者不受排斥，为劳动者提供了可靠的后盾。

6.3.2 投资性支出

政府投资又称财政投资性支出，是指以政府为主体，以财政资金为来源的投

① 陈昌曙. 技术哲学引论［M］. 北京：科学出版社，1999.

资活动。它与社会消费性支出的根本区别在于，财政资金往往借助投资活动转化为资本，参与企业生产经营活动，形成经营性国有资产。社会总投资可以分为政府投资和非政府投资两大部分。一般而言，财政投资即为政府投资。

政府投资具有以下三个特点：

第一，政府可以从社会效益和社会成本角度来评价和安排自己的投资，政府投资可以微利甚至不盈利，但是，政府投资建成的项目，如社会基础设施等，可以极大地提高国民经济的整体效益。

第二，政府财力雄厚，而且资金来源多半是无偿的，可以用于投资大型项目和长期项目。企业或个人主要依靠自身的积累和社会筹资来为投资提供资金，自身积累规模和社会筹资都受到种种限制，一般难以承担规模宏大的建设项目，而且既然要追求盈利，一般主要从事周期短、见效快的短期性投资。

第三，由于政府在国民经济中居于特殊地位，往往从事社会效益好而经济效益一般的投资，可以将投资集中于“外部效应”较大的公用设施、能源、通信、交通、农业以及与治理大江大河和治理污染等有关国计民生的产业和领域。换言之，在投资主体多元化的经济社会中，如果政府不承担这些方面的投资或投资不足，就会导致经济结构失调。

政府投资国有经济分布领域的优先顺序为：首先是关系国家安全的行业，包括造币业、航空航天工业、军事工业等。其次是大型基础设施建设工程，包括城市基础设施、运输骨干设施、大江大河治理、重点防护林工程、重点公益性和国防建设项目等。再次是大型不可再生资源的开发行业，如油田、矿产等项目的开发，这些原料和能源产业是国民经济发展的先行行业，其发展速度慢，直接构成国民经济发展的瓶颈。最后是对经济发展具有战略意义的高新技术产业，如超大规模集成电路的研制和开发行业、重大技术装备产业等。

6.4 转移性支出

转移性支出是政府为了实现社会公平目标单方面对居民或企业等微观经济主体的无偿财政拨款，实质是财政主要在企业、个人等社会经济主体之间进行的收入再分配，通过这种分配，政府对社会经济生活进行干预。与购买性支出不同，转移性支出与商品和劳务的交易行为没有直接联系，而是为实现社会公平采取的资金转移措施。财政转移性支出主要包括社会保障支出、财政补贴支出、税收支出等。

6.4.1 社会保障支出

社会保障是国家通过立法，采取强制手段对国民收入进行的再分配，形成社会保障基金，并对由多种原因造成生存困难的社会成员给予物质上的帮助，以保障其基本生活需要的一系列有组织的措施、制度和事业的总称。

社会保障制度的对象分为两个层次，即社会保障的参与者和受益者。社会保障制度的参与者主体是政府，社会保障制度的受益者是社会的一部分成员而不是全体社会成员，某个人只有在符合享受社会保障的具体条件时，如合乎条件的失业人员、退休人员、残疾人、疾病患者、鳏寡孤独人员等，才能进入社会保障受益者行列。社会保障制度体现一定的经济关系。直观表现为社会保障基金筹集、分配和使用过程中所发生的资金运动和经济行为，实质上反映了国家、个人、单位（雇主）之间、这一代人和下一代人之间的经济利益关系。社会保障基金通过国民收入的分配和再分配，参与社会经济运行过程，也成为影响国民经济的一个庞大的经济流量。

社会保障制度的标准具有定时和定量的特点。所谓定时，是指社会保障受益的时限。社会保障实施动态管理，并且有严格的时间限制。除极少数完全丧失谋生能力的人员外，人们不能企望一生依赖社会保障生存。所谓定量，是指社会保障制度提供给受益者的货币或服务，一般只能满足这部分人的基本生活需要。社会保障制度的目的是增进经济和社会发展的稳定性，为促进人的全面发展提供基础条件。

社会保障支出是主要的转移性支出，它作为社会保障体制的重要组成部分，是政府实施宏观调节的重要手段之一。我国财政社会保障支出的统计口径一般包括原政府收支分类科目中的抚恤和社会福利救济费、社会保障补助支出和行政事业单位离退休费三大类。

首先，社会保障基金有相当一部分直接来源于国家财政拨款的社会福利和社会救济资金，直接影响财政支出规模。其次，实行收支两条线管理的社会保障基金虽然不直接来自国家财政拨款，可一旦出现基金短缺现象，国家财政势必承担最后的支付责任。最后，社会保障体系是继家庭保障、商业保险后发展起来以国家为主体的社会保障体系，它包括社会保险、社会福利、社会救助和社会优抚。

（1）社会保险。社会保险是政府通过立法，由个人、雇主和政府共同筹资，在个人及直系亲属遇到年老、病伤、失业、生育和死亡等风险时，给予物质帮助的一种制度。它包括：养老、医疗、失业、工伤、生育和遗属等保险。例如，养老保险：按照法律规定，劳动者达到一定年龄，即认定其进入老年，解除其劳动义务，由社会给予工资补偿的制度；失业保险：指政府和社会对那些由于非自愿失业原因而暂时失去工作的劳动者给予经济补偿的制度；医疗保险：指劳动者在患病后，由政府给予假期和收入补偿，提供医疗服务的制度。

（2）社会福利。社会福利是政府在法律范围内，向居民提供的住宅、卫生、环保、基础教育的资金帮助和优价服务的社会制度。它包括政府兴建的福利设施、提供的社会服务以及创办的各种社会福利事业。

（3）社会救助。社会救助是政府向无收入、无生活来源也无家庭依靠并失去工作能力者，或是生活在“贫困线”或最低生活标准以下的个人和家庭，以及遭受自然灾害的遇难者，提供的满足其最低生活需要的财力、物力资助。

（4）社会优抚。社会优抚是政府对法定的优抚对象，如现役军人及其家属、退休和退伍军人及烈属等，为保证其一定生活水平而提供的资助和服务。

社会保障支出一般侧重养老和医疗保险，2000 年全球养老、医疗支出约占整个社会保障支出的 87%。社会保障支出的水平随经济的发展而提高，1993—2000 年，发达国家社会保障支出分别占本国 GDP 及财政支出的比重为 12%、27.5%，中等收入国家分别占 4.6%、15.7%，低收入国家分别仅占 1.3%、4.2%。

6.4.2 财政补贴支出

财政补贴是政府根据一定时期的政治、经济方针，按照特定目的，对指定事项由财政安排专项资金进行的一种补助。其实质就是通过补贴改变价格的形成机制与供求关系。它是财政转移支付中最富弹性的宏观调节政策。“二战”以来，世界各国财政补贴的规模都在增大。为了使居民对某种商品的消费不因价格的提高而下降，或扩大企业对某种商品的生产，政府会对消费或生产进行补贴以实现其政策目标。

财政补贴作为一种基本的转移支付，是典型的国民收入再分配，通过财政补贴，可以提高某一阶层、企业和地方政府的收入水平，但是社会价值总量并未发生变化。财政补贴有三个特征：政策性，它是国家为达到一定的宏观目标而实施的政策调节；灵活性，一般具有配置环节灵活、调节方便等优势；时效性，它往往根据一定时期的国家宏观政策而定，可以随时调整。

我国从 1953 年开始实行财政补贴，当时只是对棉絮一种商品进行补贴，达到了 5100 万元/年。正式的企业亏损补贴开始于 20 世纪 60 年代，1961 年，全国农副产品收购价格提高了 27%，而销售价格基本未变，为此财政给予国营企业 20 亿元的价格补贴。20 世纪 90 年代，财政补贴开始由干预价格形成向体现产业政策、促进社会协调发展转化。2000 年以后，建立财政支农补贴政策，2008 年，中央财政用于三农的支出达到 5955.5 亿元，并开始向民生方面集中，如实行购房补贴、公共交通补贴、廉租房补贴等。

财政补贴有多种分类方法：按经济性质可划分为价格补贴、企业亏损补贴和财政贴息；按循环环节可划分为生产、流通、分配和消费等环节的补贴；按受益形式可划分为“暗补”和“明补”。“暗补”是对消费者所购买商品的补贴，而“明补”则是给消费者的直接补贴并直接增加其收入。

财政预算对补贴的分类：

（1）价格补贴：低收入居民补贴，对弱势群体本着以人为本的原则，保证其能够有尊严地生活，并且能够享受到社会发展的实惠；涉农产品价格补贴，包括农副产品、农业生产资料价格补贴；公用事业价格补贴；城市公共交通、城市用水价格补贴。

（2）企业亏损补贴：国有企业政策性亏损补贴；外贸企业亏损补贴，一般已禁用，改为出口退税。

（3）财政贴息：科技进步类贴息，主要对科技开发、科技实验、科技普及和科技宣传进行贴息和再就业类贴息（补贴）。

（4）产业导向类贴息：退耕还林补贴、家电下乡补贴、家电回收补贴。

财政补贴的主要功能如下：

（1）调节价格形成机制，促进资源优化配置。财政补贴与价格变动密切相关，由于财政补贴所涉及的商品、劳务是社会商品、劳务的有机组成部分，因此，补贴进入市场后必然导致原来的价格体系发生变化并使其形成新的平衡。市场经济条件下，市场对资源配置起基础作用，财政补贴可以直接改变供求结构与平衡关系。因此，财政补贴往往成为政府调节价格及资源配置再调节的重要手段。

（2）实施财政供需平衡调节。财政补贴一方面可以改变供给结构，即改变企业商品的供应种类、供应价格；另一方面可以改变需求结构，即通过改变人们的收入而影响需求，从而调节资源配置、调节总供需平衡与结构。

（3）促进社会分配公平与效率兼顾。对低收入者进行的定向补贴，旨在促进公平分配、缩小贫富差距，保持社会稳定；对企业的财政补贴，则重在增加社会的有效供给，促进资源优化配置。财政补贴是规模与结构的有机统一，运用得当，可以发挥优化价格形成机制、促进政府产业政策、促进公平分配的积极作用。运用不当则会产生违背价值规律、弱化企业经营机制、抑制公民勤奋精神的消极作用。

本章小结

公共财政支出是各级政府履行其必要职能所进行的各项活动的成本，包括提供公共产品和准公共产品以及为实现收入公平分配而进行的转移支出，且根据不同的分类方式可以分为不同的支出类型。

狭义上的公共财政支出规模指一定财政年度内政府通过预算安排的公共财政支出总额；广义上的公共财政支出规模指某一财政年度内通过政府安排的用于社会共同需要方面的所有支出，包括预算内支出、预算外支出和各级政府以各种形式所筹集的体制外支出等。

公共财政支出规模的具体组成有：公共部门消费、公共部门投资、补贴、经常性资助、资本转移、债息。由此可见，公共财政支出是一个可变量。政府公共财政支出无论是从绝对数量还是从相对数量来看，在各国都呈现上升趋势。公共财政支出的效应分析主要包含公共财政支出的归宿效应、公共财政支出的激励效应、公共财政支出的替代效应和收入效应。公共财政支出效益是指政府为满足社会共同需要而进行的资源配置活动中所取得的成果。一般来说，公共财政支出的效益包含经济效益、社会效益、政治效益、生态环境效益。

购买性支出是政府用于商品和劳务的支出，包括社会消费性支出和投资性支出两大部分，具有有偿性、等价性、资产性、消耗性的特点。转移性支出是政府为了实现社会公平目标单方面对居民或企业等微观经济主体的无偿财政拨款，实质是财政主要在企业、个人等社会经济主体之间进行的收入再分配，通过这种再分配，政府对社会经济生活进行干预。与购买性支出不同，转移性支出与商品和劳务的交易行为没有直接联系，而是为实现社会公平采取的资金转移措施。财政转移性支出主要包括社会保障支出、财政补贴支出、税收支出等。

复习思考题

1. 什么是公共财政支出？

2. 公共财政支出的分类有哪些？其目标是什么？

3. 公共财政支出规模具体由哪些内容组成？应该从哪些方面衡量公共财政支出的效益？

4. 什么是购买性支出和转移性支出？二者的区别又是什么？

推荐阅读资料

1. 冯秀华. 公共支出［M］. 北京：中国财政经济出版社，2000.

2. 黄有光. 效率、公平与公共政策：扩大公共支出势在必行［M］. 北京：社会科学文献出版社，2003.

3. 孙开. 公共支出管理［M］. 大连：东北财经大学出版社，2009.

网上资源

1. 中华人民共和国中央人民政府. http://www.gov.cn/.

2. 中华人民共和国财政部. http://www.mof.gov.cn/.

第 7 章　公共财政收入

CHAPTER 7

学习目标

1. 掌握公共财政收入的概念、形式、演进及结构。
2. 了解基本的税收原理与税收制度。
3. 了解非税收入的概念、分类及其统计口径。
4. 了解公债的概念、发行、流通、运用、偿还和公债的风险。

引例

财政部：2021 年全国一般公共预算收入超 20 万亿元

人民网北京 1 月 25 日电（记者王震）　财政部副部长许宏才 25 日在国新办就 2021 年全年财政收支情况举行的发布会上介绍，2021 年全国一般公共预算收入 20.25 万亿元，与 2012 年相比接近翻番。

许宏才说，2021 年，我国经济发展和疫情防控保持全球领先地位，构建新发展格局，迈出新步伐，高质量发展取得新成效，实现“十四五”良好开局。中央和地方预算执行情况较好，具体表现为以下六个方面：

一是财政收入完成预算。2021 年，全国一般公共预算收入 20.25 万亿元，与 2012 年的 11.73 万亿元相比，接近翻一番。具体看，2021 年收入比上年增长 10.7%，与 2019 年相比增长 6.4%，完成收入预算。其中，中央一般公共预算收入 9.15 万亿元，比上年增长 10.5%；地方一般公共预算本级收入 11.1 万亿元，比上年增长 10.9%。中央和地方均有一定超收，主要是经济恢复性增长，再加上工业生产者出厂价格指数涨幅较高等因素拉动。

二是财政支出控制在人大批准的预算以内。全国一般公共预算支出 24.63 万亿元，同比增长 0.3%。其中，中央一般公共预算本级支出 3.5 万亿元，比上年下降 0.1%；地方一般公共预算支出 21.13 万亿元，比上年增长 0.3%。

三是减税降费政策有效落实。财政部坚持把减税降费作为深化供给侧结构性改革的关键之举，精准实施减税降费，突出支持制造业升级和中小微企业及个体工商户。在“十三五”期间累计减税降费超过 7.6 万亿元基础上，2021 年又新增减税降费超 1 万亿元，特别是三季度以来，为缓解企业资金困难和经营压力，允许企业提前享受前三季度研发费用加计扣除等政策，帮助企业特别是中小微企业、个体工商户缓解困难、更好发展，留住青山、赢得未来，实现“放水养鱼”“水多鱼多”的良性循环。

四是强化跨周期调节，促进经济持续稳定恢复。按照党中央、国务院决策部署，强化跨周期调节，根据经济运行情况把握债券发行力度和节奏，总体上前慢后快。一季度经济恢复态势较好，适当放缓总体发行节奏，下半年面对新的经济下行压力，加快地方债券特别是专项债券发行使用，地方新增专项债券发行超过全年发行额的七成，第四季度专项债券安排的支出约占全年支出总额的五成，带动扩大有效投资，促进经济运行在合理区间。

五是坚持政府过紧日子，民生保障有力有效。各级政府带头过紧日子，从严控制一般性支出，加强“三公”经费管理，努力降低行政运行成本。同时基层“三保”等重点领域支出得到有力保障，全国教育支出3.76万亿元，比上年增长3.5%；社会保障和就业支出3.39万亿元，比上年增长3.4%；卫生健康支出1.92万亿元，在2020年疫情防控高基数增长的基础上（上年是增长了15.3%），2021年继续保持较高强度，支出规模与上年基本持平。

六是直达资金效能继续提升，惠企利民精准有效。财政部门实施常态化财政资金直达机制并扩大范围，全年中央财政共下达直达资金预算指标2.8万亿元，各地累计实现实际支出2.67万亿元，占中央财政已下达的95%，为地方落实惠企利民政策和做好“六稳”“六保”工作提供更好的财力保障。

（案例来源：王震．财政部：2021年全国一般公共预算收入超20万亿元［EB/OL］．人民网，2022-01-25．http://finance.people.com.cn/n1/2022/0125/c1004-32339565.html）

引言

公共财政收入也称财政收入或公共收入，即政府为履行其职能而筹措的一切资金的总和，是公共经济主体所获得的用于满足公共支出需要的收入。但公共收入不同于政府收入，前者大于并包含后者。西方公共经济学认为，公共收入概念的提出包含一种理念的转变。它直截了当地揭示出政府收入是属于社会公众的，它应以满足社会公共需要为目的。在使用上，应由社会公众决定，而不是由少数官僚集团以国家的名义随意安排，它的筹集和使用应有一套规范的程序和制度，受社会公众的监督。

7.1 财政收入概述①

7.1.1 财政收入的统计口径与分类

政府财政收入有三种统计口径：

（1）通常我国财政收入主要是指纳入公共财政预算管理，可以统筹安排用于民生支出、提供一般公共产品和服务的公共财政收入。

（2）国际货币基金组织（IMF）颁布的《2001年政府财政统计手册》的口

① 余斌．厘清公共收入的概念与形式［J］．经济纵横，2016（4）：9-14.

径。政府财政收入包括税收、社会保障缴款、赠予和其他收入（其他收入主要指财产收入、出售商品和服务收入、罚金罚款和罚没收入以及其他杂项收入）。按此国际口径，除公共财政收入之外，我国政府财政收入还应包括政府性基金收入（不含国有土地使用权出让收入）、国有资本经营预算收入、社会保险基金收入。不包括国有土地使用权出让收入，是因为根据国际货币基金组织《2001 年政府财政统计手册》的定义，国有土地出让行为是一种非生产性资产的交易，结果只是政府土地资产的减少和货币资金的增加，并不带来政府净资产的变化，不增加政府的权益，因而不计作财政收入。

（3）全口径财政收入。考虑到我国国有土地使用权出让收入已纳入政府性基金预算管理，在国际货币基金组织的可比口径基础上再加上国有土地使用权出让收入。

财政收入可归纳为以下几种形式：税收、公共收费、罚没款收入、公共企业收入、公共资源和资产出让的溢价收入、公共性基金收入、公共租金、公共债权收入、捐赠收入、纸币发行收入、彩票盈余、特别收入等。其中，最主要的是税收、公共收费、公共企业收入、公共租金和纸币发行收入。

（1）税收。

税收是政府部门按照税法的规定，对个人和其他经济活动主体强制征收的收入。西方公共经济学家认为，税收只是政府部门对私人部门强制课征所获得的收入。这是由于西方公共经济学家没有认识到国有企业这样的公共经济部门，从而忽略了这些公共经济部门也是要纳税的。如果非要把税收归结到个人，那么“资本家阶级负担的国家的和地方的各种税收，土地所有者的地租等，都是由无酬劳动支付的”。也就是说，工人才是替资本家创造税款的人。

尽管如此，在形式上，纳税人还是资本家，即便工人也支付了税金。这是因为，“工人应交付的税金始终不断地包括进劳动力生产费用之中，因而要由资本家一并偿付”。也就是说，资本家支付给工人的工资中包含了工人要缴纳的税款。因此，在资本主义国家里为纳税人服务就是为资本家服务，而社会主义国家则强调为人民服务。虽然，“税收！这对资产阶级有很大利害关系，而对无产阶级利害关系则很小”。但是，“每出现一种新税，无产阶级的处境就更恶化一些；取消任何一种旧税都不会提高工资，而只会增加利润”。①

按照税负是否能够转嫁，税收可分为直接税和间接税。直接税指由纳税人直

① 中共中央马克思恩格斯列宁斯大林著作编译局. 马克思恩格斯全集［M］. 北京：人民出版社，1998.

接负担税款，税收负担不容易转嫁的一类税，其纳税人和负税人往往是同一个人。间接税指纳税人能将税收负担转嫁给他人的一类税。如增值税、消费税等，其纳税人与负税人往往分离。由于存在税负转嫁的问题，因此采取不同税种会对不同人群产生不同影响。

（2）公共收费。

公共收费是政府部门和公用事业单位按照公共定价，向享受公共服务的个人和其他经济活动主体收取的费用。在社会生活中，有些人因私利而动用公共服务，消耗了公共资源，由此造成的费用就应通过公共收费弥补。如马克思在批判《哥达纲领》A 项第 5 条所要求的“实行免费诉讼”时指出，“刑事诉讼到处都是免费的；而民事诉讼几乎只涉及财产纠纷，因而几乎只同有产阶级有关。难道他们应当用人民的金钱来打官司吗？”①

同时，甚至有美国的经济学家批评道，在州和地方政府一级，有一股推力要将许多政府部门私有化，或者通过向使用者收费来提高诸如道路、文化娱乐设施和大学教育等政府企业的自我融资能力，结果导致许多人现在需要支付更高昂的大学学费和更高的桥梁、道路使用费等。这表明，即便是个人受益，也不是都要由个人来直接付费。谁受益谁交费，并不能成为一个通行的公共经济原则。

公共收费与税收的差别在于，税收收入通常用于一般性公共财政支出，而公共收费的收入主要用于收费项目的成本支出。如，政府可动用税收收入修建一座垃圾焚烧厂以解决垃圾处理问题，但垃圾焚烧厂的运营费用则不宜由税收收入承担，而应通过收取垃圾处理费支付。当然，修建垃圾焚烧厂的费用也可采取贷款形式，并通过收取垃圾处理费偿还。此外，还需要补偿的一个费用是由于修建垃圾焚烧厂而导致周边房地产价格下降所造成的损失。这个费用能有效减轻修建垃圾焚烧厂的阻力。

需要指出的是，有些公共收费本质上是一种税收。如所有与税收捆绑在一起的收费，都应视为税收，而不是公共收费。如在取消农业税之前“搭车”农业税征收的一些费用。再如，与政府一般性公共服务行为挂钩的收费也是税收。有的地方将婚前财产公证作为发放结婚证的前提，强迫进行婚前财产公证并收取相关费用。这种费用的性质其实是“结婚税”。

（3）罚没款收入。

罚没款收入是对违反法律法规的行为进行的惩罚性收费，包括罚款和没收财

① 中共中央马克思恩格斯列宁斯大林著作编译局. 哥达纲领批判［M］. 北京：人民出版社，2018.

产。在西方公共经济学中，惩罚性收费被归入公共收费中。但这里把罚没款收入单独列出来是因为罚没款收入与一般的公共收费有很大的不同。按照西方公共经济学理论，公共收费是依据受益原则和受益与付费相对称原则而有偿收取的费用，体现出社会公众的自主自愿原则，其收取尽可能体现市场交换规律。但显然，罚没款收入不符合这种直接受益和自愿原则，也谈不上体现市场交换规律。另外，罚款的作用应是减少当事人的有关行为。因此，如果罚款未能起到这种作用，且这种罚款是重复进行的，如某些地方对一些污染企业的罚款并没有阻止其污染行为，只是让污染企业不断上缴罚款。再如公路上的超载罚款，罚款后超载车不经卸载就予以放行，那么这种罚款其实就是一种特别税收，谈不上惩罚性，也算不上（公共）收费。

（4）公共企业收入。

公共企业收入指公共企业的税后利润。这里的公共企业既包括政府所有的企业，也包括非政府所有的公有制企业。公共企业的税后利润是广义的公共收入。从狭义的公共收入即从财政收入来讲，公共企业收入指政府财政从公共企业税后利润中获得的那部分收入，主要是通过国有企业向政府财政上缴部分利润或红利的方式获得，也包括国有企业的租赁或承包人向政府财政上缴的费用。

（5）公共资源和资产出让的溢价收入。

公共资源和资产出让的溢价收入指在公共资源和资产的出让中获得的超过公共资源和资产市场价格的溢价部分。公共资源和资产的市场价格要参照公共定价的原理来制定。为获得更多的溢价部分，公共资源和资产的出让应采用公开拍卖的方式，起拍价即为公共资源和资产的市场价格。孙中山先生在“定地价”方案中曾指出，“核定天下地价。其现有之地价，仍属原主所有；其革命后社会改良进步之增价，则归于国家，为国民所共享”。① 孙中山先生提到的“革命后社会改良进步之增价”，就可视为公共资源的溢价收入。

（6）公共性基金收入。

公共性基金指为满足公共财政支出的需要而设立的基金。社会保障基金和机票附加征收的民航发展基金就是典型的公共性基金。公共性基金收入分为两类：一类是募集收入，即募集到的基金本身，一类是运营收入，即以基金为资本而获得的资本运营收入。这两类收入都属于公共收入。

---

① 广东省社会科学院历史与孙中山研究所．孙中山与近代中国社会论集［M］．北京：社会科学文献出版社，2017.

（7）公共租金。

公共租金指出让公共土地和公有房产使用权及授予经营许可证等所获得的收入。这些收入与垄断权有直接关系，因而其性质是与地租一样的租金。当前，我国公共租金收入严重不足，特别是政府出让公共土地使用权的地价偏低，这也是地方政府债务偏高的一个重要原因。

（8）公共债权收入。

公共债权收入指公共部门持有的公私债权所获得的利息收入。当前，我国持有大量美国国债，美国政府为这些美国国债所支付的利息，就构成我国政府相应的公共债权收入。但同时，我国政府也向世界银行借款，并对外发行国债，从而我国政府支付的利息也构成其他机构的债权收入。因此，考察公共债权收入时，需要将公共债权和债务合并考虑。当前，我国的债权远大于债务，但作为债权人，我国“不但收不到利息，反而给债务人付利息”。这是因为我国官方持有的外国债权的利率水平远远低于我国对外借款的利率，从而只是纸面上的债权国而非事实上的债权国。也就是说，在我国的公共收入中，尚不存在其他国家可能会有的公共债权收入。

（9）捐赠收入。

作为公共收入形式之一的捐赠收入，不包括个人之间的私下捐赠，而是指个人和机构向公共部门如公益性社会团体进行的捐赠。根据《中华人民共和国公益事业捐赠法》，“公益性社会团体受赠的财产及其增值为社会公共财产，受国家法律保护，任何单位和个人不得侵占、挪用和损毁”。

（10）纸币发行收入。

如果政府的财政支出高于财政收入，即存在财政赤字，政府可通过印制纸币来弥补赤字，也就是说政府通过印制纸币可获得一种称为“铸币税”的收入。这是因为，纸币的印制成本远低于其面值，而纸币的印制者却可按照纸币的面值获得相应的物质财富。纸币的币值，也就是它能换取的物质财富的价值量，取决于商品和资本流通中所需要的纸币量与被当做纸币发行收入而累计花费掉的物质财富的价值量。如果后者大于前者，即发行的纸币量大于流通中需要的纸币量，并且多出的纸币没有相应的物质财富的价值量作支撑，纸币就会贬值。如果前者大于后者，则会出现一些比较复杂的情况，如贵金属重新进入流通领域等，而纸币未必会升值。即便政府不进行纸币的财政发行，即不直接印制纸币来弥补财政赤字，纸币发行收入仍存在，只是它的归属不一定是政府部门。

（11）彩票盈余。

彩票盈余指彩票销售收入扣除彩票发行成本和奖金返还后的剩余。一些国家发行福利彩票，用彩票盈余从事公共福利事业。

（12）特别收入。

特别收入指上述公共收入形式以外的其他收入形式。但这里不称其为其他收入，因为这些收入只能是非正常收入。如战争等紧急时期征用私有财产，这是政府部门凭借政治权力获得的一种公共收入，特别是在这种征用事后并不支付相应补偿或补偿额低于其价值额时。由于战争引起的战后以公共（国家）名义获得的战争赔款也是特别收入。还有就是不同国家政府之间的转移支付，如援助等。

7.1.2 财政收入的演进

（1）公产收入阶段。封建社会早期，领地经济占主要地位，国家收入以官有土地（领地）收入为主。

（2）特权收入阶段。进入封建社会后，君主特权日益扩张，国库需求不断扩大，仅有的官产收入显然难以满足其基本需求，国家开始将收入拓宽到依靠君主特权收入。

（3）赋税收入阶段。资本主义初期，民主宪政日渐萌芽，官产逐渐私有，随着民主政治的成熟，国家费用逐渐转为公共费用，公民普遍以税收形式担负公共财政支出，财政收入开始进入以税收收入作为主体的阶段。实行计划经济的国家，通过实行国有化，使国有企业利润占财政收入比重不断提高，开始进入以企业收入为主的阶段。例如我国在1978年前，企业利润要占到财政收入的50%以上。

（4）税收与公债收入并重的阶段。20世纪以来凯恩斯主义迅速发展，各国纷纷运用政府信用发行公债，公债逐步成为重要的公共收入形式，至此公债不再是消极的弥补财政赤字的形式，而成为稳定经济的重要宏观经济政策，因此，财政收入开始进入税收与公债并重的阶段。

7.1.3 财政收入的结构

（1）财政收入的产业构成。经济发展是产业结构转变后加速发展的过程，产业结构的转换制约着收入结构的转换。国际货币基金组织提供的数据表明：在经济发展过程中，随着人均GDP水平的提高，产业贡献率发生了深刻的变化，即“第一、第二产业的置换和第三产业占GDP比重的不断上升”，这是经济发展的基本标志之一。

（2）财政收入的所有制构成，即来自不同经济成分的财政收入在总收入中所占的比重。各国经济发展往往伴随着所有制形式的多样化，财政的所有制收入分配关系发生深刻变化。第二、三产业成为财政收入的主渠道，非公经济比重则不断提高。

(3) 财政收入的体制级次构成。主要分为中央财政本级收入、地方财政本级收入，中央政府控制最终立法权，或者具有优先权的中央财政收入尽可能占财政收入的主要比重。

7.2 税收原理与税收制度

7.2.1 税收原理

在现代社会，政府可以通过征税、收费、发债和经营国有资产等形式获得收入。而征税是政府获得财政收入的最主要形式。政府通过征税，不仅可以获得收入，还可以影响和改变人们的经济行为。

税收是政府为了满足其日常开支和社会公共福利的需要，遵照一定的法律程序，凭借其政治权力强制、固定、无偿获取财政收入的一种财政分配形式。它体现了国家和纳税人之间特定的分配关系，是公共收入的一种基本形式。税收是历史上最早出现的财政范畴。它是人类社会发展到一定历史阶段的产物，即社会生产力发展到一定程度，有了剩余产品，产生了私有制，出现了阶级，建立了国家的产物。税收具有以下的特点：强制性，强制性并非国家的暴政，而是依靠国家的政治权力强制征收，是一种强制性与义务性、法制性的结合；无偿性，税收的无偿性并不是绝对的，而是一种无偿性与非直接、非等量的偿还性的结合；固定性，实际上是指程序的确定性，即国家在征税之前就通过法律形式预先规定了征税对象和征收数额之间的数量比例，不经批准，征纳双方都不能任意违背。

税收原则是国家制定税收政策、建立税收制度应遵循的理论准则和行为规范。税收原则思想的萌芽可追溯到很久以前。如中国先秦时期的“平均税负”，春秋时期政治家管仲的“相地而衰征”。西方在十六、十七世纪重商主义时期就提出了明确的税收原则。如在重商主义后期，威廉·配第初步提出的“公平、简便、节约”等税收原则是古典税收原则的起源。

1. 古典税收原则

古典税收原则起源于 17 世纪的英国。历史上第一个提出税收原则的是英国古典政治经济学的创始人威廉·配第。《赋税论》（1662）是其生前唯一出版的著作，该著作奠定了英国的财政思想：增加国家收入的办法——公有土地和土地税，他认为后者对国王更有保障；赋税对财富的优势分配而言应该是相称的、中性的。其中体现的税收原则思想有：公平，不管赋税多么重，如果政府能够对所有人一视同仁，按照合理比例对每个人征税，那么对于任何人来说都不会因为负担了赋税而使自己的财富减少；简便、节约，政府规定所有的赋税都必须以货币形式缴纳，农民急于要卖出他们的谷物，不得不以低价出售。

第一次将税收原则提到理论高度并进行系统性阐述的是18世纪英国古典政治经济学家亚当·斯密。亚当·斯密的税收原则包含以下四个方面：一是平等，税收负担的高低应依据纳税人的能力而定。按照纳税人在国家的保护下获得收入的比例，对维持政府作出贡献；二是确定，纳税人应该交税的税负必须是确定的，不能随意变更。缴纳的时间、方式、应纳的数额，都应让每一个纳税人和其他人了解得十分清楚；三是便利，从纳税日期到纳税方法，都应该为纳税人提供最大的便利；四是节约，纳税人缴纳的税额必须尽可能做到点滴入库，不能有任何的浪费。

19世纪下半叶，德国社会政策学派创始人瓦格纳从社会经济角度重新审视税收，提出以下税收原则：财政收入原则，收入充分而且税收要富有弹性；国民经济原则，征税要不伤害经济，保护税本，税源丰富、税率适当并能够促进国民经济的发展；社会公平原则，税收应普遍、公平；税务行政原则，即税收要确定、便利和征收费用最少。

2. 现代税收原则

从现代公共财政理论来看，得到普遍认可的税收原则主要有：

（1）公平原则。根据受益原则分配税收负担（“利益说”）：强调纳税人税收负担的大小应根据个人从政府提供的服务中所享受到的利益多少决定。如果两个人获得相同的好处，就应该缴纳相同的税额。这一原则得到胡果·格劳秀斯、托马斯·霍布斯、洛克、休谟、卢梭、亚当·斯密的支持。个人对国家的贡赋与其从这一贡赋资助的公共财政支出中得到的利益结合起来，实现对每个人的公平对待。衡量受益的传统指标有四个：财富，孟德斯鸠认为，国家的收入来自每一位公民的财富，而每位公民贡献其财富是为了确保其余下的财富可以安全；收入，亚当·斯密认为，个人从公共财政支出中得到的好处与他的所得成正比；消费，霍布斯认为征税的平等存在于消费的平等中；成本，格劳修斯主张严格按政府服务成本来衡量。根据支付能力原则分配税收负担（“能力说”）：税收只应该对有纳税能力的人课征，并且税额的大小应依不同的纳税能力而变化。该原则又包括两层含义：横向公平和纵向公平。横向公平的困难在于判断两个人的福利状况是否相同（如已婚者和单身者的税收负担）。纵向公平比横向公平又多了一个麻烦，除了要对个人的福利状况作出判断，还需设法做到公平的区别对待。即不同税收待遇下的个人福利的减少也应该符合某种公平标准。其中，绝对均等牺牲，是指每个人因征税而导致的效用损失总额相等；比例均等牺牲，是指每个人因征税而导致的效用损失应与税前的效用比例相同；边际均等牺牲，是指每个人因征税而导致的最后一个单位收入的效用相等，损失的总效用最小。如图 7－1 所示，政府通过税收“劫富济贫”，使得穷人最后一单位收入的边际效用大于富人最后一单位收入的边际效用，因此可以增加社会总效用。

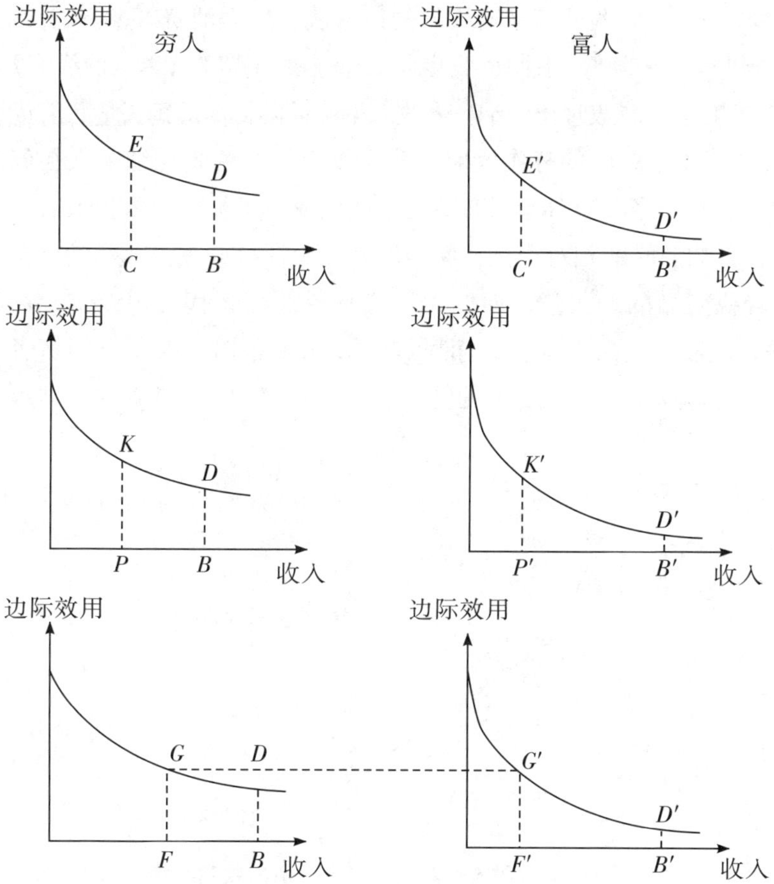

图 7－1　收入—边际效用图

（2）效率原则。政府征税尽可能保持税收对市场机制运行的中性影响。即税收的超额负担最小化。包括税收的经济效率和行政效率两种含义。税收效率指的是政府通过征税获得的收入等于纳税人福利的减少，即不产生超额负担，超额负担是指征税产生的福利损失超过所征收的税收收入。而税收的效率主要从以下两个方面来衡量：

一是有无效率损失。从逻辑上说，一种税收若不想对人们的行为产生影响，它就应该具备令人来不及改变自己行为的特点，即具备某种不可预知性，但那无异于允许税务当局横征暴敛。从经济学上说，在市场有效运行的前提下，“不影响人们行为”可以理解为税收不应该破坏现实资源有效配置的一系列帕累托条件。税收的收入效应指的是税收将纳税人的一部分收入转移到政府手中，使纳税人的可支配收入下降，从而降低商品购买量和消费水平。如图 7－2 所示，假定纳税人的收入 Y 是固定的，且收入全用来购买衣物 Z 与食品 X，两种商品的价格 P 保持不变，即相对价格不变，则 AB 为两种商品购买量的组合线，I_1 为消费者偏好的无差异曲线。政府课税会使收入 Y 降低，则 AB 平移为 CD，与之相切的无差异曲线为 I_2，最佳均衡点由 P_1 变化为 P_2，表现出因纳税者收入下降而降低商品购买量和消费水平。

图 7－3 反映了税收的替代效应。替代效应是指税收对纳税人在商品购买方面的影响，表现为当政府对不同商品实行征税或者不征税、重税或者轻税的区别对待时，会影响商品的相对价格，使纳税人减少征税或重税商品的购买量，而增加无税或轻税商品的购买量，即以无税或轻税商品替代征税或重税商品。由图 7－3 可知，政府对食品 X 征税，而对衣物 Z 不征税时，改变了消费者购买商品的选择，消费者减少了对食品 X 的购买量，相对增加了对衣物 Z 的购买量。

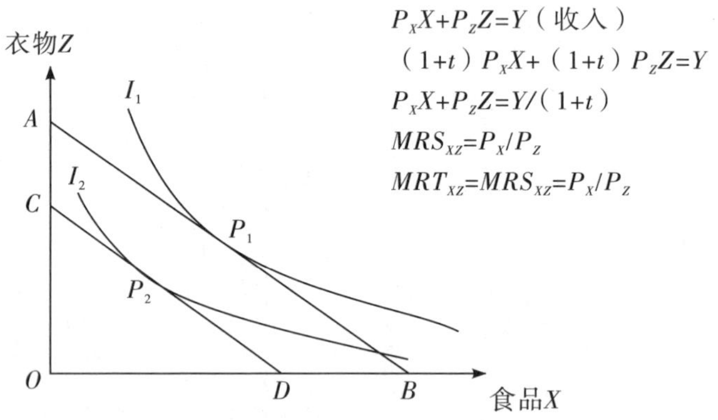

图 7－2　税收的收入效应不会破坏效率条件

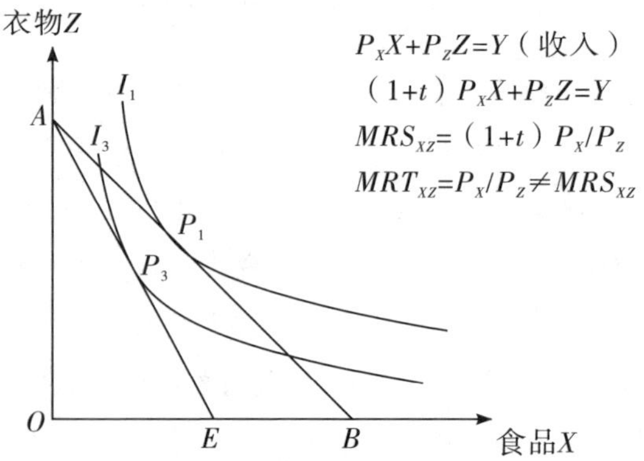

图 7－3　税收的替代效应

二是税收效率损失的衡量，使用的是无差异曲线分析法（剔除收入效应影响）。假设两种商品：大麦和玉米，收入固定，P_b和P_c是商品的价格，没有造成市场失灵的因素，例如，外部性、不完全竞争、公共产品等。图 7－4 中 *AD* 是预算约束，*i* 为征税前的无差异曲线，点 E_1是效用最大化点。假定政府按一定比例对大麦征税，税率为 t_b，这样价格就变成了 $(1+t_b)P_b$，预算约束线旋转。新的预算约束线是 *AF*，新的无差异曲线为 *ii*（如图 7－5 所示）。

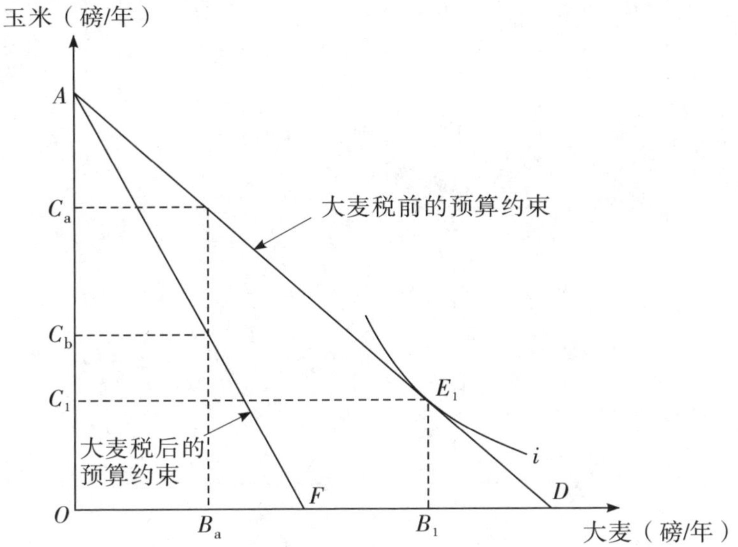

图 7－4　征税前后的大麦预算约束

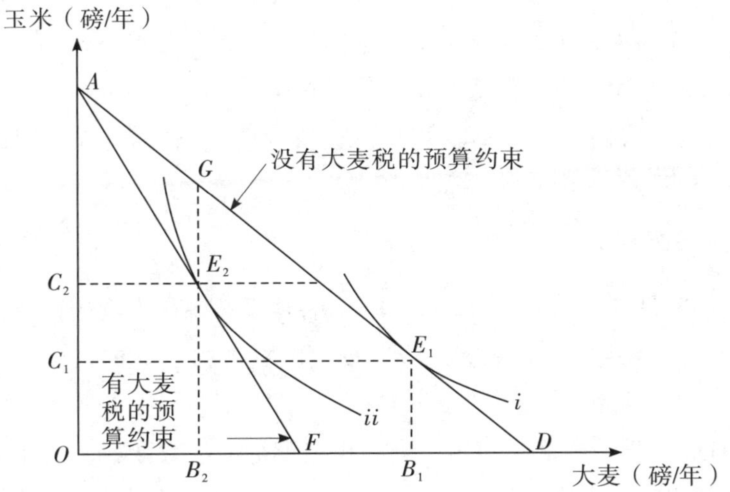

图 7－5　征收大麦税后的最优选择

问题是，大麦税使消费者损失的效用是否超过政府筹措税收收入 GE_2 所必需的效用损失？换句话说，在个人效用损失不变的条件下，只有收入效应下的可征税额和替代效应下的可征税额，这两者是否存在差别？如果有，两者之差即为效率损失。将预算线平行向内移，把 AD 向内移，直到它与无差异曲线 ii 相切为止，找到新的预算线 HI。从图 7－6 可以看出，$ME_3 = GN > GE_2$，因此，E_2N 表示大麦税的超额负担。它意味着，大麦税使消费者福利损失超过所征的税收的数量。

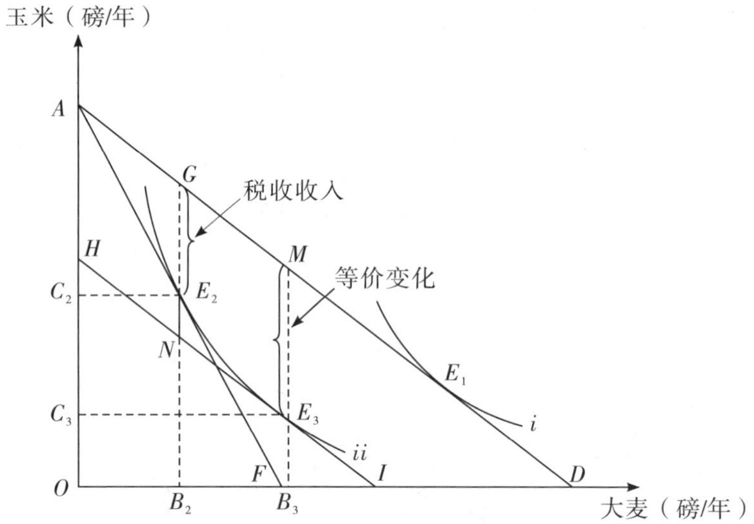

图 7－6　大麦税的超额负担

因此，可以看出只有收入效应的税收没有效率损失，只要存在替代效应就会有效率损失。而损失大小取决于以下几个因素：①超额负担与课税对象弹性成正比；②超额负担与税率平方值成正比；③花在课税商品上的最初支出越大，超额负担越大。也就是说，如果个人不购买商品、不挣钱也能实现效用最大化，那么，无论税率多高都不会有效率损失。

7.2.2　税收制度

税收制度就是一个课税主权之下，由税种体系、各种税收法律及征纳管理办法构成的聚合体。历史上，禹为治水“任土作贡”，按土地的贫瘠程度规定贡的种类和缴纳方式；周朝“关市之赋”对商旅课征，“山泽之赋”对矿、林、漆等土特产品课征，“币余之赋”对出售剩余物品等杂项收入课征。这些正是工商税的雏形，它们都由专设的机关分别负责征收。税收制度以其人为属性使得税收的来源更加稳定，加强了税收的法制化、制度化、规范化和长期化。

税收制度的组成也称税收制度的结构类型，主要分为单一税制和复合税制。单一税制是指由一个税类或几个税种构成的税收体系。如果是由几个少数税种构成的，那么这几个少数税种在性质上也比较接近。复合税制是指由多个税种构成的税收体系。这些税类税种相互配合，相辅相成，相互并存，共同发挥作用。复合税制也称复税制，被大多数国家采用。

税制结构，指一国各税种的总体安排。不同税的相对重要性差异很大，会形成不同的税制模式（取决于哪类税作为主体税种）。税制模式决定着税制系统的总体功能。在奴隶社会和封建社会，商品经济不发达，统治者采取直接对土地和人丁课征的直接税。包括从田税，根据土地数量征收；从丁税，根据人口数量征收；从户税，由于土地调查较难，人丁容易流动，因此从户而征。随着商品货币经济的发展，古老的直接税逐渐被取消或者降到次要的地位，对商品课征的间接税逐渐上升到主要位置。间接税是对商品课征，税款包含在商品的销售价格中，并非由商品生产者负担，而是由购买商品的消费者负担。但间接税容易重复课税，阻碍资本主义的发展。到18世纪末，英国对拿破仑战争中，由于战争需要，当时的英国首相小威廉·皮特首次开征所得税。所得税对所有社会成员都征收。现在所得税已成为发达国家的主体税种。

税制构成主要包含以下要素：①纳税人。纳税人又称为纳税主体，是指税法规定的负有纳税义务的单位和个人，纳税人可以是自然人，也可以是法人、扣缴义务人和税务代理人。②课税对象。课税对象又称税收客体，是指税法规定的征税的目的物。税目是课税对象内容上的具体化，税基是课税对象数量上的具体化。③税率。定额税率是对征税对象的数量规定，每单位征收一定的数额。比例税率是指对同一课税对象，无论数额大小，采用相同的比例征税，一般适用于对商品和劳务课税。累进税率是指将课税对象按数额大小划分若干等级，对不同等级规定高低不同的税率，适用于对所得和财产课税。根据累进方式不同，累进税率又分为全额累进税率和超额累进税率。此外，为了理论研究的需要，还有累退税率、平均税率、边际税率。在税收理论上，常把以流转额为计税依据的各种商品服务税看成累退税。

税收的分类：①以课税对象为标准分为流转税、所得税、财产税、行为税、资源税五大类。②以税收的计算依据为标准分为从量税和从价税。从量税是指以课税对象的数量（重量、面积、件数）为依据，规定固定税额计征的税种。从价税是指以课税对象的价格为依据，按一定比例计征的税种。③以税收与价格的关系为标准分为价内税和价外税。价内税是指税款在应税商品价格内，作为商品价格的一个组成部分的税种。价外税是指税款不在商品价格之内，不作为商品价格的一个组成部分的税种。④以税收负担能否转嫁为标准分为直接税和间接税。直接税是指纳税人本身承担税负，不发生税负转嫁关系的税种。间接税是指纳税人本身不是负税人，可将税负转嫁于他人的税种。⑤以税收的管理权限为标准分为中央税、地方税和中央与地方共享税。中央税是指由中央政府征收和管理使用或由地方政府征收后全部划进中央政府所有并支配使用的税种。地方税是指由地方政府征收和管理使用的税种。中央与地方共享税是指税收的管理权和使用权属中央政府和地方政府共同拥有的税种。

税收的经济效应主要包含以下三个方面：①收入效应，在一定的税率下，由于税收必然拿走人们的一部分收入，人们为了维持以前的收入水平必将以更多的工作来代替闲暇，这就是所谓的税收的收入效应；②金融效应，税收制度可能会导致金融组织形式和交易结构发生变化，这被称为税收的金融效应；③替代效应，由于税收实际上作为一种政府储蓄与私人储蓄具有一定的替代性，当个人所得税增加时，就可能减少储蓄，刺激消费；当企业所得税增加时，就可能产生替代效应，减少投资。反之，则会增加私人储蓄和企业储蓄。

税收管理体制是我国财政管理体制的重要组成部分，它必然要受经济和财政管理体制的影响和制约。我国的财政是分级的，分为中央、省（自治区、直辖市）、市、县与乡五级，与之相适应，税收管理体制的建立必然要与其他管理体制协调配合，体现“集中税权、统一税政、适当分权”的精神，遵循“政权与事权相统一、征管与收入归属相统一”[①] 的原则。

7.3 非税收入[②]

7.3.1 非税收入概述

非税收入是政府参与国民收入初次分配和再分配的一种形式，属于财政资金范畴。从广义上看，非税收入是指政府通过合法程序获得的除税收以外的一切收入，通常不包括公共债务收入和社会保障缴款。公债的发行严格而言不属于政府收入范畴，因为无论是内债还是外债，都是以还本付息和自愿为前提的；而社会保障收入由于其特殊的收支特点和相对独立的运行管理方式，往往通过编制专门的社会保障预算来管理，独立于经常性预算，通常也不划入（经常性）非税收入的范畴。此外，政府间转移收入在我国尽管也划归在本级政府的一般预算收入之列，但从整个政府体系来讲，并不是额外取得的收入，而且大部分转移支付的

① 陈拂闻，丁晓燕. 税务管理［M］. 北京：清华大学出版社，2005.

② 贾康，刘军民. 非税收入规范化管理研究［J］. 税务研究，2005（4）：24－31.

来源为税收，因此，政府间转移收入通常也不作为非税收入来考虑。具体来看，非税收入主要包括以下五项内容：①行政事业性收费，主要包括规费和使用费；②政府性基金；③罚款和罚没收入；④公共资产资源收入；⑤其他非税收入。

根据以上非税收入的主要内容，按其不同性质又可以将非税收入分为五大类：负外部效应矫正性、成本补偿性、资产资源性、行政司法管理（管辖权）性非税收入以及其他非税收入。当然，这种分类并不算十分严格，会存在一定程度的交叉，例如某些行政事业性收费可能具有成本补偿性，同时也是政府行使某种行政司法管理权而取得的收入，大多数规费就典型地属于这种性质。而特许权收入，既可以认为是政府的无形资产收入，划为资产资源性收入，又可列为行政管理性收入，因为从某种意义上讲，正是因为政府首先具有了公共管理职能（行政管辖权），才使其代表公众获取某种（公共）资产资源的收益成为可能。

国际上通常将政府收入分为经常性收入、资本收入和赠予收入三大类，其中，经常性收入又分为税收收入和非税收入。因此，国外非税收入通常是政府经常性收入之中的一个概念。这与我国将赠予收入和财产变现收入等归为非税收入的范畴有所不同。世界银行认为，经常性非税收入是政府为公共目的而取得的无须偿还的收入，如罚款、管理费、政府财产经营收入等，以及政府以外的单位自愿和无偿地向政府支付的款项等。经常性非税收入不包括政府间拨款、借款、前期贷款收回以及固定资产、股票、土地、无形资产的售卖变现收入，也不包括来自非政府部门的以资本形成为目的的赠予收入。

经济合作与发展组织（OECD，以下简称经合组织）界定税收收入和非税收入以征收是否具有对应的报偿性作为标准，但是在实践中，税与费的差别并不容易辨清，其原因在于如何界定所谓的报偿性。根据经合组织对税收分类所作的界定，在满足以下条件时，征收可以被视为是无偿的：①费大大超过了该项公共服务的提供成本；②费的缴纳者并非利益的获得者；③政府并不根据取得的征收额来提供相应的具体服务；④尽管只有付费的人受益，但每个人所得到的利益并不必然同自己所支付的金额成比例。如果一种收入形式满足以上条件之一，那么这种收入从性质上来看就应该是税，而不是费。

国际货币基金组织的政府财政统计体系是目前世界上运用最为广泛的政府收入统计体系，它涵盖149个国家，将政府收入按照相同的口径进行统计和比较。在国际货币基金组织的政府财政统计分类里，政府收入被划分为经常性收入、资本收入和赠予收入三大类。其中，经常性收入包括税收收入和非税收入。但无论政府以哪种形式取得收入，都纳入预算管理，即政府收入也就是指财政收入。国际货币基金组织关于非税收入的定义与世界银行的定义基本一致，即非税收入是指政府在税收之外取得的收入，它包括因公共目的而获得的不需要归还的补偿性收入以及非政府单位自愿和无偿向政府支付的款项，具体包括经营和资产收益、罚款收入、收费等。

7.3.2 非税收入的统计口径

预算内的非税收入。从政府收支决算表看，预算内的非税收入主要包括：教育费附加收入、排污费和城市水资源费收入、矿产资源补偿费收入、专项收入和其他收入。从1996年起，国家已将养路费、车辆购置附加费、铁路建设基金、电力建设基金、三峡工程建设基金、新菜地开发基金、公路建设基金、民航基础设施建设基金、农村教育事业附加费、邮电附加费、港口建设费、市话初装基金、民航机场管理建设费13项数额较大的政府性基金和收费纳入了财政预算管理。从发展趋势来看，随着政府收入机制的规范化、预算管理的强化和非税收入改革的推进，预算内非税收入的数量将会由于预算外资金的转入而大幅度增加。

预算外的非税收入。财政预算外的非税收入主要包括：①由国务院或财政部、原国家计委批准设立的没有纳入预算内的行政事业性收费和基金；②由省级人民政府或省级财政、计划（物价）部门批准设立的没有纳入预算管理的行政事业性收费和基金；③由主管部门集中的没有纳入预算管理的资金（如金融监管部门收取的证券、保险行业的监管费）；④以政府名义接受的捐赠收入；⑤国有资产、公共资源等的租金性收入。在1993年之前，预算外的非税收入包括三部分：地方政府预算外资金、行政事业单位预算外资金和国有企业及其主管部门预算外资金。1993年对预算外资金的范围作了重大调整，国有企业税后留利和专项基金不再纳入预算外资金。这一改革符合体制改革和公共财政发展趋势，也使得预算外资金规模曾一度缩小。但自此之后，“乱收费，乱摊派，乱罚款”的现象有增无减，预算外资金增速甚快，1996年便达到甚至超过1992年的水平，而且由于缺乏制度制约，资金使用效率低下，造成社会分配不公和浪费、腐败等问题。1997年将13项基金和附加费纳入预算内管理，减缓了预算外资金绝对规模的增长，但1998年又显著上升，其绝对规模从1997年的2826亿元增加到3082亿元。总体而言，预算外的非税收入增长速度，除调整统计口径的年度外，基本上都快于同期预算内收入增长速度。

制度外收入。对于既未纳入预算内又未纳入预算外的政府收费和集资，即制度外的待清理的非税收入，是指没有严格按照法定程序（如《中华人民共和国立法法》的要求）经得政府或有关部门的正式批准，而由政府及其所属机构凭借行政权力或垄断地位取得的收入。国内有学者把制度外收入概括为以下五个方面：制度外基金、制度外收费、制度外集资摊派、制度外罚没和“小金库”。[①]从性质上分析，这部分收入不属于政府合法非税收入的范畴，一经发现，应该坚决予以取缔。它较大部分隐蔽地集中在地方政府各部门手中，尤其是集中在县、乡两级政府的手中。根据有关乡镇财政调查材料进行估算，我国中部地区乡镇政府的自筹资金（通过收费或集资）占其政府财力的 1/3 以上。

可见，长期以来，我国非税收入“小头”在预算内，“大头”在预算外甚至制度外。非税收入改革和规范化管理的任务艰巨。

7.3.3　非税收入的地位与作用

界定税、费、价的区别十分重要。税是政府为提供公共服务，凭借国家政治权力向法人或居民强制、固定、无偿取得财政收入的一种财政分配形式；而费是政府为提供个别的、特定的服务而对指定对象收取的费用，一般是服务对象自愿要求服务而引发的付费。这种服务的特点是必须依据政府的权力才能实现，并且是政府进行社会管理的需要。市场价格则是提供经营性服务的收费，不属于政府进行社会管理的需要。

因此，从总体上看，提供公共服务所需的财力，应通过税收和行政事业性收费筹集；而经营性服务所需的财力，应通过市场以价格的形式取得补偿。应明确非税收入的主体是政府，非税收入的收取属于政府行为，非税收入的目的是实现政府的社会经济管理职能，非税收入的本质属于财政性资金。但非税收入与税收有明显的区别，如收取的依据不同、服务的范围和对象不同、收入形成的过程不同、分配的方式不同以及使用的方向不同等。

当然，非税收入作为政府收入分配体系的组成部分，并不是税收的直接对立物，而是互为补充的，它们都是以政府为主体的再分配形式。现实生活中，非税收入是我国财政收入的有机组成部分，是税收收入不可缺少的补充，在地方财政中占有举足轻重的地位。非税收入同时又是政府具有很大潜力的财源之一，直接影响财源结构和财政收支结构。此外，非税收入也可以成为发展社会公益事业，加强宏观调控的重要手段。如掌握合理，非税收入可以发挥以下作用：优化资源配置和价值补偿；发展社会公共事业和提高公益服务水平；调节各经济利益主体行为；弥补税收的不足；减少收入流失和增强财政实力。

---

① 卢洪友. 非税财政收入研究［J］. 经济研究，1996（6）：57－63.

7.4 公债

7.4.1 公债概述

公债是国家以债务人的身份，凭借国家信用，按照一定的法律程序和规定，通过向企业或者个人有偿借债而形成的一部分收入。公债的产生需要一定的政治经济条件：国家的存在是公债产生的政治条件，财政支出的需要是公债产生的直接原因，借贷资本（闲散资金）的存在是公债产生的物质基础，信用关系的存在是公债产生的物质前提。公债具有资金的有偿性、购买的自愿性、发行的灵活性三个特征。公债的政策功能主要是弥补财政赤字，同时公债作为货币政策的重要工具，还可以通过公开市场操作，调节货币供给量，进而调节资金供求与经济运行。

公债根据不同的标准可以划分为不同的种类：

（1）以发行地域（国界）为标准，可分为内债与外债。在国内发行的公债为内债，包括国库券、财政债券、重点建设债券、特种国债、专项国债和保值公债等。在国外发行的公债为外债，包括在国外金融市场发行的外国债券和欧洲货币债券，还包括向外国政府借款、国际金融组织借款、国外商业银行借款、国外私人企业借款等。目前国际货币基金组织和大多数国家均以债权人是否为居民作为区分内债和外债的根本依据（居民≠公民）。

（2）以公债的流动性为标准，可划分为可转让公债与不可转让公债。可转让公债按偿还期长短依次为：国库券、中期债券、长期债券和预付税款券；不可转让公债按发行对象可分为两类：对居民发行的储蓄债券和对特定金融机构发行的专用债券。各国政府大量发行的债券大多是可转让公债。

（3）以偿还期限为标准，可划分为短期、中期、长期公债。偿还期 1 年内的为短期公债，主要用于调节资金余缺；偿还期 1 ～ 10 年的为中期公债，主要用于政府筹集建设资金或弥补财政赤字；偿还期超过 10 年的为长期公债，用于长期建设项目及转换偿还债务。

（4）以发行主体为标准，可分为以中央政府为主体的国债和以地方政府为主体的公债。在各国公债中，国债一般占绝对比重。

（5）以发行的凭证为标准，可分为凭证式公债和记账式公债。凭证式公债是指政府采取不印刷实物券，而用填制“国库券收款凭证”的方式发行的公债。记账式公债是利用账户通过电脑系统完成公债的发行、兑付的全过程，也称为“无纸化国债”。

公债的经济效应包含了公债的需求效应与公债的挤出效应。公债的需求效应，即公债的总需求在原有需求的基础上有所增加。中央银行购买公债，相当于实现了公债的货币化，导致银行准备金增加，从而增加基础货币的供给，进而对总需求产生扩张作用。公债的挤出效应是指在货币供应量不变的条件下，政府发行的国债同需要借款投资的私人企业争夺借贷资金，导致市场利率上升，挤掉一部分私人投资。

7.4.2　公债的发行、流通、运用和偿还

公债的发行是一个销售和认购过程，其主要内容是确定公债的发行方式和发行条件，它涉及对国民经济形式的科学判断，需要充分考虑财政、金融等宏观政策的协调。许多财政学家对公债的发行原则进行过有益的探索，现代市场经济条件下，提倡以下三个原则：景气发行（根据社会经济发展状况确定公债模式）、稳定市场秩序、节约便利。

公债发行条件的确定：①公债规模，根据财政需求、预期偿债能力和社会应债能力确定。②发行利率，公债利率系政府举债所应支付利息额与借入本金额之比。它取决于同期央行基准利率及同期金融债券的平均利率、政府信用等级、社会资金供求状况及通货状况。③公债期限，它取决于筹资性质、市场利率预期、偿债规划、应债主体的偏好和金融市场的发达程度。④公债价格，公债是货币暂时转让使用权的凭证，它的价格是货币及应付的机会成本，具体表现为政府债券的出售价格。公债价格一般等于货币票面价值，但在附加的特殊条件下，也可以低于或高于票面价值，这就形成了平价发行、折价发行和溢价发行。

公债发行曾经先后经历：公募与私募，直接发行与间接发行，竞价发行与定价发行，自愿认购与强制摊派等方式。随着市场经济的成熟，各国逐步建立起一套公平、公正的发行方式：

（1）公募招标方式。美国、加拿大等大多数发达国家盛行这种方式。公募招标方式是通过招标人直接竞价来确定价格（或利率），发行人将投标人的报价自高价向低价排列，或自低利率向高利率排列，发行人从高价（或低利率）选起，直到达到需要发行的数额为止。公募招标方式主要有两种，一是荷式招标法，其特点是按照报价的高低决定成功的投标人，而按照加权平均价格确定承销公债的价格并统一销售；二是美式招标法，其特点是中标者根据各自不同的投标价格购买公债。另外还有不太普及的法式、日式招标法。公募招标的价格与利率基本由市场供求来决定，因此得到广泛的认可。

（2）承购包销方式。承购包销方式即由发行人和辛迪加集团签订承购包销

合同，双方通过协商确定合同中的有关条件，由大证券公司和银行组成的辛迪加集团承购包销公债，并由其负责在市场上转销，未售出的余额均由承售者自行认购。承购包销方式包括委托代销和直接发行两种。委托代销，指财政部门通过委托金融机构、邮政储蓄等部门销售公债；直接发行，指财政部门面向社会直接销售公债（公开零售、向特定投资者定向私募）。

政府筹集公债的目的就在于再分配与再调节，从预算上有两种分配方式，一种是纳入一般预算统筹分配，再一种是单独编制预算（债务预算）。公债的使用有两种方式，一是筹债主体直接使用，二是转贷。转贷主要投向基础设施等行业，专款专用。偿还公债本金的方式主要有分期逐步偿还、到期一次偿还、市场购销偿还、以新替旧偿还和抽签轮次偿还等。公债付息方式大体有两类，一是按期分次支付利息，二是到期本息一起偿还。

公债市场是公债交易的场所或系统，它已经成为证券市场的有机组成部分之一。政府可以通过公债的发行、交易、收购实现对证券市场乃至整个资本市场的调节。目前，主要发达国家的公债大多是通过公债市场发行和偿还的。公债市场由发行市场和流通市场构成。公债发行市场，俗称为公债一级市场，政府在这里发行新国债，确定基本发行方式、发行对象和发行价格。公债流通市场，又称为二级市场，是对已发行的公债进行上市交易和转让的市场，美国纽约证券交易所、东京证券交易所都有大量的公债在交易，中国沪深证券交易所在1996—2004年间有40余种国债上市交易。

公债的交易方式主要有以下四种：①公债现货交易，是指买卖双方在谈妥一笔交易后，马上办理交割手续的交易方式，其特点是成交和交割同时进行，实物交易，交割时购买者必须支付现金。现货交易属于投资行为。②公债回购交易，是指债券持有人在卖出一笔债券的同时与买方签订协议，承诺于未来某一时间以事先约定的价格再将该笔债券购回的交易方式。其特点是债券交易与融资交易的结合，即期交易和远期交易的结合，回购期限短、回购利率反映着市场利率。③公债期货交易，是指在公债成交之后，约定在一定时期后办理结算手续的交易方式（交易对象是期货合约，它规定着期货的数量、价格、结算日期）。其主要特点是采用对冲方式进行结算，交易兑现是期货合约，实行保证金制度，具有杠杆作用。④公债期权交易，是指投资双方为减少投资风险，以在约定时间、按约定价格买卖一定数量公债的权利作为交易对象的交易方式。相比而言，其主要特点是需要缴纳一定额度的期权费，具有较强的风险管理功能。

7.4.3 公债的风险及防范

公债是一种有偿的财政收入形式，需要还本付息，有一定的风险。公债的发行应该考虑国民经济的承受力和财政收支状况，控制公债的规模（历年累积债务总规模；当年发行的公债总额；当年到期需要还本付息的债务总额）及增长速度。各国常采用三个临界指标：

（1）公债负担率（最重要）。历年发行、尚未偿还的公债余额占当年 GDP 的比例。它反映政府举债对国民经济的影响程度。欧洲《马斯特里赫特条约》规定：赤字占当年 GDP 比重（赤字标准）不超过 3%；政府债务总额占 GDP 的比重（债务标准）不超过 60%。

1992 年 2 月 17 日，欧洲共同体十二个国家的外交部长和财政部长在荷兰的马斯特里赫特签署了《马斯特里赫特条约》，这个条约至今仍是欧洲一体化进程中最重要的里程碑，该条约涉及政治、经济、军事、司法、公民福利等多方面内容，有关欧洲货币联盟的规定是其中的核心，也是争议最大的部分。条约规定，欧共体（之后改称欧洲联盟）各国应当分三个阶段完成统一货币的工作，其中第一个阶段是强化当时已经存在的“欧洲汇率机制”，实现资本的自由流通；第二个阶段是建立“欧洲货币机构”，负责协调欧共体各国的货币政策；第三个阶段是建立统一的欧洲货币（欧元），并把“欧洲货币机构”升格为“欧洲中央银行”，为欧盟各国制定统一的货币政策。欧共体仅在专属于自己的领域内，在“成员国无法令人满意地实现考虑采取的行动的目标”时进行干预。

（2）债务依存度。当年公债发行总额占当年财政支出总额的比例。它反映政府支出对公债的依赖程度。国际警戒线为：国家财政的债务依存度为 15% ～ 20%；中央财政债务依存度为 25% ～ 30%。

（3）偿债率。当年公债还本付息额与当年财政收入的比率。它反映以往年度发行的公债对当期财政造成的影响，国际安全线在 10% 左右。

本章小结

公共财政收入也称公共收入，即政府为履行其职能而筹措的一切资金的总和，是公共经济主体所获得的用于满足公共财政支出需要的收入，其主要包括税收、公共收费、公共企业收入、公共租金和纸币发行收入。

税收是政府为了满足其日常开支和社会公共福利的需要，遵照一定的法律程序，凭借其政治权力，强制、固定、无偿取得财政收入的一种财政分配形式。它体现了国家和纳税人之间特定的分配关系，是公共收入的一种基本形式。税收制度则是一个课税主权之下，由税种体系、各种税收法律及征纳管理办法构成的聚合体。税收制度的组成又称税收制度的结构类型，主要有单一税制和复合税制。

非税收入是政府参与国民收入初次分配和再分配的一种形式，属于财政资金范畴。具体来看，非税收入主要包括以下五项内容：行政事业性收费、政府性基金、罚款和罚没收入、公共资产资源收入、其他非税收入。从政府收支决算表看，预算内的非税收入主要包括：教育费附加收入、排污费和城市水资源费收入、矿产资源补偿费收入、专项收入和其他收入。

公债是国家以债务人的身份，凭借国家信用，按照一定的法律程序和规定，通过向企业或者个人有偿借债而形成的一部分收入，且根据不同的标准可以划分为不同的种类，其经济效应包含了公债的需求效应与公债的挤出效应。公债是一种有偿的财政收入形式，需要还本付息，有一定的风险。公债的发行应该考虑国民经济的承受力和财政收支状况，控制公债的规模（历年累积债务总规模；当年发行的公债总额；当年到期需要还本付息的债务总额）及其增长速度。

复习思考题

1. 什么是公共财政收入？公共财政收入具体包含了哪些内容？
2. 税收的原则有哪些？
3. 什么是非税收入？非税收入主要包含了哪些内容？
4. 公债的发行需要经历怎样的过程？

推荐阅读资料

1. 解学智，刘尚希．公共收入［M］．北京：中国财政经济出版社，2000.

2. 赫伯．公共收入论［M］．殷文俊，金世朋，译．台北：台湾“财政部”财税人员训练所，1975.

网上资源

1. 中华人民共和国国家统计局．http://www.stats.gov.cn.
2. 美国财政部．https://home.treasury.gov.

第 8 章　财政预算与财政管理体制

CHAPTER 8

学习目标

1. 掌握基本的预算原则和预算分类，了解我国的预算编制。
2. 了解预算管理的内容及基本流程。
3. 了解不同的财政管理体制。
4. 掌握我国分税制的形成发展。

引例

二〇二二年中央部门预算出炉——支出下降，中央部门带头过紧日子

近日，2022 年中央部门预算出炉，财政部、自然资源部等 102 个中央部门（单位）晒出“明白账”。各部门的“账本”有哪些新变化？中央部门“带头过紧日子”如何体现在部门预算中？

2022 年中央部门公开的部门预算包括部门收支总表、部门收入总表、部门支出总表、财政拨款收支总表、一般公共预算支出表、一般公共预算基本支出表、政府性基金预算支出表、国有资本经营预算支出表、财政拨款预算“三公”经费支出表共计 9 张报表，全面、真实反映部门收支总体情况和财政拨款收支情况。财政部有关负责人介绍，各部门在公开上述预算报表的同时，还对预算收支增减变化、机关运行经费安排、“三公”经费、政府采购、国有资产占用、预算绩效管理、提交全国人大审议的项目等情况予以说明，并对专业性较强的名词进行解释。为使公众找得到、看得懂、能监督，各部门预算除在本部门网站公开外，还需在财政部门户网站设立的“中央预决算公开平台”集中展示。

2022 年财政预算报告要求，中央部门带头过紧日子，重点保障刚性支出、急需支出，从严控制一般性支出，强化“三公”经费预算管理，努力降低行政运行成本。此次中央部门在公开预算时，继续公开贯彻落实过紧日子、要求压减支出等情况。数据显示，102 个中央部门全部说明了贯彻落实过紧日子、压减支出等情况。比如，中国国家金融监督管理总局一般公共服务支出压减 500 万元，减幅达 33.3%。根据 2022 年财政预算报告，2022 年，扣除中央国防武警支出、国债发行付息支出、储备支出后，中央部门支出下降 2.1%。在连续多年严控中央部门支出基础上，继续压减非刚性非重点项目支出，同时，全力保障部门履职需要，教育、科技不纳入压减范围。

在“三公”经费方面，2022 年安排中央本级“三公”经费财政拨款预算 53 亿元，比 2021 年同口径减少 0.59 亿元，下降 1.1%。其中，因公出国（境）费 6.64 亿元，减少 0.11 亿元；公务用车购置及运行费 43.61 亿元（包括购置费 8.26 亿元、运行费 35.35 亿元），减少 0.4 亿元；公务接待费 2.75 亿元，减少 0.08 亿元。

今年，中央部门在公开预算时，继续对提交全国人大审议的项目等情况进行说明。公开的项目内容包含项目概述、立项依据、实施主体、实施方案、实施周

期、年度预算安排、绩效目标等。“推进项目支出预算公开，有利于督促各部门改进预算编制、优化支出结构、提高资金使用效益。”财政部有关负责人说。

在预算绩效管理方面，项目支出绩效目标的公开数量大幅增加。今年组织中央部门公开预算时，大幅增加了一般公共预算、政府性基金预算和国有资本经营预算项目支出绩效目标公开数量。对于提交全国人大审议项目的中央部门，还需同步公开提交审议项目的文本。在 102 个中央部门中，有 82 个部门公开了 131 个项目的项目文本，比上年增加 27 个项目；有 100 个部门公开了 727 个项目的绩效目标，比上年增加 599 个项目。

［案例来源：汪文正. 二〇二二年中央部门预算出炉——支出下降，中央部门带头过紧日子［N/OL］. 人民日报（海外版），2022－03－31. http://paper.people.com.cn/rmrbhwb/html/2022－03/31/content_25910310.htm］

引言

在公共经济中，狭义的公共预算就是政府预算，也称政府公共预算，是指中央政府和各级地方政府在一个财政年度内对公共财政收入和支出的计划。从事前来讲，公共预算反映政府提供公共产品活动的预定范围和方向，同时反映政府和宏观经济政策倾向；从事后来讲，公共预算表明政府履行其职能的情况，也在一定程度上表现出政府活动对经济生产的影响范围和力度。可以说，政府预算是一个关于政府财政收支的计划性的立法文件。

8.1 预算原则与预算编制

8.1.1 预算原则①

预算是为适应财政的管理、监督而产生的，目前已经成为各国政府规范财政行为的基本制度。在资本主义早期，受民主与法制思潮影响，政府预算更改后强调计划性、公开性，这便是预算编制的原则。目前其具体包括以下四个原则：全面性原则、一致性原则、年度性原则和严格性原则。

1. 全面性原则

全面性原则强调所有政府收支必须纳入预算，进入预算程序，受预算机制的

① 马骏. 公共预算原则：挑战与重构［J］. 经济学家，2003（3）：73－81.

约束。在以下两种情况下运用此原则将面临一些困难：总值概念的预算和净值概念的预算。全面性原则对于总值概念的强调使得有时运用这一原则比较困难，因为许多政府活动的财政独立性（如政府企业）使得公共预算很难“全面地”计算收入与支出并将其纳入政府预算。某些财政交易很难确定地定义为收入或支出，或者某些项目很难准确地用货币来衡量，例如卖出或转移政府资产、贷款、实物支付、为其他人支付等情形。与此原则相联系的是预算的排他性原则。该原则关注哪些收支不能纳入预算；换言之，预算必须完全集中在财政事务上。

2. 一致性原则

一致性原则强调所有的政府收入和支出应该被同等对待，同时，预算的各部分应该恰当地联系起来。此原则关注的是，对于所有的收支来说，是用一种预算方法还是用多种预算方法来处理。多种预算方法的存在意味着某些收支是用一种预算方法来处理而另一些收支则是用另一种方法来处理，这就违反了一致性原则所要求的同等对待。因此，一致性原则经常挑起关于特殊预算的讨论，如额外预算、紧急预算等。德国学者瓦格纳还认为“一般性基金”应是预算一致性必不可少的条件。这意味着专用基金将对一致性原则构成一定的挑战。在此，我们认为，弗里茨·纽玛克所说的“收入的非专用性原则”实际上可以视为达成预算一致性原则的途径之一。收入的非专用性原则强调应该从“一般性收入”来为各种支出提供资金，而不能将某项收入变成某项支出的专项收入。对于那些在财政管理上追求秩序和健康财政的理论家和实践者来说，一致性原则是至高无上的原则。

3. 年度性原则

年度性原则意味着预算每年都必须重新做一次并只能覆盖某一个特定的时期。在过去将近一个世纪的时间里，这个原则变得越来越不受欢迎。年度性原则无疑增加了预算官员的决策成本。此外，公共预算理论无法很好地回答为什么要采取一年作为基本的预算单位。其实，年度概念是一个很容易误导人的概念。年度性原则的基本精神是预算的非连续性。只要预算是非连续性的，一年做一次或两年做一次预算在本质上都达到了非连续的目的。与此相联系的是事前批准原则，即在进行支出前，必须确保所有的支出（有时也包括收入）通过投票并获得批准。显然，与年度性原则一样，事前批准原则也要确保没有任何政府支出是连续性的。

4. 严格性原则

严格性原则强调预算一经做出后就必须严格执行，并能有效地约束各个政府部门的行动。该原则又包括定性和定量两个层面的内容。在定性层面上，该原则规定预算拨款只能用于预先规定在预算中的目的，从某一个项目（或部门）将拨款转移到另一个项目（或部门）的做法常常被禁止。在定量层面上，该原则规定只有当政府决定在预算中提供某笔资金后才允许进行支出。

8.1.2 预算分类①

按照预算编制依据，预算可分为增量预算和零基预算。

增量预算指的是公共收支计划指标是在以前预算年度的基础上，按新的预算年度的经济和社会发展情况加以调整之后确定的。增量预算简便快捷，易于操作，但是追加支出随意性强，不利于控制支出的增长，容易形成政府支出的刚性增长。

零基预算指的是公共收支计划指标的确定，只以新的预算年度的经济社会发展情况为依据，而不考虑以前的公共收支状况。这就意味着在这种预算模式下，所有的支出决策都是在不接受和不认可任何预算基数的前提下做出的，预算决策包括所有的预算要求（无论是原有的还是新的预算要求），而不仅仅是预算增量，正因为如此，这种预算模式被称为零基预算。零基预算主要包括以下五个步骤：

（1）识别和定义基本的"决策单位"，确定决策单位的目标与任务。决策单位是预算的基础，它可以是一个支出项目、一个机构的次级单位，或者某个准备了单独预算的机构的计划。零基预算要求将组织分解为若干个决策单位。

（2）对决策单位进行分析，并为各个决策单位建立支出项目的"决策包"。对于决策单位的分析主要包括重新审查决策单位的目的、活动和运行。这个过程一般涉及这样一些问题：如果将这个决策单位完全取消，会出现什么样的后果？如何以成本效率最高的方式来实现决策单位的目的？如何才能提高决策单位运行的效率？在此基础上，决策单位的管理者将决策单位的活动分解成一系列的决策包，对其活动及目标进行描述，并分析达成这些目标的不同方式和实现目标的不同水平的活动。可以说，一个决策包就是一项简单的预算，它包括短期目标和重大目标（明确表达，尽量但不是必须将目标量化）、资源需求（该预算年度和未来四年的资源需求）、资金水平和预算增量、绩效测量（每个决策描述特定水平的资金、人员的产出和结果）。具体地说，决策单位的管理者可以在四种不同资助水平的基础上准备决策包：最低水平，即在该水平之下项目或活动就可以终止；维持水平，即在没有大的政策变动的情况下继续供给现有的服务；中间水

① 马骏，叶娟丽. 零基预算：理论和实践［J］. 中国人民大学学报，2004（2）：122－129.

平，即介于最低水平和维持水平之间的资助水平；扩充水平，即要求增加资金来扩大产出和服务。

（3）对决策包进行排序，即决策单位的管理者根据优先程度对决策包进行排序，第一个决策包有哪些最值得优先安排的活动，第二个决策包有哪些次级优先的活动，等等。

（4）将排序进行合并。决策单位的管理者对决策包排序之后，还有部门管理者、预算机构和政府行政首脑也要对决策包进行逐级排序。其中在最高一层，行政首脑在预算机构的帮助下将各个部门的排序合并成为政府的总体排序。

（5）按优先顺序配置资金。当所有的项目都按优先顺序排列之后，决策者就开始给排列在最优先位置的项目分配资金，直到当年可供分配的资金分配完为止。

概括地说，零基预算主要有以下特点：①零基预算一旦严格地实施，将会彻底消灭传统的渐进预算；②零基预算不像项目预算那样强调结果，并且在大范围内都不采用计划—项目预算所强调的成本—收益分析方法，因此它不是计划—项目预算的继续；③与计划—项目预算相比较，零基预算是一种能够适应任何一种组织结构的预算模式，而计划—项目预算则常常与某些组织结构不相适应，因为它要求按照项目来对现有的组织进行重组；④零基预算虽然并不排斥工作量的测量，但它不像绩效预算那样重视工作量的测量和预算执行的结果。

按公共预算编制范围和预算技术组织形式，可分为单式预算和复式预算。

单式预算是指在预算年度内，将全部的公共财政收支汇编入一个统一的预算平衡表内的预算编制方式。必须承认，单式预算为我国的各项事业发展做出了不可磨灭的贡献。但随着改革开放的进一步深入，财政活动也随之复杂化，单式预算的不足之处也日益明显。

首先，从编制方法上看，单式预算是将全部财政收入和财政支出汇集编入同一个总预算之内，这有利于政府统筹安排整个财政资金。但这种编制方法将经常性项目开支与生产建设性项目开支混在一起，从预算表上看不出二者各自的收支范围，不利于政府对复杂的财政活动进行深入的分析与管理，不利于政府的宏观经济决策。同时，这种编制方法，将经常性收支和临时性收支统列在一起，资金性质不清，容易将临时性收入安排为正常性支出，加大支出盘子，给下一年平衡带来困难，还会造成维持经费和发展经费互相挤占，加大“吃饭”与“建设”的矛盾。其次，从反映赤字的口径看，单式预算大多把债务收入列入经常性收入项目，使债务收入掩盖了一部赤字数额，加之收支统编于一个预算之中，财政赤字反映的内容不充分，而出现赤字的原因又无法说清，解决赤字的资金来源也无从体现，因而不便于政府采取有针对性的措施来平衡预算。最后，从国与国间的财政信息交流和分析上看，西方一些发达国家多实行复式预算，世界银行和国际货币基金组织也实行复式预算，而我国实行的单式预算由于口径与其不一致，给国与国间财政信息交流、向有关的国际组织填报统计资料、研究外国财政情况和进行比较分析都带来了诸多不便。①

复式预算是指在预算年度内将全部预算收入和支出按经济性质归类，分别汇编成两个或两个以上的预算。与单式预算相比，复式预算的优点体现在：

第一，可以全面准确地反映国家预算的收支活动，增加财政收支的透明度。以往单式预算的科目是按使用部门设置的，只能反映财政资金的流向和流量，但不能全面反映资金的经济性质。实行复式预算，能够将经常性收支和建设性收支分开编制，各项支出都有相应的资金来源，有助于掌握各项资金的运用情况，进而准确分析财政收支的状况。

第二，可以准确地反映国家预算的平衡情况，在一定程度上制约了财政赤字的产生。复式预算下，经常性项目不得列有赤字，因而赤字只能来自建设性预算。因此，复式预算能真实反映赤字形成的原因，从而有针对性地采取措施。

第三，可以控制债务数额，提高债务的使用效益。实行复式预算，能够直观地显示借债的数额、增减状况及使用方向，同时要求债务与使用借款产生的收益相适应，以确保债务收入的有效使用和按期偿还借款。同时，国家可严格控制债务的数额，以保证偿债率在警戒线以下。

第四，可以加强预算管理和统筹安排，提高整个财政工作的管理水平。实行复式预算，能够通过经常性预算和建设性预算的划分，根据国民经济发展的客观需要，在合理安排经常性预算的情况下，对建设性支出进行合理分配和宏观调控，从而提高整个预算工作的管理水平。

但复式预算把统一的财政收支分别列在不同的平衡表内，打破了预算的整体性，其结构比较复杂，增加了编制的难度。

8.1.3 预算编制②

预算体系由中央预算和地方预算组成。中央预算是经过法定程序审查批准的，在国家预算体系中居于主导环节。不仅为国家的政治、军事、外交等各项需

---

① 孙玉栋，刘启祥．从单式预算的不足谈实行复式预算的必然性［J］．黑龙江财专学报，1992（4）：22－23．

② 肖鹏．中美政府预算编制机制设计差异与启示［J］．中央财经大学学报，2009（11）：14－19．

要提供财力保障，而且是各地方预算平衡调节的中枢。地方预算是组织管理国家预算的基本环节。一方面可以促进地区经济和各项事业的发展；另一方面可以在保证本地区预算平衡的前提下，为中央预算的协调和平衡提供支援。

根据《中华人民共和国预算法》（简称《预算法》）规定：各级政府是预算编制的领导机关，具体编制机关是各级政府的财政部门，各部门、各单位负责编制本部门、本单位的预算。中央政府预算的编制是在国务院的领导下，在中央各部门编制的部门预算的基础上由财政部汇编，国家税务总局负责预算编制过程中的收入测算。因此，在行政系列参与预算编制过程的机构主要是财政部各业务司局，其汇集中央所属各部门的部门预算后，再汇总到预算司，形成中央政府的总预算。在立法系列参与预算编制过程的机构主要是全国人民代表大会常务委员会预算工作委员会和全国人民代表大会财政经济委员会。一般在每年的 1 月 15 日前，财政部将国务院批准的中央预算（草案）报全国人民代表大会常务委员会预算工作委员会征求意见，根据全国人民代表大会预算工作委员会的意见进行预算调整后，在 2 月 15 日前，财政部将中央预算（草案）提交全国人民代表大会财政经济委员会，之后于 3 月上旬形成正式的预算提交全国人民代表大会审议。

预算是由单位预算、部门预算、政府本级预算和总预算逐级编制起来的。单位预算，是编制政府预算的基础，由收入预算和支出预算组成。部门预算，是单位预算与政府预算的过渡，是各级主管部门根据其职能编制的反映本部门的收支预算，由收入预算、基本支出预算、项目预算和政府采购预算组成。总预算，是各级政府独立的一级预算。一级政府总预算不仅包括本级政府预算，还包括下一级政府的总预算。地方总预算加上中央总预算形成完整的国家预算。国家决算：经法定程序批准的年度国家预算执行结果的会计报告，实质属于预算事后审计。

我国财政年度为每年的 1 月 1 日到当年的 12 月 31 日，从政府各部门编制各自的预算开始，到预算执行后的审计，一个预算周期大约为 24 个月。在一个财政年度内，中央政府在执行本财政年度预算的同时，审核上一财政年度的预算，并编制下一财政年度的预算。

中央政府预算的编制由部门预算编起，采取自下而上和自上而下相结合，两上两下，逐级汇总的程序。具体程序为："一上"阶段，部门上报预算建议数。从基层预算单位编起，层层汇总，最后由一级预算单位审核汇总，汇编成部门预算建议数，上报财政部门。"一下"阶段，财政部门下达预算收支控制数。各部门上报的预算建议数，由财政部各业务主管机构进行初审，由预算司审核、平衡，在财政部内部按照规定的工作程序反复协商、沟通，最后由预算司汇总成中央本级预算初步方案报国务院，经批准后向各部门下达预算控制限额。"二上"

阶段，部门上报预算草案。各部门根据财政部门下达的预算控制限额，编制部门预算草案上报财政部门。“二下”阶段，财政部门批复预算。在全国人民代表大会批准预算草案之日起 30 日内，财政部统一向各部门批复预算；各部门应在财政部门批复本部门预算之日起 15 日内，批复所属各单位的预算，并负责具体执行。

预算的编制以预算会计为手段，通过科目体系设置、借贷处理，编制资产负债平衡表和财政收支决算总表。预算会计体系包括财政总预算会计、行政单位会计和事业单位会计。财政总预算会计居于主导地位。预算要建立编制（财政部）、审批（立法机构）、监督与审计（司法机构，如审计署）。

8.2 全面预算管理

8.2.1 预算管理概述

预算管理是通过法律设置相应的管理机制实现的。即通过预算法、国库及国库集中收付制、部门预算、政府收支分类及科目设置、预算审查，实施预算管理，以便规范预算关系，提高预算效率。

1. 预算法

预算法是国家调整预算关系的法律规范的总称，是财政法规体系的基本法。它规定国家预算的组成及组织方式、各级政府管理预算的权利和责任，预算、决算的编制和审批程序，预算执行的制度和纪律等。

预算法系归纳起来有两类：一是大陆法系国家的预算法，一般有成文的预算法典规范，并以此规范中央和地方的预算管理。德国在宪法中有 8 条是对预算内容的规定，并在此基础上制定了《预算原则法》《联邦预算法典》和《经济稳定与增长促进法》；二是英美法系的预算法，一般没有专门的预算法典，仅通过宪法有关法律、专项预算法规，或将每年通过的预算案作为预算法，比如美国的《国会预算法案》《预算会计法案》《平衡预算法案》等。

预算法系可分为三类：一是以预算的组织管理权利和责任为主要内容的预算权责法；二是以预算组织和管理的基本规定为主要内容的预算组织法；三是以预算编制、审定、执行和复核为主要内容的预算程序法。

2. 国库集中收付制

国库集中收付制是指将所有财政资金集中到国库单一账户，并规定所有的财政收支必须由国库直接收付。我国于 2002 年实行国库集中收付制。该制度的特点有：一是由政府财政统一开设国库单一账户；二是各预算单位的预算资金统一在国库单一账户下设立的分账户中集中管理；三是所有财政性资金的支付必须通过国库单一账户，并且资金直接支付到商品、劳务供应者的账户上，不存在中间的转移支付环节；四是基于此建立起规范合理的国库集中支付体系。

3. 部门预算

部门预算指涵盖本部门各项收支的综合财政计划，主要包括部门收入、基本支出和项目支出预算等内容。与以往的预算管理办法相比，一是改变了财政资金按性质归口管理的做法，财政部门将各类不同性质的财政资金统一编制到使用这些资金的部门，从而保证了部门预算的完整；二是取消了财政与部门的中间环节；三是部门预算从基层单位编起，层层汇总审核上报财政部门；四是在编制上采用综合预算管理办法，统筹考虑部门和单位的各项资金，使部门内外资金真正做到有机结合。部门支出预算实行彻底的零基预算。

4. 政府收支分类及科目设置改革

2007 年，我国实施政府收支分类改革：一是扩大收支分类范围，由原来的只包括纳入预算管理的政府收支，扩展到政府预算收支、预算外收支、社会保险基金收支；二是调整分类办法，将政府预算收支、预算外收支、社会保险基金收支合并到一起，设置了收入分类和支出功能分类、支出经济分类。

5. 预算审查①

政府预算作为有别于企业、家庭、个人等“私人”预算的公共预算，是现代公共财政法律制度的核心内容，是对一国公共财政收入、支出的全面统筹和择优抉择。政府预算运行的良莠，不仅事关国家政权机器的正常运转和国家政治的清明，还关系到国家财政的稳健和宏观经济的稳定，更直接攸关一国国民的生活福祉和整个社会的和谐安定。从人民主权理念和公共财政是一种服从和服务于市场经济的财政模式（因而本质上是要服务于市场的最终主体——人民大众的需要）来看，政府预算的最终目的归根到底是要保障公共财政收入的来源者即公共财政支出的受益人——广大的纳税人的财政信托利益最大化，保障人民大众的公共财政福利和社会公共需要最大化、最优化的实现。因此，为确保政府预算最终目的的实现，现代民主法治国家大多建立了对政府预算全过程的监督、控制和保障体系，完善了相应的政府预算监督法律制度。

① 朱大旗. 完善人大对政府预算全方位的审查监督制度［J］. 法学杂志，2014，35（2）：13－22.

8.2.2 预算管理的流程[①]

政府预算管理的流程：在预算编制环节，各行政事业单位编制本单位预算，是部门预算的基础；各预算部门编制本部门预算，是本级财政总预算的基础；各级财政部门需要做好政府预算编制的准备工作，对政府预算收支进行预测，编制政府预算草案。从 2000 年起，部门预算成为我国政府预算的主要编制形式，在政府预算编制流程中，对下包含所属单位预算，对上是同级财政总预算的主要组成部分，可视为中流砥柱，地位举足轻重。中期预算编制是我国政府预算编制的新尝试，2015 年全国各地启动了中期财政规划，按照三年滚动方式编制：第一年规划约束对应年度预算，后两年规划指引对应年度预算，年度预算执行结束后，及时对后两年规划进行微调，再添加一个年度规划，形成新一轮中期财政规划。在预算审批环节，《预算法》第四十三条规定各级人民代表大会批准本级政府预算，政府预算编制完成以后经过人民代表大会的审查和批准成为一个法律文件，意味着真正形成具有法律意义的当年年度预算。接下来进入预算执行环节，在本环节收入收缴国库由财政部门、税务机关及海关完成，支出款项由财政拨付，由预算部门和单位使用，支出预算主要由预算部门完成，这是一个政府收支预算由计划变为现实的过程。对政府预算执行结果进行监督审查和绩效评估则是决算监督审查和评估环节的主要工作。

预算编制是预算管理的起点和基础，预算审批是预算管理的法制基础，预算执行是财政、税务、海关及预算部门和单位等预算执行机构每天的工作，贯穿预算管理的始终，而决算监督审查和对预算管理的合规性和绩效性进行评定，可以视为一个预算管理周期的终点。

在预算编制环节，政府各级财政部门负责各级政府预算草案的编制，关注的重点在于预算编制的完整性，该环节是预算管理规范性和有效性的基础和前提；在预算审批环节，各级人民代表大会对本级政府预算进行审查批准，这是其对预算进行监督的主要环节，关注的重点在于预算监督的有效性，该环节是预算管理规范性和有效性的法制保障；在预算执行环节，需要预算执行机构严格按照各级人民代表大会批准的预算执行，不能随意调整，关注的重点在于预算执行的规范性，该环节是预算管理规范性和有效性的实现过程；在决算监督审查和评估环节，各级人民代表大会对本级政府预算执行结果进行审查批准，政府审计部门和绩效评估部门对预算执行结果进行审计和绩效评估，关注的重点在于政府资金的

---

① 王秀芝. 从预算管理流程看我国政府预算管理改革［J］. 财贸经济，2015（12）：22 - 34.

安全性及资金使用的有效性，该环节是预算管理规范性和有效性的目标所在。

8.3 财政管理体制

财政管理体制是规范中央和地方政府以及各级政府间的财政关系，明确各级政府之间的财政职权、收支范围的基本制度。本节讨论财政职能在不同级次政府之间的分配，以及由此决定的收入划分标准和政府之间的转移支付制度。

8.3.1 财政管理体制理论

建立体制性分配关系具有充分的必要性：一是以财政体制促进公共资源的优化配置。二是充分发挥各级政府的优势（随着国家功能的扩大，政府自身也变成了服从劳动分工的一种职业）。三是解决地区差距悬殊的问题，实现区域基本公共服务均等化，主要包括行政管理服务、基础教育服务、公共卫生与基础医疗服务、公共文化服务、基础科研服务、就业与社会保障服务、公益性基础设施服务、生态环境保护服务八大类公共服务，目标是使在一个国家范围内不同地区的居民能享受到大体相同的公共服务。四是抑制地区间的不公平竞争。体制分配与地方利益紧密相关，物质利益是一切社会活动的最终目的，政治权利不过是用来实现经济利益的手段。许多涉及国家整体利益的分配政策需要地方顾全大局，作出必要的牺牲，比如鼓励支持国家跨地区基础建设，避免地区间税收竞争等，转移支付政策就可以发挥补偿的作用。

下面主要介绍西方学者的财政分权理论：

1. 蒂博特模型

蒂博特模型认为消费者投票人（Consumer-voters）会在众多提供不同公共劳务水平的社区中进行选择，寻找一个公共劳务提供水平及税收负担符合其要求的社区去居住，因而具有相同偏好的人会居住在同一区域里。这样，人们通过这种"用脚投票"的方式，显示了自己对公共产品的消费偏好，为社区管理者提供了一种类似私人产品市场价格的信号。而社区的管理者则会像私人产品市场的厂商一样对该信号作出反应，力图以最低的税收成本向具有相同偏好的居民提供一揽子满足他们需求的公共产品及劳务，否则居民将从该地区退出。这样，通过居民和社区的共同活动，实现了资源的有效配置，即地方政府之间的竞争可以使居民选择符合自身偏好的特定的地方公共产品菜单，促使各地方政府更有效地提供人们需要的公共产品和公共服务。

2. 奥茨分权理论

1972年奥茨（Wallace Oates）在《财政联邦主义》一书中提出：如果一种

公共产品由全部地域中的所有人口消费，并且该公共产品的单位供给成本对中央政府和地方政府都相同，那么由地方政府对其各自管辖的选民提供帕累托效率产量的公共产品，总是要比由中央政府向各辖区的所有选民提供某一特定的统一产出量更加有效（或至少是同等有效）。奥茨分权理论表明：即使中央政府能够有效地提供同样的公共产品，并且享用这种公共产品对所有人或者所有地方的人来说都是同等的，这时由地方政府来提供这种公共产品也比中央政府有效。

3. 斯蒂格勒最优分权理论

著名经济学家斯蒂格勒（George Stigler）在其《地方政府功能的适当范围》一文中，探讨了地方分权的经济理由。他认为地方政府存在的理由有二，其一是它比中央政府更加接近民众，也就是说比中央政府更加了解所管辖民众的需求和偏好；其二是一个国家内部不同地区的人有权对不同种类和数量的公共服务进行不同的选择，而地方政府就是实现不同地区不同选择的机制。斯蒂格勒的理论实际上意味着为了实现资源配置的有效性和分配的公平性，公共决策应该在最低的政府层次上进行。

4. “俱乐部”理论

“俱乐部”理论将社区比作俱乐部，研究在面临外在因素的条件下，俱乐部如何确定其最优的成员数量。其最佳规模应确定在外部不经济所产生的边际成本（拥挤）等于由新成员分担成本带来的边际节约这个均衡点上。布坎南用这个理论来解释最优地方政府管辖范围的形成；波利将俱乐部的章程比作社会契约；马丁·麦圭尔（Martin Mcguire）提出俱乐部成员的最优数量和辖区范围内所提供的公共产品的最优数量应该同时被决定，从而提出地方分权区域的最优原则。

5. 马斯格雷夫的分权理论

马斯格雷夫在《公共财政理论》一书中，从政府三大职能出发分析了中央和地方政府存在的合理性和必要性。他认为，宏观经济稳定与收入分配职能应由中央政府负责，资源配置职能应由地方政府承担，并在分权的基础上实行税种划分，以赋予地方政府相对独立的权力。①

新的财政分权理论引入了微观经济学的激励相容与机制设计学说，主张建立民主财政分权机制，其主要关注两个问题：一是政府本身，尤其是地方政府本身的激励机制，使地方政府从自身利益出发改进服务效率；二是政府与经济当事人之间的类似委托代理的经济关系，包括公众参与决策、民主管理、民主监督，严格地方财政纪律，通过合理选择转移支付制度，使政府财政关系的协调失败最小化。

---

① MUSGRAVE R A. The theory of public finance [M]. New York: McRaw-Hill, 1959.

8.3.2 财政分权理论下财政体制的设置

财政分级源于政府的分级，在政权区域划分与层级管理制约下，一般是“一级政权，一级财政”，各级财政相对独立，自求平衡。我国设中央、省（自治区、直辖市）、市、县与乡五级政权，《预算法》中就设置了与其对应的五级预算体制；以政权为基础的财政体制层次，实质上决定着分级财政、分级预算、分级征管。由于政体可分为单一制和联邦制，因此财政体制分为单一制和联邦制两种形式。

联邦制财政体制是指各级政府按照宪法或相关法律确定的权力独立行使各自的财政权力，中央财政与地方财政之间、地方各级财政之间没有整体关系，政府间的财政联系主要通过分税制和转移支付实现。联邦制作为一种区域政治组织，它通过受宪法保障的中央政府与地方政府之间的分权将统一性和地区多样性同等纳入政治体制之中，其特点是：联邦中央与地方在法律上互不从属，各财政主体在规定范围内相互平等；以法律形式明确划分中央政府与地方政府的权力；联邦政府与各级地方政府在宪法规定的事务上相互协调。

单一财政体制是指中央和地方各级政府在中央的统一领导下，根据事权划分财政权力，实行统一预算和分级管理的一种模式。单一制国家则是由若干行政区域单位、可自治主体组成的主权国家，其特点是：国家只有一部宪法，一切法律由中央立法机构根据宪法制定；中央实行统一集权，地方政府权力由中央政府授予，地方没有脱离中央而独立的权力；在中央集权的同时实行某种程度的地方自治；对外国家以国际法主体出现。

财政体制的核心在于收支权限划分，这直接决定着体制的内在功能和稳定性。划分财政体制性支出的主要依据是社会共同事务的受益空间和实现区域的收入再分配，平衡地区间社会共同事务的供给水平。财政体制性支出划分一般以事权的划分为基础：第一类是由中央政府（或联邦政府）直接承担其支出责任的社会共同事务，如国防、外交、国际贸易、财政与货币政策、外汇管制等；第二类是由地方政府承担其支出责任的社会共同事务，地区性的行政管理、交通、警察、教育、消防、公园等；第三类是由中央政府和地方政府共同承担其支出责任的社会共同事务，或支出责任归属不明确的社会事务，如跨地区的铁路、公路、水运、邮电，某些环保项目、高等教育等。

而财政体制性收入的划分主要依据美国财政学家塞利格曼（E. R. A. Seligman）提出的收入划分三原则：效率原则，征收效率高低；适应原则，税基宽窄；恰当原则，税负分配公平。另外有迪尤经济利益原则，该原则强调增进经济利益。但税收划分的缺点是忽视了共同税源引发的过度征税问题。从各国的实践来看，个人所得税、公司所得税、遗产税由中央政府征收；资源税、销售税由中央政府征收或分享；财产税、使用费和规费由地方政府征收。

实践中，以收入划分方式确定财政模式，一般将财政体制划分为“分税制”和“非分税制”，接下来将详细介绍这两种财政体制。

8.4 分税制与中国财政管理体制改革

8.4.1 中国财政体制的变迁与分税制①

中华人民共和国成立后在不同经济发展时期经历了不同的财政体制变迁：

1. “统收统支”高度集中

20 世纪 50 年代早期，我国的财政体制是在借鉴苏联财政体制的基础上建立起来的，呈现出中央高度集权的特征。各级地方政府没有自己单独的预算，财政部不仅负责统一财政预算的编制，而且负责批准省级政府的财政收支计划，同时下达转移支付的额度。另外，这种财政安排也把国有企业包括了进来，国有企业须向国家上缴所有利润或剩余，而国家则通过财政拨款来满足国有企业的各项支出。其中，1958 年的财政体制改革，虽是中华人民共和国成立以来传统体制下的第一次财政分权，但是由于财力下放过度，中央财政收支所占比重锐减，于是在 1959 年开始实行“收支下放，计划包干，地区调剂，总额分成，一年一变”的财政体制，即各地的财政收支相抵后，收不抵支的部分由中央财政给予补助，收大于支的部分按一定比例上缴中央财政。“文革”后，中央与地方财政体制变动频繁，1969—1978 年的 12 年间，中央共出台了六种不同的体制安排，给高度集权化的财政体制引入了一定的分权化体制因素。1959 年到 1970 年以及 1976 年到 1979 年间实行的“总额分成”管理体制存续了 16 年。

综上所述，自中华人民共和国成立至 1978 年，中国的财政体制经历了从集中到较为分权又到集中的改革历程，但其基本形式没有大的改变。在计划经济下，中央与地方的分权只是经济管理的行政性分权，而且是在“放权让利”和“调动积极性”的指导思想下进行的。当时的财政体制存在着内在缺陷：一方面需要发挥地方积极性，另一方面又缺乏有效途径控制因财政分权带来的混乱局面。因此，难以从根本上解决财政体制带来的各种问题。但是高度集中的收入和支出管理模式通过控制所有地区和行业的资金分配，为推动工业尤其是重工业的

① 邓子基，唐文倩. 从新中国 60 年财政体制变迁看分税制财政管理体制的完善［J］. 东南学术，2011（5）：31－39.

发展提供了有力的支持，有利于经济的好转。然而，这也产生了一定的负面结果：割裂了地方财政收入和财政支出之间的联系，导致地方财政产生了软预算的约束问题，造成资源配置的低效率和浪费。因而也难以激发地方政府理财和管理企业的积极性，导致长期的财政压力，最终造成了集权体制下的制度性普遍短缺。

这种集中的财政制度是与中国在市场化改革前所采取的集中的生产和资源分配模式相一致的，但与20世纪80年代开始的市场化改革并不相容。因为在市场化改革过程中，分权应该是经济性分权，是稀缺资源的有效配置。应该指出，在我国社会经济发展中有三个重要动力推进了中国财政制度的变化：一是非国有企业（乡镇企业、联营企业和私营企业）的快速增长，改变了国有企业“一统天下”的局面。亏损的国有企业越来越多，造成国家财政的沉重负担，政府不得不去寻找其他的收入来源。二是经济改革使地方当局的政治权力得到了增强，这自然使得各级地方政府在财政领域提出相应的决策权要求。三是经济利益极大地影响了个人乃至政府的行为。因此，为了使地方政府努力提高财政收入和推动经济增长，必须改变集中的财政制度。

2. 两步“利改税”与分权包干体制

1979年后，财政体制需与整体经济体制改革相适应，为此国家在处理中央和地方政府间财政关系方面进行了多次改革。首先，“让利”打破了财力的集中。党在十一届三中全会作出了改革开放的战略决策，我国的经济开始由单一的封闭式产品经济向多样化的开放型商品经济转变。在国营经济为主导、多种经济形式并存的政策引导下，城乡集体所有制经济迅速发展，个体经济也日益活跃。随着经济体制改革的整体推进，作为国家现代化建设的重要力量以及国家财政收入主要来源的国营企业，特别是大中型企业，面临着许多困难和问题。为增强企业活力，国家推行了一系列放权让利的改革。

在实行“利改税”前，国家对各部门和企业实行不同的利润留成制度，允许企业按规定留用一部分利润自行支配。在利润留成制度实行的1978—1982年，国家留给企业的利润共有352.5亿元，其中，1978年为10.3亿元，1982年达到127.6亿元，留用利润占实现利润的比重从2%提高到21.1%，企业自主财权的扩大调动了企业和职工的积极性，增强了职工的责任感，对搞活经济、促进发展起到了积极的作用。但是，利润留成制度的缺点也在实施过程中逐步暴露出来。由于企业情况千差万别，利润留成只能“一户一率”，常常发生地方、企业与国家争利的扯皮现象。为了解决这些问题，“利改税”应运而生。即把国营企业向国家上交的“利润”改为缴纳“税金”，将所得税引入国营企业利润分配领域，税后利润全部留归企业，以使国营企业逐步走上自主经营、自负盈亏的道路，把更多的企业经营决定权留给企业。

1983 年开始的这次税制改革从根本上改变了我国税制的整个面貌，形成了中央固定收入、地方固定收入和共享收入的局面，改变了以前主要是根据对国有企业的所有权来划分的标准，新的划分标准与税种相联系。地方各级政府自主支配的财力大大增加，由此调动了地方政府发展经济的积极性。同时，让利中包含着放权，1980 年“划分收支、分级包干”的分灶吃饭体制、1985 年“划分税种、核定收支、分级包干”和 1988 年推行的“财政大包干”三次财政体制调整，使财政放权不断加大。

在整个 80 年代，中国的财政制度经历了许多重要的变化，从一种单一的由中央政府完全控制收入集中的预算分配的制度变为一种相对分权化的制度。通过对集中权力的逐步下放，使政府职能分散化，从而扩大了地方政府在组织收入和在预算中安排支出方面的自主权，强化了地方的利益主体意识，同时也使地方政府在计划经济下被束缚的主动性和积极性得到释放，促进了国民经济和各项社会事业的发展。两步“利改税”使我国初步建立了适应有计划的社会主义商品经济的税收制度，对于保证财政收入、加强宏观调控、促进改革开放、推动经济与社会发展起到了重要的作用，为后来深化税制改革奠定了基础，也为此后税利分流，按税收划分中央和地方的财政收入范围，改革财政管理体制，使国家与企业、中央与地方的分配关系得到比较合理的解决做好了准备。

总之，在解决国家与企业的分配关系上，“利改税”使企业向独立经营、自负盈亏的方向大大迈进了一步，打破企业吃国家“大锅饭”的弊端，促进了国民经济大发展。

1992—1993 年，中国通货膨胀率迅速上升，国民经济过热，形势严峻，在一定程度上使政府尤其是中央政府对许多宏观领域的经济活动失去控制。由于财政包干体制的不完善，中央和地方的财政关系未能完全理顺，因而政府间财政往往体现为讨价还价的博弈。包干制把中央财政收入的增长给“包死”，增量大部分留给了地方政府，导致中央财政收入在全国财政收入中的比重不断下降。

1988 年以后，地方政府每年的新增收入绝大部分留在地方政府，且地方政府达不到递增包干水平的，中央还得减免其应上缴数额，本应属于地方政府包干范围内的开支事项，也要求中央政府给予专项拨款补助。财政包干制下，地方独立性和自主权迅速扩大，地方上缴中央财政收入数量通过谈判达成，在一定时间内还可以再谈判和修改，因此地方政府害怕“鞭打快牛”，愿意放慢预算收入的增长，藏富于企业，刺激地方经济发展。中央政府因中央财政收入占 GDP 比重下降，于是将更多的公共财政支出责任下放给地方政府；而地方政府则通过非预算收入来解决资金来源问题。这样，财政包干制强化了地方封锁、分割的“诸侯经济”倾向，客观上助长了低水平重复建设和投资膨胀，使得中央和地方的关系仍缺乏规范性和稳定性，导致国家财力分散、“两个比重”（财政收入占 GDP 的比重；中央财政收入占全国财政收入的比重）过低、地方缺少必要的税权和稳定财源、中央缺乏必要的宏观调控主动权，形成了更加明显的讨价还价的行政性分权模式。这种模式具有严重的随意性，造成预算约束弱化，中央和地方的互相侵权，客观上鼓励了每个地方政府少征税从而在基数体制下受益。

3. 分税制财政体制

1994 年后分税制财政体制有效解决了上述中央和省一级地方的集中和分权关系中循环往复的问题。如果说放权主要是原有集中体制框架内的“松绑”和外在激励，那么分权则是突破传统改革思路，试图对新体制框架的构建。

1992 年我国确立了建立有中国特色的社会主义市场经济体制。这一重大决策要求我国财政体制的变革要与社会主义市场经济体制相适应。分税制适用于地方分权政体，分税制财政体制是市场经济体制中的典范，是市场经济国家普遍推行的一种财政体制模式。分税制财政体制改革是中华人民共和国成立以来规模最大、范围最广、内容最多的一次财政变革。它使政府间的财政关系趋向稳定，调动了中央与地方两个积极性，“两个比重”逐年上升，中央财政实力增强。在经历了一系列“放权”“分权”的财政改革探索之后，以分税制改革为中心的中国财税体制改革进入了比较稳定的运行阶段，由分税制带来的非经济性财政增长因素已基本消化，从各级政府财政自给能力可以看出，财政收入逐步向中央财政倾斜。地方政府财政收入占总收入的比重从 1993 年的 78% 下降到 2007 年的 46%，与此同时，地方政府财政支出占总支出的比重从 1993 年的 72% 增加到 2007 年的 77%。

1994 年的分税制改革主要就财权和财力这两个体制要素进行了新的组合，中央财政和地方财政的分配关系从体制上实现了规范化，即通过划分税种重新界定财权，通过转移支付制度重新配置财力，而事权则未做正式调整。中央财政收入下滑的势头得到遏制，从机制上保证中央财政收入的较快增长。同时，1994 年分税制改革主要是由中央政府的预算压力驱动的，改革实施时，主要着眼于调整中央和省级政府间的财政分配关系，而并未明确省以下各级地方政府之间的财政关系。省以下各级政府的事权、财权是不确定的。

事权、财权的演变轨迹取决于各级政府间博弈的程度、方式和手段。那时，省以下政府间经济社会事务管理责权与财政支出责任划分不合理。从理论上看，地方政府的事权与财权应该统一，但就每一个具体的地方政府而言，它能负担多大的支出责任，获取哪些财政收入的权力，难以在实际操作中完全实现，能够办到的只是事权与财权的基本一致。然而，在地方政府管理体制改革中，无论采取何种分税制方式，都不可能使每一个地方政府恰好得到与自身支出责任相等或者相对应的财权，“财权与事权相统一”是不易做到的。因此，应把改革的重点转移到如何使各级政府的财权与事权相统一的问题上来。

8.4.2 分税制的优点与缺点①

分税制财政运行模式的选择，较好地克服了“统收统支”和“包干制”的诸多弊端，实现了国际经验与中国国情的结合，初步构建了我国的现代财政制度，奠定了市场经济体制和国家长治久安的基础。

多年来的实践运行表明，分税制改革取得了巨大成功，从根本上扭转了财政“两个比重”过低的问题，增强了中央财政宏观调控的能力。2012 年，全国公共财政收入高达 11.7 万亿元，约为 1993 年 4349 亿元的 27 倍，年均增长 19%；财政收入占 GDP 的比重达 22.5%，比最低年份 1993 年的 12.3% 提高了 10.2 个百分点；中央财政收入占全国财政收入的比重达 47.8%，比 1993 年的 22% 提高了 25.8 个百分点。

分税制作为规范政府间财政关系的有效实现形式，发端于成熟的市场经济国家。这种财政分权制度，大多构建在联邦制的基础之上，地方政府享有较高的自治权，并通过“用手投票”和“用脚投票”等作用机制维系该体系的运转。我国的分税制不同于西方模式，1994 年改革时由于先天不足或存在约束条件，加之后续跟进改革的滞后，逐渐使“中国式财政分权”模式特征明显。

（1）“统一领导，分级管理”的分税原则，初步实现了集权与分权的结合。“统一领导”的单一制模式与“分级管理”的联邦制模式，如同 20 世纪 90 年代“社会主义市场经济”命题的提出一样，是一项极为重要的制度创新，不但具有中国特色，也具有世界意义。

（2）“基数 + 增长”的制度设计，构建了激励约束的运行机制。这一“棘轮效应”，确保了新旧体制的顺利转换，实现了财政收入的稳定增长。但随着时间推移，这一改革模式也出现了边际效益递减，致使地方政府逐渐步入了“基数 + 增长”的体制陷阱，基数越垫越高，甚至出现了有增长无发展的问题。

（3）预算内狭义范畴分权，中央政府部分让渡预算外（体制外、制度外）

---

① 王振宇. 分税制财政管理体制模式特征及多维视角改革构想［J］. 经济社会体制比较，2014（1）：8－15.

的财力资源，使得极为“刚性”的体制“弹性”化。以土地为例，地方各级政府作为理性经济人，较好运用土地的“二元”结构，通过一系列运作，获取了可观的级差地租，弥补了预算内财力的不足，确保地方经济社会较平稳运行。部分矿产资源也是如此，由于受土地、矿产等约束的影响，土地资源依赖型财政变得越来越不可持续，并产生了一系列社会、环境问题。

（4）中央政府与区域性政府财政分权，使复杂问题简单化，确保了政令统一，客观上赋予了省以下政府一定的自治权力，促进了地方政府间的有效竞争，为中国经济持续增长注入了的动力。由于缺乏强有力的法制约束，省以下的体制五花八门，但大多沿用了在财政包干阶段总额分成或比例分成的做法，致使基层财政困难问题十分突出。

（5）财权上高度集中与事权上高度分散的非对称模式降低了财政资源配置效率。事权与财权大致匹配是满足政府间财政关系有效运行的基本要求。1994年的分税制改革，其主要目标是提高财政的“两个比重”，尤其是改进中央财政的拮据状况。1993年中央财政自给能力仅为0.73，到2012年已演变为3.34。在这一目标得以实现、中央财政压力缓解后，进一步改革的动力也就丧失了。20年间，政府间事权和支出责任的划分几乎纹丝不动。地方政府以30%的财力承担了70%的事权，必然会在中央和地方间出现“大马拉小车”和“小马拉大车”的窘境。

（6）逐渐形成的地方对中央高度依赖型体制强化了中央权威及其控制，避免了分权可能引致的动荡。在体制内税收返还基础上，从1995年起，中央政府建立了过渡期财政转移支付体系，后经充实完善，形成了具有中国特色的转移支付体系，这为实现基本公共服务均等化、体现中央政府施政意图提供了可能。同时，过多过滥过于专项化的转移支付，也因部门主导、绩效不佳等问题亟须改进。

（7）分税制逐步为共享制所替代，凸显了税制改革的滞后。1994年税制改革时，设计了中央税、地方税和中央与地方共享税三种模式。当时，共享税只有3个，即增值税、资源税和证券交易印花税。随着日后一系列税制改革，共享税的主导地位逐步确立，这一局面的形成背离了改革的初衷。目前，在我国税系的18个税种中，共享税有7个，占39%。从2013年8月1日起，全国按行业推行的“营改增”改革，又会进一步增加共享税的权重。共税制的利益均沾性，能够较好兼顾各级政府的财政利益，满足收入增长需要，但这种简单的比例分成方式，无疑是旧体制的简单回归。

（8）政府间财政关系有演变为委托—代理关系的迹象。一般而言，促进财政体制有效运行应具备三要素，即政府间事权的合理划分、政府间收入的合理划分和转移支付制度的较好建立。考察近 20 年的财政制度变迁，就事权划分而言，政府仍沿袭着 1994 年前“不清晰”的划分，事权过于向地方倾斜，“你中有我、我中有你”的问题较为突出；就财权划分而言，由于层层强调“集权”，政府间纵向财力“失衡”的问题日益突出；就转移支付而言，出现了专项转移支付一般化、一般转移支付专项化的问题。政府间财政关系“三驾马车”几乎同步“失灵”，更与“一级政府、一级事权、一级财权、一级预算、一级产权、一级债权”的设想相去甚远，凸显了该项制度演进的衰退、异化甚至背离。目前维系这一体制正常运转，一靠政绩考核制度，形成了中央对地方的政治控制，二靠中央充分集中财权，形成了对地方的财力控制。特别是基于宪政视角，分税制的法治化、民主化、透明化程度亟待提高。所谓“上级决策、下级执行”的合理解释，则属于较为典型的委托—代理关系。

8.4.3 我国财政管理体制的改革方向①

（1）有效兼顾政治、经济、社会之间的关系。政府有机论和机械论都认为，政府具有政治、经济、社会三大职责。财政作为政府履行职责的物质基础和政策工具，既是一个经济范畴，又是一个政治范畴和社会范畴。完善分税制财政体制改革，必须坚持谨慎性原则，充分均衡各方利益关系，避免引起不必要的波动。

（2）有效兼顾总量、速度、比例之间的关系。财政属于国民经济收入再分配的范畴。运用体制工具调整收入分配关系，一定要“总量”控制、“速度”合理、“比例”协调，任何超能力、超水平、超阶段的分配行为，都会偏离其“中性”原则，造成效率的损失，不利于公平。

（3）有效兼顾事权、财权、财力之间的关系。从事权与财权相匹配，到事权与财力相匹配，我们经历了一个重要的认知过程。可以说，事权与财权匹配是体制设计的起点，事权与财力匹配则是体制执行的结果。既然我国选择了财政分权体制，就必须赋予地方政府必要的财政权（含税收权、举债权等），只有财力没有财权的分税制是不完整的，也不应当作为未来的改革取向。为实现基本公共服务大致均等化的目标，只有当财权内财源不足时，才通过转移支付等手段，提供必要的财力补充。因此，三者之间的关系要协调，但财权与财力不能混淆。

（4）有效兼顾集权、分权、授权之间的关系。过度集权和分权都会带来体制效率的损失。适度集权型财政体制符合中国国情。因政府间“职责同构”，而

---

① 王振宇. 分税制财政管理体制模式特征及多维视角改革构想［J］. 经济社会体制比较，2014（1）：8－15.

又通过“委托—代理”占主导地位的授权模式，并非最优的匹配。因此，未来的改革取向，应该是适度集权、适度分权、充分授权。

（5）有效兼顾中央、地方、部门之间的关系。广义的分税制体制，是纵向关系和横向关系的集合。1994 年的分税制改革，使我们较好解决了中央与“诸侯”（地方）之间的问题，但忽略了政府与“王爷”（部门）之间的约束，致使部门利益膨胀，政府财权部门化。要完善未来的财税体制改革，就必须摈弃中央主义、地方主义、部门主义的思维惯性，秉持国家利益、全局利益、长远利益至上的原则。

（6）有效兼顾税、费（基金）、利（租）之间的关系，也称为第一财政、第二财政、第三财政之间的关系。目前，“税”通过国地税征管，构成了政府财政资源的主体，得到有效的使用、监管。“费”则逐步纳入了财政预算或专户管理体系，并在地方财政体系发挥了重要作用，但其“政府所有，部门使用”的性质未变。“利”则游离于政府预算体系之外，构成了垄断集团的超额利润，2010 年第三财政规模高达 2.14 万亿。进一步的改进完善，要坚持正本清源、完整统一的原则，有效推进费改税进程，强化国有资本经营预算编制的执行力度。

（7）有效兼顾存量、增量、流量之间的关系。“基数 + 增长”的渐进式改革，确保了地方的既得利益。以流转税为主导的税制结构，倒逼着地方在“流量”上大作文章，形成了外延性财政增长方式。合理的改革取向，要弱化“存量”约束，控制“流量”规模，做实“增量”，切实构建有质有量的内生增长机制。

（8）有效兼顾初次分配、再分配、第三次分配之间的关系。在我国现行的财政分配体系中，存在着严重的结构失调问题，即初次分配比例失衡，再分配明显越位，第三次分配严重缺位。初次分配讲效益、再分配讲公平、第三次分配作补充，这是通行规则。今后的改革就是要发挥三次分配的独特功能，取长补短，共同作用。初次分配要充分发挥市场机制的作用，实现财力资源优化配置；再分配要充分发挥财政机制的作用，有效弥补市场缺陷；第三次分配要充分发挥社会组织的作用，有效弥补政府失灵。

（9）有效兼顾层级、辖区、命令之间的关系。本着“一级政府、一级财政”的原则，我国存有五级财政体系。近些年自上而下强制推行的“省直管县”扁平化改革，也因种种原因只完成了一半，特别是安徽等省还出现了“市管县”的回潮。扁平化可能只是权宜之计。今后的改革完善，亟须转变行政层级逻辑思维，从满足基本服务均等化要求出发，引入“命令模式”，以省级政府为责任主体，充分尊重地方政府的自主选择，避免一刀切、运动式，造成财政秩序的混乱。

（10）有效兼顾人治、法治、自治之间的关系。我国现行政府间财政关系重大事项的确定、划分、调整，主要依靠“红头文件”来进行，上级决定下级，地方从属于上级，法治化、规范化程度不高，人治色彩鲜明。未来的改革完善，要充分体现宪政精神及其原则，减少人为因素的干扰，较好赋予地方政府独立行使辖区责任的权力。

本章小结

预算是为适应财政的管理、监督产生的，目前已经成为各国政府规范财政行为的基本制度。资本主义早期，受民主与法制思潮影响，提出了政府预算计划性、公开性的要求，这便是预算编制的原则。目前具体包括以下四个原则：全面性原则、一致性原则、年度性原则和严格性原则。按照预算编制依据，可分为增量预算和零基预算；也可以按公共预算编制范围和预算技术组织形式，分为单式预算和复式预算。中央政府预算的编制，由部门预算编起，采取自下而上和自上而下相结合，两上两下，逐级汇总的程序。

预算管理是通过法律和设置相应的管理机制实现的。即通过预算法、国库及国库集中收付制、部门预算、政府收支分类及科目设置、预算审查，实施预算管理，以便规范预算关系，提高预算效率。政府预算管理流程：在预算编制环节，各行政事业单位编制本单位预算，是部门预算的基础；各预算部门编制本部门预算，是本级财政总预算的基础；各级财政部门需要做好政府预算编制的准备工作，对政府预算收支进行预测，编制政府预算草案。

财政体制是规范中央和地方政府以及各级政府间的财政关系，明确各级政府之间的财政职权、收支范围的基本制度。财政体制的核心在于收支权限的划分，其直接决定着体制的内在功能和稳定性。财政分级源于政府的分级，在政权区域划分与层级管理的制约下，一般是“一级政权，一级财政”，各级财政相对独立，自求平衡。

分税制财政运行模式的选择，较好地克服了“统收统支”和“包干制”的诸多弊端，实现了国际经验与中国国情的结合，初步构建了我国的现代财政制度，奠定了市场经济体制和国家长治久安的基础。

复习思考题

1. 财政预算需要遵循哪些原则？

2. 预算管理的具体流程是什么？

3. 介绍一下你所学习的财政分权理论。

4. 分税制有哪些优点和缺点？

推荐阅读资料

1. 刘立国. 中外财政预算制度比较研究［M］. 北京：北京理工大学出版社，2019.

2. 任晓兰. 财政预算的使命［M］. 天津：天津社会科学院出版社，2014.

3. 赵云旗. 论中国财政预算转型［M］. 北京：中国财政经济出版社，2017.

网上资源

1. 中国人大网. http://www.npc.gov.cn.

2. 国务院国有资产监督管理委员会. http://www.sasac.gov.cn.

第 9 章　社会保障

CHAPTER 9

学习目标

1. 熟悉掌握社会保障的定义、概念与功能。
2. 了解国外社会保障制度的发展历史。
3. 掌握社会保障基金管理的运行与发展，掌握社会保障的筹资模式。
4. 学会横向比较国际上不同的社会保障制度模式。
5. 掌握我国社会保险、社会救济的具体内容。
6. 掌握我国社会福利与社会优抚的主要内容及其管理体制。

引例

新加坡住房公积金制度

“二战”后，新加坡处于英国殖民统治时期，只有公务员及少数大公司员工享受公积金，其并未惠及全民。由于当时同属英国殖民统治的马来西亚已经实施了全民公积金计划，为了便于管理，英国殖民政府决定在新加坡也开始推行公积金计划。大体来看，新加坡中央公积金制度的发展历程可划分为三个主要发展阶段。

第一阶段为制度筹备阶段（1950—1955 年）。1950 年，中央公积金制度的想法由两名立法议员首次提出，新加坡进步党在 1951 年进一步提出建立中央公积金以确保工人退休金的法律草案，该草案直到 1953 年 11 月 24 日才获得通过。1953 年 12 月 11 日，《中央公积金条例》正式颁布，此后专门负责基金管理的中央公积金局于 1955 年 7 月 1 日成立，这也标志着新加坡中央公积金制度开始正式运行。核心思想是政府强制规定雇员和雇主按照工资收入的比例按月缴纳公积金，并交由政府运作，其本息可以作为个人养老、购房及医疗的资金来源。

第二阶段为单一功能阶段（1955—1965 年）。在此阶段，新加坡大部分民众生活条件较差，特别是居住环境较为恶劣，但此时新加坡政局动荡，当局施政重点在于树立各方面复杂关系，以维持社会整体稳定，中央公积金制度仍然在原有单一养老保障功能下运行，而这一阶段的主要特点即在于公积金只能用于退休养老这一用途。

第三阶段为扩展完善阶段（1965 年至今），1965 年新加坡独立后，新政府开始加强探索中央公积金制度的更广泛功能，以满足不限于退休保障的其他社会需求。例如在住房保障方面，政府于 1968 年推出“公共住房计划”，允许公积金会员在不花费自己工资的情况下，通过使用公积金储蓄来支付享有补贴的组屋抵押贷款，这在较大程度上增强了民众对住房的负担能力。这一政策在客观上拓宽了中央公积金制度的功能，将其从单一的养老保障拓展为包含养老保障、住房保障等多项内容的综合性社会保障体系。私人住宅房地产计划于 1981 年推出，允许公积金成员使用公积金一般账户的部分余额来购买私人住宅。

从新加坡住房公积金制度的发展来看，新加坡的房产主要分为政策性的公共住房和私人住房两大类。其中政策性公共住房被称为“组屋”，由政府法定机构——建屋发展局主导建设，主要覆盖中低收入家庭（占比超过 80%）。目前 80% 的新加坡人居住在组屋内，其中 90% 拥有房屋产权。私人住房包括：公寓、排屋和独立别墅合称，由地产商建设，主要面向高收入家庭（约占全部家庭的15% ～20%）。

在新加坡，公共住房和私人住房采取“双轨制”，开发和定价机制完全不同。其中私人住房完全采取市场化机制，政府基本不做干预；而公共住房（组屋）则由政府法定机构——建屋发展局统筹规划，全程控制包括土地供应、规划设计、建设招标、统一分配和物业管理等在内的各个环节。

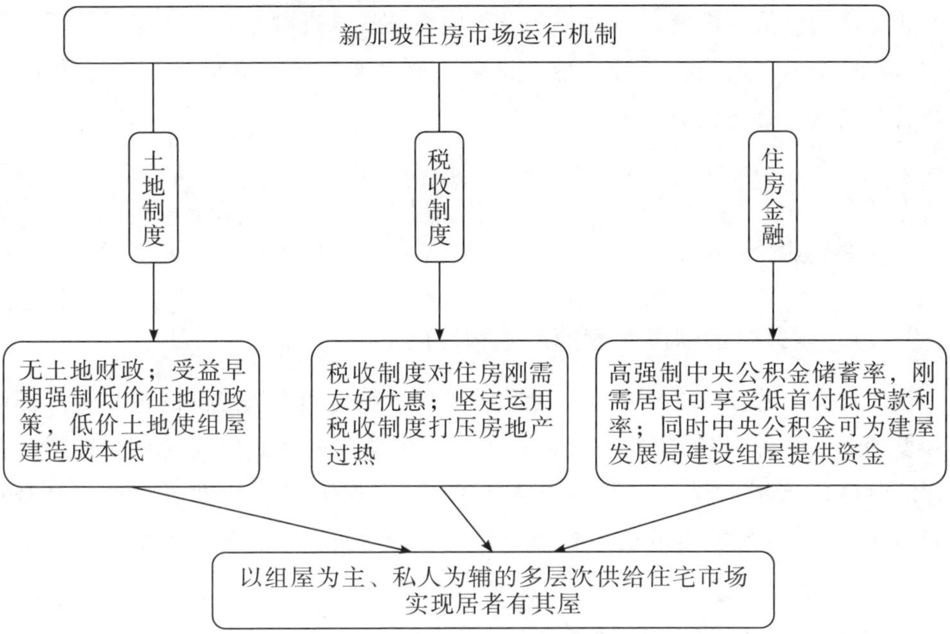

图 9－1　新加坡住房市场运行机制

在这种“双轨制”体系中，政府可以在私人住宅市场上以高地价、高税率的形式向高收入人群获取收益，并通过公共住房市场将其转移支付给中低收入人群，有效保障了效率和公平性。

（资料来源：陈功，郑秉文. 新加坡中央公积金：为国民提供各类社会保障［N］. 中国经济时报，2020－11－26）

引言

社会保障被誉为“社会安全网”，是每个国家在国民面对生存危机时，采取相应措施协助其抵抗风险的一种社会制度。现代社会保障制度随着社会生产力的发展而不断改善与发展，其对我们的经济生活具有十分重要的影响，被誉为社会经济的“减震器”和社会稳定的“安全阀”。这一章节主要展示了国外社会保障制度的历史演进，在此基础上深入介绍社会保障的定义、基本内容及其功能，并对社会保障的筹资模式进行分析，对世界上现有的四种社会保障制度模式进行横向比较，最后阐述了社会保险、社会救济、社会福利与社会优抚等内容。

9.1 社会保障概述

9.1.1 国外社会保障制度的产生和发展

现代意义上的社会保障制度是伴随着生产社会化和市场经济的逐步形成而产生和发展起来的。[①] 纵观历史发展，现代社会保障制度大致经历了四个阶段：社会保障制度的形成时期（1883—1934 年）、社会保障制度的发展时期（1935—1947 年）、社会保障制度的繁荣时期（1948—1978 年）、社会保障制度的改革时期（1979 年至今）。

1. 形成时期（1883—1934 年）

早期的社会保障制度萌芽于 1601 年英国女王伊丽莎白一世颁布的《济贫法》。16 世纪前期，英国开始了工业化进程，圈地运动带来资本原始积累的同时，还带来了大量的失地农民，这些流离失所的农民纷纷涌进城市，带来了许多社会问题。英国政府为了安抚民众、稳定社会，颁布了伊丽莎白《济贫法》（即旧《济贫法》）。后来随着工业革命的迅速发展，《济贫法》已满足不了英国政府的执政需求。于是在 1834 年，英国政府通过了《济贫法》修正案（即新《济贫法》）。新法规定，社会救济是公民的合法权利，对贫民实行救济是政府应尽的义务，它第一次将社会救济以国家立法的形式确定下来，使得社会救济正式成为一种社会制度。这一时期，欧洲其他工业化国家也都同英国政府一样，面临着社会制度的变革。

---

① 赵曼，吕国营. 社会保障学［M］. 3 版. 北京：高等教育出版社，2018.

到了 19 世纪末，人称“铁血宰相”的德国政治家俾斯麦通过一系列铁血战争统一了德意志。俾斯麦是保守派，维护专制主义，镇压了 19 世纪 80 年代的社会民主主义运动。但为了适应工业社会的需要，他通过立法率先建立了世界上最早的工人养老金、健康医疗保险制度和社会保险，由此社会保障制度开始形成雏形。1883 年，俾斯麦政府为缓和阶级矛盾，迫于社会压力，率先颁布了《疾病保险法》，1884 年又颁布了《劳工伤害保险法》，1889 年颁布了《老年、残疾和遗属保险法》。这三项立法是世界上社会保障事业的最早尝试。

2. 发展时期（1935—1947 年）

社会保障制度产生于欧洲，发展于北美。“社会保障”（Social Security）一词最先出现在美国 1935 年颁布的《社会保障法》中。20 世纪 20 年代末 30 年代初，以美国为中心的资本主义世界性经济危机迅速爆发，为重振民心，复苏经济，尽快摆脱危机，时任美国总统罗斯福签署了《社会保障法》。当时美国对社会保障的理解通常仅限于对老年、残疾及遗属的生活保障，后来扩展到各项社会保险及家庭津贴等，但这也标志着社会保障开始在世界范围内发展起来。

“二战”后，社会保障制度迅速发展。英国是西方福利国家的代表，建立福利国家的理论与政策依据是 1942 年由贝弗里奇主持起草的研究报告《社会保险及相关服务》，“普遍福利”的概念开始出现。威廉·贝弗里奇（William Beveridge），英国经济学家，是福利国家的理论建构者之一，他于 1942 年发表了《社会保险报告书》（*Report on Social Insurance*），也称《威廉·贝弗里奇报告》，提出建立“社会权利”新制度，该制度包括失业及无生活能力之公民权、退休金、教育及健康保障等理念。他是自由主义者，主张市场经济，也深刻地受到费边社（Fabian Society）提倡的社会主义影响。他于 1944 年发表《自由社会的全面就业》一书，主张由国家及市场导向的私人企业来联合运作，对当代社会福利政策及健保制度影响颇深。但彼时英国政府忙于“二战”，因此，贝弗里奇的贡献并未立即见到成效。

3. 繁荣时期（1948—1978 年）

20 世纪中叶，现代社会保障制度进入了繁荣时期。在这一阶段，资本主义发达国家将社会保障的完善作为推动国民经济复苏的重要手段，而大量的发展中国家也逐渐建立起自己国家的社会保障制度。

“二战”结束后，主张实行社会主义政策的工党开始执政英国。工党采纳了《威廉·贝弗里奇报告》中的一些建议，在此基础上，以实现充分就业和社会福利为纲领，先后通过了家庭补助、社会保健等一系列政策，如《家庭补助法》（1945 年）、《国民保险法》（1946 年）、《社会保险法》（1946 年）等。1948 年，英国首相艾德礼（C. R. Attlee）宣布英国建成了世界上第一个“福利国家”。随后，“福利国家”开始在世界范围内盛行。继英国后，以 1962 年《国民保险法》的颁布实施为标志，瑞典也建立起福利国家。按照普遍性和统一性的原则，所有公民都有权获得基本生活保障，并由国家承担多种风险。保障的内容除生育、疾病、伤残、失业、养老外，还有儿童、遗属、单亲家庭、住房、教育和培训津贴。除现金津贴外，还提供医疗、护理等服务。这种全民性保险和广泛而优厚的补贴制度，使瑞典获得了“福利国家橱窗”之称。① 其他国家和美国的社会保障制度，从第二次世界大战后至 20 世纪 70 年代，也都经过多次补充修订，先后建立起“福利国家”。

这一阶段，以苏联为代表的社会主义国家也纷纷建立起国家保险型社会保障制度。这一保障制度与当时这些国家的计划经济体制相适应。这一模式的保障对象是全体劳动者，由国家或集体承担所有费用，在一定程度上为当时这些国家建设社会主义国家起到了促进作用。

此外，新加坡的中央公积金制度开始建立运行，由当时成立的中央公积金局专门负责基金的管理。这一制度由政府通过立法强制个人储蓄，采取完全积累模式。政府强制国民进行养老储蓄，然后利用国民上缴的公积金进行基础设施的建设或投资，以减轻国家财政的负担。即公积金账户并不单纯执行储蓄功能，还具备经济效用。② 但该制度的基金积累比例相对较高，国民对该制度褒贬不一。即便如此，不可否认的是，面对资本主义社会的“福利国家”和社会主义社会的“国家保险”两条道路，新加坡开创了一条适合本国国情的社会保障发展道路。

4. 改革时期（1979 年至今）

20 世纪 70 年代后，无论是福利国家型模式还是国家保险型模式，都面临着巨大挑战。“福利国家”的福利水平高、保障项目全、覆盖范围广、管理机构臃肿等带来的是巨大的财政支出，这使得政府不堪重负，保障能力不足。无独有偶，在社会主义国家实行的国家保险型模式，由于是国家或集体承担完全责任，导致费用负担重、保障不平衡，这一模式也随着苏联的解体、各国经济制度的转型而走向衰落。尤其是 20 世纪 70 年代初期爆发的石油危机，世界经济再次面临考验，各国政府为了消除实行“普遍福利”政策给经济、政治带来的种种弊端，不得不走上了改革的道路。

---

① 孙光德，董克用，唐昭．社会保障概论［M］．北京：中国人民大学出版社，2016.

② 吉思．新加坡中央公积金制度对我国社会保障的启示［J］．劳动保障世界，2017（11）：29.

以英国为例，社会保障支出不断增长带来的社会保障交费的增长，在英国社会保障制度中，国家承担的社会保障交费占据了绝大部分，除此之外还要承担一切非交费性救济与补贴费用，这就造就了英国政府用于社会保障的庞大支出，导致政府社会支出的巨额增长。20 世纪 70 年代末，英国遭受经济危机的沉重打击，严重的经济衰退导致了社会问题的进一步加剧，高失业率带来严重的社会问题。1979 年，以撒切尔（M. H. Thatcher）为首的英国保守党上台执政，主张实行具有鲜明的新保守主义特点的撒切尔主义。撒切尔主义主张在经济方面强调市场自身对经济的调节作用，主张减少国家对经济的干预，大规模实施私有化，在社会保障制度方面主张降低社会福利支出，减轻英国经济所承受的社会保障重负，合理减轻国家在社会保障方面的责任，强调个人在社会保障中应该承担更加积极的义务与责任，提倡国家责任与个人责任的基本平衡。1983 年健康与社会保障大臣福勒（Norman Fowler）开始负责对英国现行社会保障制度进行全面的调查，1985 年他提交了一份题为《社会保障改革——变革的计划》的绿皮书，提出了英国社会保障制度改革的基本方针。①

1997 年，以布莱尔（A. C. L Blair）为首的工党以“新工党”的形象取代保守党上台执政。布莱尔上台后，提出了“第二代福利”思想。他的基本主张是转变社会保障观念，提高社会保障实际效果，增强个人在社会保障制度中的责任和义务，适当限制政府在社会保障制度中的作用，同时还要保证向民众提供合理的社会保障制度。②

9.1.2 社会保障概述

社会保障的定义繁多。一般认为社会保障是国家和社会依据法律，向社会成员提供补助与服务，以便他们在由于年老、疾病、失业、伤残、死亡、生育、贫困等遭遇生活困难时，能得到基本的生活保证。③

美国的《社会保障法》将社会保障视为社会安全网，在这个安全网中，人们的基本生存条件得到了保障。马克思认为，社会保障即社会公平与社会安全。英国《简明不列颠百科全书》则指出：社会保障是一种公益福利计划，旨在保护个人及家庭免除因失业、年老、疾病或死亡而在收入上所受的损失，并通过公

---

① 丁建定. 论撒切尔政府的社会保障制度改革［J］. 欧洲，2001（5）：76－82，111.

② 丁建定. 布莱尔政府的社会保障改革［J］. 国际论坛，2004（1）：59－62，81.

③ 李传柱. 西方社会保障制度的历史发展及启示［J］. 长春市委党校学报，2000（6）：24－29.

益服务和家庭生活补助，提高其福利。[①] 国际劳工组织在《社会保障介绍》中对其的定义是：社会保障基本可以看做是，社会为防止由于疾病、生育、工伤、失业、伤残、年老和死亡带来的收入的丧失或收入大幅度减少所造成的经济和社会贫困，通过一系列措施为其成员提供保护、医疗，为有子女的家庭提供补贴。

目前在中国社会保障学界，普遍认同的一种定义是：社会保障是国家通过立法并依法采取强制手段对国民收入进行分配和再分配，对暂时或永久失去劳动能力及因各种原因导致生活困难的社会成员提供基本生活保障、分散个人的风险，以保证劳动力再生产、社会安定、经济有序进行的措施、制度和事业的总称。本书也将采用这一定义。在这一定义中，我们认为：

第一，社会保障的责任主体是国家。

第二，社会保障的实施对象是暂时或永久失去劳动能力及因各种原因导致生活困难的社会成员。

第三，社会保障通过立法并依法采取强制手段实施，因此具有强制性和法定性。

第四，社会保障的实施手段主要是对国民收入进行分配和再分配。

第五，社会保障的目标是通过为社会成员提供基本生活保障、分散个人的风险，从而来保证劳动力再生产，维持社会安定，让经济持续、有序进行。

9.1.3 社会保障的基本内容与功能

1. 社会保障的基本内容

社会保障的内容根据各国实际发展情况而异，我国习惯于按照保障水平将社会保障分作四个项目：社会救助、社会保险、社会福利和特殊保障。

（1）社会救助。社会救助是社会保障的最初形式，是指国家与社会面向由贫困人口与不幸者组成的社会脆弱群体提供款物救济和扶助的一种生活保障政策，它通常被视为政府的当然责任或义务，采取的也是非供款制与无偿救助的方式。对象一般为孤儿、孤苦老人、残疾人、受灾者、低收入者等人群。

（2）社会保险。社会保险是以劳动者为保障对象，以劳动者的年老、疾病、伤残、失业、死亡等特殊事件为保障内容的一种生活保障政策，强调保障者权利与义务相结合，采取的是受益者与雇用单位等共同供款和强制实施的方式。主要包括养老保险、医疗保险、工伤保险、失业保险、生育保险等，随着社会风险的

---

① 周德民，邹文开，刘志红．社会保障概论［M］．北京：中国轻工业出版社，2008.

逐渐增多，还包括相应的死亡抚恤（亦称遗属保险）、残障保险、护理保险等内容。

（3）社会福利。社会福利是国家或政府在立法或政策范围内为所有对象普遍提供的，在一定的生活水平上尽可能提高生活质量的资金和服务的社会保障制度。一般包括老年人福利事业、残疾人福利事业、妇女儿童福利乃至教育福利、住房福利等其他福利。为保障特殊困难群体的生活权益，我国颁布了《中华人民共和国老年人权益保障法》《中华人民共和国残疾人保障法》和《农村五保供养工作条例》等法律法规。有关法律法规规定：对城市孤寡老人、符合供养条件的残疾人和孤儿实行集中供养，对农村孤寡老人、符合供养条件的残疾人和孤儿实行集中供养与分散供养相结合。集中供养一般通过创办社会福利院、敬老院、疗养院、儿童福利院等福利机构进行；对于残疾人，通过政府的优惠政策来兴办多种形式的社会福利企业，帮助适合参加劳动的残疾人获得就业机会。

（4）特殊保障。特殊保障又称社会优抚，是指国家和社会依法对社会上的特殊公民——为保卫国家安全而做出贡献和牺牲的军属、烈属、残废军人及退伍军人等所给予的优待和抚恤。主要包括军人保险、军人抚恤、军人福利、军人复员转业的就业安置或补偿等内容。

事实上，除了以上四项主要的保障内容，还有慈善事业、社区服务、企业年金、商业保险、家庭保障等以个人或集体作为责任主体的补充保障内容，这些保障对一国的经济、社会发展也十分重要。

2. 社会保障的功能

（1）稳定功能。通过建立社会保障制度，不仅能够帮助陷入生活困境的社会成员从生存危机中解脱出来，而且能够满足社会成员对安全与发展保障的需要。因此社会保障是通过预先预防和及时化解风险来发挥其稳定功能的，也被称为“精巧的社会稳定器”或“减震器”。

（2）调节功能。社会保障的调节功能表现在政治、经济与社会发展等广泛领域上。在政治上，社会保障既是各种利益集团权力较量的结果，同时也是调整不同利益集团、群体或社会阶层利益的必要手段。在经济领域主要体现在，一是调节公平与效率之间的关系；二是调节国民收入的分配与再分配；三是调节国民经济的发展。

（3）促进发展功能。社会保障促进发展的功能主要体现在以下四个方面：一是促进社会成员间及其与整个社会的协调发展，使社会生活实现良性循环；二是促进遭受特殊事件的社会成员重新认识发展变化中的社会环境；三是促使社会成员的物质与精神生活水平的提高；四是促进政府有关社会政策的实施。

（4）互助功能。社会保障资金来源于税收、缴费、捐赠等多种渠道，又被支付给受保障者与有需求者，这种分配机制其实是一种风险分散或共担机制，风险共担本身即以互助为基石，并在互助中使风险得到化解。

9.1.4 社会保障制度的国际比较与借鉴

我国社会保障学界，一般依据社会保障资金筹集和供给方式的不同，概括出三种国际上的社会保障模式，即自保公助型、国家福利型和自我积累型。

1. 自保公助型

自保公助型社会保障模式是指在立法的基础上，遵循效率与公平相结合的原则，在资金筹集方面体现自我保障，辅以国家补偿机制，为公民提供一系列基本生活保障，是世界上最早出现的社会保障模式，代表国家为德国。

这种模式下的社会保障适应了工业化进程快速、经济实力雄厚的资本主义国家的发展。自保公助型模式要求公民互助共济、风险共担，因此覆盖面广，几乎包括了社会的全体成员；由政府制定有关的社会保障立法，提供法律依据强制实施有关政策；保障费用主要来源于个人、雇主，同时争取社会各界的资助。这种模式强调个人的保障意识，重视权利与义务相结合，个人必须缴纳社会保险费用才能享受相应的社会保障待遇。这种模式在成员发生困难时能保障个人的基本生活水平，更彰显公平与效率相结合的原则。此外，自保公助型模式的社会保险项目有多有少，在一定程度上解决了人们生、老、病、死等后顾之忧。

2. 国家福利型

国家福利型社会保障模式在立法的基础上，由国家充当社会保障制度的主体角色，由财政负担主要的资金来源，保障范围广泛，保障项目齐全，保障水平较高。代表国家是英国和瑞典。1942 年贝弗里奇在其主持起草的研究报告《社会保险及相关服务》中提出英国将建立一套“从摇篮到坟墓”的社会福利制度，在此基础上，英国在“二战”前后颁布了一系列法案，并在 1948 年宣布建成世界上第一个“福利国家”。这种模式以普遍性为原则，以消除贫困为目标，主张“收入均等化、就业充分化、福利普遍化、福利设施体系化”。在这种模式下，国家作为制度的责任主体，为全体社会成员提供福利高、覆盖广的社会保障。

这一模式的特点是：①实行收入所得再分配；②实行充分就业；③实行全方位社会保障制度；④依法实行并设有多层次的社会保障法律监督体系；⑤个人不需要缴纳或按低标准缴纳社会保障费；⑥保障项目齐全（从摇篮到坟墓）。

在社会主义国家中，曾出现过与国家福利型相似的国家保障型模式，主要出现在 20 世纪的苏联，以及我国早期的社会保障建设过程中。这一模式的理论基础是马克思主义的社会主义公有制和列宁的“最好保险”是国家保险。宪法将社会保障确定为发展中的国家制度，公民所享有的保障权利是由生产资料公有制保证的。在公有制的基础上，保障面向全体公民，追求社会公平，强调能充分满足没有劳动能力者的需要。其保障费用由国家或企业承担，个人无须缴纳任何费用。工会组织参与社会保障事业的决策与管理。但随着财政支出巨大、区域发展不平衡等问题出现，这一模式逐渐淡出世界舞台。

3. 自我积累型

自我积累型的社会保障模式主要在新型工业化国家和发展中国家盛行，代表国家有新加坡、智利。这一模式是由国家立法强制雇主雇员的一方或双方必须缴纳社会保障费用，形成基金积累应对养老、医疗等支出的一种制度安排。强调个人的储蓄责任，主张自食其力、自力更生、自我保障，但这种储蓄是统一的个人储蓄而不是分散的。国家通过立法强制个人、单位按照工资的一定比例缴纳公积金，存入个人账户。在这种模式下，公积金制度以福利为主、社会保障为辅，政府监督、强制国民进行养老储蓄，由官方设立的中央公积金局运行管理，公积金的使用和管理都有着严格的法律程序。

9.1.5 社会保障筹资模式的比较分析

社会保障筹资模式主要是指社会保障基金的筹集管理模式。这里所讲的社会保障基金具有广泛意义。根据我国 2008 年设立的全国社会保障基金理事会规定：全国社会保障基金是国家社会保障储备基金，由中央财政预算拨款、国有资本划转、基金投资收益和国务院批准的其他方式筹集的资金构成，专门用于人口老龄化高峰时期的养老保险等社会保障之处的补充、调剂，由全国社会保障基金理事会（简称社保基金会）负责管理运营。全国社会保障基金与地方政府管理的基本养老、基本医疗等社会保险基金不同，其资金来源、运营管理以及用途都与之存在区别。社会保险基金包括基本养老保险基金、基本医疗保险基金、工伤保险基金、失业保险基金和生育保险基金。① 在发达国家，社会保障筹资模式的划分方式主要有以下两种：

一是按基金三种筹措形式比例可划分为三种筹措方式：①社会保险税，包括保险人自付部分和雇主给付部分；②公费负担，包括国际和其他公费负担；③国家资产收入和其他。

二是按国家、雇主、雇员三方面最终分摊的比例可划分为两类：①实行强制或自

---

① 全国社会保障基金理事会. http://www.ssf.gov.cn/.

由保险制的国家，雇主和雇员负担主要部分，大约占基金全部来源的70%～80%；②实行公民供给制的国家，由国家负担主要部分，一般占基金全部来源的在50%～60%。

社会保障基金涉及金额巨大、覆盖范围广，对我国社会民生具有重大影响，因此具有国家法定性、专款专用性、统筹互济性和覆盖广泛性四个特点。

在实践中，人们通常把社会筹资、个人账户这两种社会保险基金的存储方式与现收现付制、完全基金积累制、部分基金积累制这三种社会保险基金的平衡方式交叉组合，共形成四种组合：一是社会统筹的现收现付制；二是个人账户的储存基金制；三是社会统筹的部分基金积累制；四是社会统筹和个人账户相结合的部分基金积累制。

1. 社会统筹的现收现付制

社会统筹的现收现付制是在较短时期内（通常为1—3年）按照收支平衡的原则确定费率筹集社会保障费用。这一制度遵循“以支定收，略有结余”的原则，社会保障基金在短期内保持横向平衡，即社会保障费用的收入与支出在这段时间内基本保持平衡。

现收现付制具有费率调整灵活、社会公济性强、易于操作、基金受通货膨胀和利率波动的影响小等优点：①现收现付制是一种短期收支平衡，因此在确定当期缴费率时，可以根据需求的增长及时调整征缴比率；[①] ②现收现付制实际上是“代际赡养”，由下一代人抚养上一代人，因此体现了代际的互助互济精神；③现收现付制收支关系清晰，操作简单，给付及时，一经建立即可支付待遇；④由于是短期平衡，因此现收现付制无须经过基金的积累过程，没有大量的储备基金，不容易受通货膨胀和利率波动的影响。

但在人口老龄化背景下，该模式的局限性也十分明显。从长期规划来看，现收现付制缺乏资金活力、运转不灵，难以应付人口老龄化。现阶段，欧洲已有多数国家步入老年型社会，随着人们生育意愿的降低，劳动力数量逐渐减少，缴纳的社会保险费用不够支付现存老年人口的养老保险，这时候不仅需要国家财政的支出，还要提高费用的缴纳水平，对个人、单位、国家都造成了巨大的经济负担。

2. 个人账户的储存基金制

个人账户的储存基金制又称为完全基金积累制，以养老保险为例，个人账户的储存基金制是指在将个人未来的养老支出总和分摊到较长的一段时期内向个人

① 宋明岷. 社会保障基金管理理论、实践与案例［M］. 上海：复旦大学出版社，2012.

和单位征收。这一制度的社会保障基金遵循"纵向平衡、费率稳定、长期积累"的原则。这是一种"同代自养"模式，代表国家有新加坡、智利等。

个人账户的储存基金制把个人缴费与个人劳动贡献、个人工薪收入紧密地联系在一起，具有很强的激励和效率机制，并具有良好的制约监督机制，使得社会保障基金具有稳定的资金来源，并能在较长的时期内分散社会风险且这一制度的建立是为了未来的养老保障，因此能有效地预防人口老龄化问题。

但该模式也存在问题：第一，该模式是"同代自养"，即社会成员在年轻时所缴的费用直接用于支付其退休后的养老金，属于自我养老，缺乏社会成员间的横向互助互济功能，违背了社会保障制度的互济性。第二，长时期的基金积累对于社会保障基金的要求极高，管理程序的烦琐以及通货膨胀、利率波动的影响解决对社会保障基金的管理都是严峻的挑战。第三，随着人类医学的进步和人们生活质量的改善，人均寿命的延长使得这一模式也存在着支付风险。

3. 社会统筹的部分基金积累制

这种模式的部分积累依存于社会统筹，是在社会统筹制的母体中建立积累基金。一方面对已退休者实行现收现付，另一方面为应付退休高峰期预筹部分积累基金，实行"以支定收、留有部分积累"的原则。但这一制度中沉淀下来的储备基金在营运管理的有效性方面缺乏保证，储备基金需要由专门的机构进行管理，仍然存在一定的管理难度。

4. 社会统筹和个人账户相结合的部分基金积累制

社会统筹和个人账户相结合的部分基金积累制引进了个人账户储存基金制的机理，积累基金建立在个人账户的基础上，又保持了社会统筹互助调剂的机制，同时体现了横向平衡原则和纵向平衡原则。

由于建立了个人账户，支付待遇与个人账户的储蓄挂钩，这一模式具有更为有效的激励机制和监督机制，同时又保留了社会统筹互济性，因此人们将这种模式作为现收现付制向基金积累制过渡的模式，也希望能够作为长期存在的新型筹资模式，平稳过渡人口老龄化的难关。

9.2 社会保险

9.2.1 社会保险概述

1. 社会保险的定义

一直以来，社会保险主要是以劳动者为保障对象，以劳动者的年老、疾病、伤残、失业、死亡等特殊事件为保障内容的一种生活保障政策，强调保障者权利与义务相结合，采取的是受益者与雇用单位等共同供款和强制实施的方式。但事实上，中国的社会保险已经面向全体社会成员实施，覆盖了城镇职工、城镇居民、农村居民等人群，真正使得全社会都能享受到。

2. 社会保险的特征

社会保险是每个国家社会制度的重要构成之一，具有以下五个特征：

（1）强制性。社会保险是由法律规定并由国家强制实施的，凡属于法律规定范围内的社会成员都必须无条件地参加社会保险，并按规定履行相应的义务。社会保险的缴费标准、给付标准、待遇项目均由国家和地方政府法律法规统一规定，作为被保险人一方无自由选择与更改的权利。

（2）互济性。社会保险按照社会共担风险原则进行组织，社会保险基金在规定的较大统筹范围内调剂使用，发挥着长期互济的功能。这种互济性体现在劳动者之间、企业或行业之间、地区之间的统筹调剂互助。一般来说，在形成社会保险基金的过程中，高收入的劳动者比低收入的劳动者缴纳更多的保险费，但在使用过程中，却并非按照缴纳保险费的多少给付保险金，而是依据受保者的实际需要进行调剂。①

（3）不可逆性。社会保险的保障标准具有不可逆性，即刚性。社会保险的保障标准由国家或地方政府根据社会保障的相关法律法规及当地经济发展水平统一制定，一经发布，便有不可下调的刚性。若硬性下调，容易引发国民不满，带来社会动荡。此外，随着社会经济的发展，人们生活水平的提高，社会保险缴费水平的提高，保障水平也会随之提高。

（4）权利与义务相结合。社会保险资金主要由个人缴费、单位缴费、国家财政支出三者构成。国家财政支出是对收入进行再分配，企业缴费和个人缴费属于初次分配。对于个人来说，缴纳社会保险费用是应尽的义务，只有按照法律规定履行了缴纳义务，才有资格享受社会保险待遇。但同时，由于社会保障的互济性体现了“劫富济贫”的特征，因此我们说社会保险的权利与义务是相结合的，而非完全一致。

（5）公平与效率相结合。公平与效率相结合是社会保险促进国民经济发展的重要前提原则。促进社会公平正义是社会保障制度的基本目标，也是各国社会保障制度的基本理念。以养老保险为例，1991 年国务院出台的《国务院关于企业职工养老保险制度改革的决定》规定养老保险制度的覆盖范围为全民所有制企业，城镇集体所有制企业可以参照执行。1997 年《国务院关于建立统一的企业

① 周德民，邹文开，刘志红．社会保障概论［M］．北京：中国轻工业出版社，2008．

职工基本养老保险制度的决定》规定基本养老保险制度要逐步扩大到城镇所有企业及其职工。1999 年则扩大到国有企业、城镇集体企业、外商投资企业、城镇私营企业和其他城镇企业及其职工，实行企业化管理的事业单位及其职工。2000 年《国务院关于印发完善城镇社会保障体系试点方案的通知》强调自由职业人员、城镇个体工商户应参加基本养老保险。2005 年《国务院关于完善企业职工基本养老保险制度的决定》提出城镇各类企业职工、个体工商户和灵活就业人员都要参加企业职工基本养老保险。2011 年《中华人民共和国社会保险法》规定无雇工的个体工商户、未在用人单位参加基本养老保险的非全日制从业人员以及其他灵活就业人员可以参加基本养老保险。① 医疗保险、工伤保险、失业保险等其他社会保险的覆盖人群也在不断扩大，让全体社会成员享受到经济发展的成果。此外，城镇职工、城镇居民、农村居民的社会保险制度在不断完善、整合，让社会成员在保障水平上也感受到公平。

3. 社会保险与商业保险的区别

从创办目的来看，社会保险是政府为国民在年老、伤残、失业、患病、生育等暂时或永久失去劳动能力时提供基本生活需要，从而达到社会稳定、促进国民经济健康发展、巩固执政地位而实行的社会政策，并不以营利为目的。而商业保险是一种营利性的经济行为，商业保险公司和投保人之间进行交易活动，多投多保、少投少保，不投不保。

从创办机构来看，社会保险是由政府部门发起的，政府作为创办主体，必须建立健全社会保险制度，完善社会保险管理机构，做好社会保险基金的协调与管理工作，使得社会成员能够真正享受到社会保险的福利性和互济性。而商业保险则是由商业保险公司发起的，带有商业性质，保险公司自负盈亏，他们必须考虑到营利问题以保证在市场中存活下来。

从资金来源的构成看，社会保险费用的承担主体主要是个人、雇佣单位、国家，而商业保险费用的承担主体仅为投保人个人。

从权利与义务的关系上来看，社会保险是权利与义务相结合的，即人们要享受社会保险待遇，就必须承担相应的义务，如缴纳社会保险费用，但这种享受待遇不与其义务完全一致，社会保险分配制度是以有利于低收入阶层为原则的。而商业保险则不同，在商业保险中，权利与义务是对等的，即投保人权利的享受是以“多投多保、少投少保、不投不保”为前提的，也就是说，被保险人享受保

① 丁建定. 中国社会保障制度的公平正义理念及其实践取向［J］. 社会政策研究，2020（4）：13 – 25.

险金额的多少，要以投保人是否按期、按数量缴纳了合同所规定的保费以及投保期限的长短为依据。保险合同一旦期满，保险责任自行终止，权利与义务的关系也就不复存在。

从性质上来看，社会保险具有强制性，即由国家通过立法强制实施，个人和雇佣单位都必须依照法律的规定参加。社会保险的缴费标准和待遇项目、保险金的给付标准等，均由国家或地方政府的法律、法规统一规定。劳动者个人作为被保险人一方，对于是否参加社会保险、参加的项目和待遇标准等均无任意选择和更改的权利。[①] 而商业保险是自愿性保险，它遵循的是“多投多保、少投少保、不投不保”的原则，投保人有权在保险提供范围内选择需要的险种、保费的多少、保险期限的长短，这些内容均按最终的保险合同履行，一旦合同终止，保险责任也随之解除。

9.2.2 我国社会保险的发展

1. 养老保险

养老保险是国家和社会根据一定的法律法规，当劳动者到达法定年龄或退休时，由社会保险机构或由指定的其他单位按规定给付养老年金的保险。养老保险的类型主要分为：由国家强制实施的基本养老保险制度、个人储蓄养老保险即根据个人意愿购买的商业保险、补充养老保险（又称企业年金）。

中国的养老金制度自20世纪50年代初期建立以来，经历了从非缴费型的退休金制度到缴费型的社会养老保险制度的发展进程。传统的养老金制度是只覆盖城镇劳动者的退休金制度。[②] 目前，我国的法定基本养老保险制度由三部分构成：机关事业单位工作人员基本养老保险、职工基本养老保险、城乡居民基本养老保险。

1950年3月政务院发布《关于退休人员处理办法的通知》，该文件面向全体机关事业单位工作人员，是中华人民共和国成立后第一个有关退休制度的政策性文件。1951年政务院颁布《中华人民共和国劳动保险条例》，后来不断扩大范围面向所有国有企业职工。1955年12月，国务院发布《关于国家机关工作人员退休处理暂行办法》等法规，形成了适用于全体机关事业单位工作人员的退休金制度。1966年4月我国发布了《关于轻、手工业集体所有制企业职工、社员退休统筹暂行办法》等政策性文件，这是首次尝试建立集体企业职工的退休统筹制

---

① 孙树菡，朱丽敏．社会保险学［M］．3版．北京：中国人民大学出版社，2019.

② 郑功成．中国养老金：制度变革、问题清单与高质量发展［J］．社会保障评论，2020，4（1）：3－18.

度。此时，企业职工退休金制度的覆盖范围包括国有企业和集体企业，这些制度与当时我国实行的国家保险型模式相适应，职工的退休金由集体或国家负责，个人无需缴费。

现行的法定养老金制度始于 20 世纪 80 年代中期，国有企业职工退休金制度从单位负责制到实行行业统筹，再到对社会养老保险的探索。1991 年，国务院颁布了《国务院关于企业职工养老保险制度改革的决定》，明确改革方向是“去单位化”。但在 1995 年，国务院正式推出社会统筹与个人账户相结合的职工养老保险改革试点，其最显著的特点就是在法定养老金制度中引入了私有化的个人账户制。[①] 当时两种方案同时进行，由地方自行选择，造成了政策混乱、待遇不均的现象。随后国务院于 1997 年颁布了《国务院关于建立统一的企业职工基本养老保险制度的决定》，提出全国统一方案并要求地方贯彻落实。自此我国养老保险制度开始了新阶段。

2009 年进行试点的农民养老保险制度开始采取统账结合的模式，这被称为新型农村社会养老保险，这一制度有个人缴费、集体补助、政府补贴三个资金来源，农民的基础养老金由中央财政直接支出，每个参保农民在年满六十周岁后就可直接按月领取。随后这一制度向城镇居民扩展，2011 年 6 月 13 日，国务院颁布了《国务院关于开展城镇居民社会养老保险试点的指导意见》，意见要求建立个人缴费、政府补贴相结合的城镇居民养老保险制度，2011 年 7 月 1 日启动试点工作，2012 年我国基本实现城镇居民养老保险制度全覆盖。[②] 2014 年，国务院发布《国务院关于建立统一的城乡居民基本养老保险制度的意见》，实现了城乡居民养老金制度整合。2014 年底，国务院为机关事业单位工作人员建立类似于企业职工的社会养老保险制度，同时建立起职业年金制度，这种双层制度建构因有国家财政作为坚实后盾而迅速同步，实现了制度全覆盖。

2. 医疗保险与生育保险

(1) 医疗保险。

医疗保险是指由国家立法，通过强制性社会保险原则和方法筹集医疗资金，为法定分为内因疾病或非因工伤害的个人提供医疗服务和经济收入补偿等保障的社会保险制度。医疗保险较多的是提供经济补偿帮助个人治疗疾病，不仅保障社会成员的健康，还有助于劳动力的再生产。

---

① 郑功成．中国养老金：制度变革、问题清单与高质量发展［J］．社会保障评论，2020，4（1）：3－18.

② 卫敏丽．2012 年我国将基本实现城镇居民养老保险制度全覆盖［EB/OL］．新华社．http://www.gov.cn/jrzg/2011－12/29/content_2033383.htm.

中华人民共和国成立后，短短的十余年间我国即通过建设劳保医疗、公费医疗和农村合作医疗等方式为国民提供一定水平的医疗保障。[①] 1951 年，彼时政务院颁布的《中华人民共和国劳动保险条例》就包括了医疗保险，标志着我国企业职工医疗保险制度（简称劳保医疗制度）的建立。次年，政务院又颁布了《政务院关于全国各级人民政府、党派、团体及所属事业单位的国家工作人员实行公费医疗预防的指示》，建立了机关事业单位工作人员的公费医疗制度。1949—1968 年，占中国总人口 82% 的农村人口是以家庭为单位提供医疗保障，其间除“五保户”由集体经济提供低水平的保障外，还有覆盖率不高且发展不稳定的农村合作医疗制度。1969—1978 年，随着农村合作医疗制度的建立，又有大约 90% 以上的农民可以通过合作医疗获得廉价的初级卫生保健服务。[②]

改革开放后，我国开始探索适应社会主义市场经济的医疗保障模式，在 1998 年至 2009 年，我国的基本医疗保险制度完成了从 0 到 1 的史诗般跳跃，通过先后建立城镇职工基本医疗保险、新型农村合作医疗、城镇居民基本医疗保险三项医疗保险制度，不仅实现了制度的全覆盖，而且 2011 年参保率达到了 95% 以上，基本实现了人群全覆盖。2014 年开始，新农合与城镇居民基本医疗保险合并为城乡居民基本医疗保险。[③]

当前，我国的医疗保险覆盖率达 95% 以上，基本实现“病有所医”的全民医保，但我国医疗保险仍存在一些乱象，如医院或个人套取医疗费用，以及医保的质量不高、医疗保险的统筹层次较低、区域和行业间的保障水平不平衡等现象，这些问题仍待解决。在建立健康中国的大背景下，须以构建高质量医保制度为核心目标，全面深化改革的努力方向至少包括：一是尽快取消医保个人账户，真正落实医保互助共济原则；二是整合职工与居民医保，早日以一个医保制度覆盖全民，真正落实医保互助共济原则；三是逐渐强化个人责任，逐步走向筹资责任分担均衡化；四是以现收现付为目标，并将统筹层次提高到省一级，以降低费率负担、提高运行效率；五是用“老人老办法、新人新办法或者花钱买机制”等举措，终结退休人员不缴费政策；六是精准引导商业健康保险与公益型医保发展，促使多层次医保体系早日建成；七是以医保支付方式改革为杠杆，促使“三

---

① 申曙光．新时期我国医疗保障的发展：迈向“病有良医”的伟大征程［J］．中国医疗保险，2019（11）：20－24.

② 李珍．基本医疗保险 70 年：从无到有实现人群基本全覆盖［J］．中国卫生政策研究，2019，12（12）：1－6.

③ 李珍．基本医疗保险 70 年：从无到有实现人群基本全覆盖［J］．中国卫生政策研究，2019，12（12）：1－6.

医”良性互动；八是高度重视医保信息化、标准化建设并强化监管，为医保制度高效运行提供有力支撑。总之，建成高质量医保制度已成为我国医保改革与制度建设的核心使命。①

（2）生育保险。

生育保险的待遇主要由产假、生育津贴、生育医疗服务、子女补助、特殊保障等内容构成。

在中华人民共和国成立初期，1951 年政务院颁布了《中华人民共和国劳动保险条例》，该条例对企业职工的生育保险作出了具体规定。1955 年，国务院颁布《关于女工作人员生产假期的通知》，国家机关、事业单位的生育保险制度开始建立和规范起来。但在文化大革命时期，我国社会保险的统筹制度中断，同样也使得生育保险的统筹消失，生育保险从适合多种用工制度变成只适合单一的用工制度。20 世纪 70 年代末，随着社会经济的改革，生育保险也发生了变化，从文化大革命时期的“企业生育保险”转为“社会生育保险”，从此生育保险的社会统筹就成了我国生育保险制度改革的方向。②

1988 年 7 月 21 日，国务院颁布《女职工劳动保护规定》，女职工产假由原来的 56 天增加至 90 天，并废止了过去的相关条例规定。1994 年 12 月劳动部颁布了面向城镇企业及其职工的《企业职工生育保险实行办法》。办法规定，生育保险按照属地原则组织，费用实行社会统筹模式。次年，国务院颁布《中国妇女发展纲要（1995—2000）》，对生育保险的实施范围、覆盖方式及时间进度等内容做了更为明确的规定。此后几年，我国的生育保险制度改革与医疗保险改革逐渐衔接，生育保险工作有了新的变化。迈入 21 世纪后，生育保险的立法逐渐走向规范化、制度化。2005 年 8 月，第十届全国人民代表大会常务委员会第十七次会议通过了《中华人民共和国妇女权益保障法（修正案）》。2010 年，《中华人民共和国社会保险法》颁布，首次以国家基本法的形式对生育保险做出总括性规定，为职工依法享有生育保险权益提供了有力的法律保障。2012 年 4 月 28 日，国务院发布的《女职工劳动保护特别规定》进一步提高了女性生育保障水平。女性产假天数由 1988 年规定的 90 天增加至 98 天，其中产前可以休假 15 天，若难产，可增加 15 天，生育多胞胎的，每多生育 1 个婴儿，增加产假 15 天。近几年来，为适应国家生育政策的改革，各地关于生育保险的政策也做了相应的调整，如增加女性职工产假时间，对男方也给予一定时间的护理假期。

---

① 郑功成. 新时代须以构建高质量医保制度为核心目标［J］. 中国医疗保险，2019（3）：2.

② 潘锦棠. 中国生育保险制度的历史与现状［J］. 人口研究杂志，2003（2）：29 - 35.

随着医疗保险的健全，我国生育保险出现逐渐与医疗保险合并的趋势，提高两个项目管理水平的同时也能推动我国医疗事业向更高水平迈进。此外，若这两险合并，生育保险的覆盖面将扩大至全部社会成员，可有效协助生育政策的执行。

3. 工伤保险

工伤保险是世界上最早产生和最早进行国家立法的一项社会保险，也是社会保险体系中立法最完善、制度最成熟、模式最统一的一项制度。[①] 它是指劳动者在生产经营中或在规定的某些特殊情况下遭受意外伤害、职业病以及因这两种情况造成死亡、暂时或永久丧失劳动能力时，劳动者及其遗属能够从国家、社会得到一定的物质补偿或货币补偿。根据我国2003年颁布的《工伤保险条例》，我国实行工伤保险的目的是保障因工作遭受事故伤害或者患职业病的职工获得医疗救治和经济补偿，促进工伤预防和职业康复，分散用人单位的工伤风险。[②]

我国工伤保险制度的发展主要分为四个阶段[③]：

（1）创立阶段（1949—1957年）。这一阶段的工伤保险制度由“国家负责、企业包办”，工伤保险属于企业福利。1951年政务院颁布的《中华人民共和国劳动保险条例》将工伤保险列为首位，对其实施范围、资金来源、待遇水平等作了详细规定。1953年颁布修正草案进一步细化了规定。1957年卫生部颁布了应对职业病伤害的《职业病范围和职业病患者处理办法的规定》，正式引入了14种与职业活动相关的疾病。

（2）调整阶段（1958—1977年）。这一阶段正逢“大跃进”和文化大革命时期，与其他社会保障项目一样，工伤保险制度也陷入了停滞阶段。企业无法正常运行缴费，工伤保险的资金来源切断，无法提供正常的保障，直到后期才开始慢慢恢复。

（3）探索阶段（1978—2003年）。1978年后，我国处于由计划经济向市场经济转型的过程，在初期我国工伤保险仍延续了文化大革命之前建立的制度与政策，但随着市场经济的飞快发展，原有的制度不再适用于新时期的中国。在这个背景下，我国开始进行社会保险改革，1989年开始开展工伤保险改革试点，在1990年至1993年之间颁布了一系列文件。1994年《中华人民共和国劳动法》出

---

① 中国人大网. 我国工伤保险制度的基本情况和主要问题［EB/OL］.（2008-12-22）. http://www.npc.gov.cn/zgrdw/npc/zt/2008-12/22/content_1463499.htm.

② 孙树菡，朱丽敏. 社会保险学［M］. 3版. 北京：中国人民大学出版社，2019.

③ 孙树菡，朱丽敏. 新中国工伤保险制度六十年的发展变迁［J］. 河北学刊，2009，29（6）：1-6.

台，使我国的工伤保险制度最终以法律的形式确定了下来。1996 年劳动部又颁布了《企业职工工伤保险试行办法》，这是中国历史上首部工伤保险的专项立法。之后几年里，我国还颁布了《职工工伤与职业病致残程度鉴定标准》（2006 年）、《中华人民共和国职业病防治法》（2001 年）、《中华人民共和国安全生产法》（2002 年）、《职业病目录》（2002 年）等法律法规，使得工伤保险体系逐步成型。

（4）完善阶段（2004 年至今）。2003 年颁布的《工伤保险条例》于次年 1 月 1 日正式开始实施，工伤保险制度成为我国所有保险中立法层次最高、最早定型的项目之一，这标志着我国工伤保险制度步入了法制化阶段。之后出台了《工伤认定方法》《劳动保障监察条例》以及工伤康复诊疗系列文件，保障范围更加全面。2010 年国务院通过了《国务院关于修改〈工伤保险条例〉的决定》，对上下班途中的工伤认定范围进行了扩大并对相关规定做了修改。2015 年 7 月底，人社部和财政部联合印发《关于调整工伤保险费率的通知》，明确了单位费率确定与浮动办法，各统筹地区社保经办机构根据用人单位工伤保险费使用、工伤发生率、职业病危害程度等因素，确定其工伤保险费率，并可依据上述因素变化情况，每 1 至 3 年确定其在所属行业不同费率档次间是否浮动。这次调整在保证工伤待遇水平不受到任何影响的前提下，为企业的缴费减轻了负担。

4. 失业保险

国际劳工组织对于失业的定义是：一定年龄范围内的劳动人口，同时满足下列 3 个条件则视为失业：①劳动者没有工作，未从事有报酬的职业或自营职业；②劳动者具有劳动能力，可以从事生产活动；③劳动者有就业意愿，并积极采取各种方式寻找工作。

失业现象是发展市场经济过程中无法避免的问题，因此，制定有效的失业保险制度让失业者在过渡期间得到保障、顺利投入再生产是十分必要的。失业保险是指劳动者因非自愿失去工作、收入中断时，由国家和社会依法保证其基本生活需要。在我国，改革开放前失业保险制度是不存在的。20 世纪 80 年代中期以后，企业开始自主经营、自负盈亏，劳动用工制度也发生了变化，失业问题开始显化。[①] 1986 年，国务院颁布《国营企业职工待业保险暂行规定》，标志着我国失业保险制度开始了全新的探索。到了 1989 年，在国营企业范围内，待业保险实现全面覆盖。1993 年 11 月，中国共产党第十四届中央委员会第三次全体会议通

① 郑秉文，于环，高庆波．新中国 60 年社会保障制度回顾［J］．当代中国史研究，2010，17（2）：48－59，125.

过的《中共中央关于建立社会主义市场经济体制若干问题的决定》指出，要重点完善企业养老和失业保险制度。不久，国务院颁布《国有企业职工待业保险规定》，同时废止1986年的《暂行规定》。1998年底国务院通过的《失业保险条例》标志着我国失业保险制度的正式确立。从待业保险制度到失业保险制度的跨越不仅仅意味着观念上的转变，即正式承认了“失业保险”，也在保障范围、资金来源、享受条件、给付办法等方面都有了更高层次的变化，失业保险制度开始发展起来。之后几年里，我国推出了一系列失业保险政策促进下岗人员再就业。到2008年，《中华人民共和国就业促进法》正式实施，促进了就业制度化，进一步完善了我国的失业保险制度。

比利时是最早实施失业保险制度的国家，在1901年，比利时就开始实施自愿性的失业保险，与现在的失业救济相似。我国失业保险历史短暂，借鉴失业保险制度历史悠久的比利时失业保险项目，对我国当前失业保险制度的再完善具有重要意义。比利时的失业保险项目分为两种：第一种是传统失业保险项目及其演化项目；第二种是新失业保险项目，是比利时政府针对新时期出现的失业风险所设计的项目。新失业保险项目又可根据导致失业的原因不同而划分为三种，即由于社会的原因导致雇员失业；由于企业或雇主的原因导致雇员失业；由于雇员个人的原因导致失业。① 比利时失业保险体系的传统失业保险项目和新失业保险项目，分别代表了失业保险制度的两种发展方向：一种是演化成为救济性质，成为针对社会低素质人口的社会性人力资源调整规划；另一种是回归保险的本质，成为针对新时期外部不可抗力失业风险的社会共济。②

在2009年就有学者提出，我国失业保险将面临巨大考验。如今面对经济发展进入新常态的情况，我国失业保险的三大功能，即保障失业人员的基本生活、预防失业和促进再就业的功能，需要得到有效加强。同时，更要创新失业保险的改革方向，促进就业与创业；还要提高失业保险的统筹层次，一地一案的失业保险制度不利于社会劳动力的流动和经济的健康发展，提高统筹层次，让劳动者流动更加自由。③

---

① 董克用，李刚. 比利时失业保险体系对中国失业保险改革的启示［J］. 人口与经济，2008（3）：71－75，60.

② 董克用，李刚. 比利时失业保险体系及其运行［J］. 人口与经济，2008（1）：67－74.

③ 吕学静，牛博杰. 经济“新常态”失业保险应着力促进就业［J］. 中国人力资源社会保障，2015（7）：37－39.

9.3 社会救济

9.3.1 社会救济概述

社会救济又称社会救助，是社会保障安全网的“网底”，对于保障贫困人口和遭受意外事件者的生活有至关重要的兜底作用，社会救济是指以政府为主体，在公民由于各种原因不能维持基本生活的时候给予物质援助，增强弱势者适应社会的生存能力。①

社会救济是与社会保险、社会福利并列的三大基本保障系统之一，它不仅是法定的社会保障制度安排，而且是最基本、最悠久的社会保障制度安排，② 具有以下四个特征：①救济对象的选择性。这是指社会救济的实施对象需要通过法定的程序进行资格审查、认定，如家庭经济情况调查，从而确定该对象是否能接受社会救济。②社会救济形式的多样性。社会救济按照不同的标准可分为几类：按照救济的实施方式分为货币救济、实物救济和服务救济；按照救济实施的时间长短分为临时性救济和持续性救济；按照救济的目的分为扶贫救济、生产救济等；按照救济的主体分为国家救济、单位救济、民间救济等，形式多样。③社会救济的低层次性。社会救济不同于社会保险和社会福利，社会救济是社会安全的“最后一道防线”，是最低水平的保障。④权利与义务的单向性。这表现在全体社会成员无需承担义务就都能够享有接受社会救济的权利，而国家必须承担社会救济的责任，通过立法实施社会救济活动。

在进行救济行为的过程中，必须遵循以下原则：①满足最低水平的基本生活需求。社会救济的目的不是改善、提高社会成员的生活质量，而是对生活陷入困境的社会成员给予一定的帮助和支持，满足其最低的生活需求，协助其渡过难关，实现再生产。②全体公民普遍适用。这一原则强调社会救济覆盖全体社会成员，确保在成员的生活发生困难时都可以得到及时的救助。③积极救助。社会救济应采取积极的措施和方式，因此要帮助受助者重新建立对生活的希望，积极寻找脱贫脱困的生活方式。④救济标准要与当地经济社会发展水平相适应。社会救济的目的是帮助那些无法独立解决基本生活问题的困难者，救助的依据是当地的最低生活保障线。因此，社会救济的标准必须适应于当地的经济发展水平，提供适度的社会救济。

---

① 童星. 社会保障理论与制度［M］. 南京：江苏教育出版社，2008.

② 郑功成. 中国社会救助制度的合理定位与改革取向［J］. 国家行政学院学报，2015（4）：17－22.

9.3.2 社会救济的基本内容

1. 最低生活保障

最低生活保障是指国家为生活低于本国最低收入标准的社会成员提供生活费用救助金，帮助其维持最低基本生活需求的社会救济制度。在我国，凡是生活低于当地最低收入标准的社会成员都可以领取一笔低保费用。

最低生活保障线的制定方法主要有四种：

（1）生活形态法。这种方法从人们的生活方式、消费行为等“生活形态”着手，提出一系列关于贫困居民生活形态的问题，然后根据大多数人能够接受的指标评定贫困者的标准，在此基础上计算这些贫困者的经济收入和日常消费需求，以此计算出最低生活保障线。但这种方法的实际操作较为复杂，一般不使用。

（2）生活需求法。这一方法也称“市场菜篮法”，即根据当地维持最低生活所需要的物品和服务列出清单，再根据当地的市场价格解算出这些必需物品和服务所需花费的金额，从而制定出最低生活保障线。但这一方法主观性太强，因人而异，差别较大。

（3）恩格尔系数法。这一方法源自恩格尔定律，是指以居民用于食品消费的绝对支出除以已知的恩格尔系数（一个家庭用于饮食支出占家庭总支出的比例），求出所需的消费支出的方法。普遍认为，恩格尔系数在 60% 以上属于贫困；在 50% ～ 59% 之间属于能满足温饱；在 40% ～ 49% 之间属于小康；在 30% ～ 39% 之间属于富裕；低于 30% 则属于极富。这种方法相较于生活需求法会更加客观，操作也更简单。

（4）国际贫困标准法。这是一种收入比例法，国际经济合作与发展组织在 1976 年对其成员国组织了一次大规模调查后提出，以一个国家或地区的社会中等收入或平均收入的 50% ～ 60%，作为这个国家或地区的最低生活保障线。这种方法理论上简单明了、易操作，但是对全社会成员的收入进行全面调查是一项极其耗费时间和金钱的工程。

2. 农村扶贫开发

2021 年 1 月 18 日，国新办就 2020 年国民经济运行情况召开了新闻发布会，国家统计局局长表示，我国决战脱贫攻坚取得决定性胜利，脱贫攻坚成果举世瞩目，5575 万农村贫困人口实现脱贫。也就是说，现行标准下我国农村贫困人口已经全部脱贫，绝对贫困现象历史性消除了。但事实上，农村扶贫开发是一项长期工程，在农民脱贫后需要继续跟踪，预防返贫。

农村扶贫是具有中国特色社会主义的一项社会救济制度，是指国家通过输入资金、技术、人才等方式帮助贫困地区发展生产、摆脱贫困。在我国，农村扶贫分为救济式扶贫和开发式扶贫。救济式扶贫"治标不治本"，无法根除贫苦农民的贫困根源，只能提供短暂的救济，缓解一时的生活困难。而开发式扶贫则是国家或地方政府帮助贫困地区改善当地基本生产条件，开发当地经济，向这些地区输入人才和技术，发展当地的文化教育，从而使当地居民真正摆脱贫困根源。

3. 灾害救济

灾害救济是指人们因受到洪水、火灾、地震、台风、火山爆发等自然灾害的袭击，或遭受到战争之苦而失去生活保障时，国家和社会为这些人员提供维持最低生活水平的救济。它包括灾情发生时生活上的救济和生命救助，以及灾后的重建。中国自古灾害多发，对以农为本的古代社会造成巨大影响，为保障经济发展和社会稳定，古代社会逐步形成了一整套较为完善的灾害预警、防备和救助体系，包括监测雨雪粮价、仓储建设、发展农业生产、完善灾害上报与政府救助等。同时，广泛的民间救助也对古代社会政府救灾形成重要补充。[①]

4. 法律援助救济

法律援助救济也称法律救助、司法援助，是指国家以制度化、法律化的形式，在司法制度运行的各个环节上，对因贫困或其他因素导致难以通过一般意义上的法律手段保障自身基本权利的社会弱势人员，通过减免援助费用、提供法律帮助，实现其司法权益的司法救助制度。法律援助救济的形式包括刑事法律援助和民事法律援助两种。

9.4 社会福利与社会优抚

9.4.1 社会福利概述

巴克尔（R. L. Barker）关于社会福利的界定在《社会工作词典》中有两种解释：一是指一国用来帮助人们以满足经济、社会、教育和健康所需要推行的项目、津贴和服务体系，从而维护社会的正常运行；二是指一个社群或社会的集体福祉的状态。美国学者威廉姆·怀科特（W. H. Whitaker）认为，社会福利是指社区或社会的满意状况。在此意义上，社会福利是社会不断追求的结果，在这一追求过程中，人们对生活质量是什么及应该是什么进行了界定，并且努力将其变为现实。[②] 无论哪种解释，都达成了一个共识，那就是社会福利是关乎全体社会

① 李军. 中国古代备荒救灾的历史经验［J］. 人民论坛，2020（8）：142－144.

② 童星. 社会保障理论与制度［M］. 南京：江苏教育出版社，2008.

成员利益的。在我国，社会福利是最高层次的社会保障制度，是指国家面向全体社会成员提供改善和提高物质文化生活水平的设施和服务，主要的形式有建立文化、教育、卫生、交通等基础设施，免费或优惠提供服务，发放食物券或货币补贴等。

我国的社会福利类型多样，按照实施对象分为老年人福利、残疾人福利、妇女福利、儿童福利、劳动者福利、面向全体社会成员的公共福利等，针对不同对象，我国先后颁布了《中华人民共和国残疾人保障法》《中华人民共和国妇女儿童权益保障法》《中华人民共和国老年人权益保障法》等法律文件，国家和社会依法承担社会福利的责任。

按照福利的内容可分为教育福利、医疗卫生福利、文体娱乐福利、生活福利、住房福利等。这些通常由国家和社会通过提供费用免费或优惠、提供基础设施等来实现。

按照社会福利的实施形式又可分为社会津贴、职业福利、社会福利设施、社区服务等，社会津贴是国家通过财政拨款购买物资、发放货币等方式使社会成员享受到社会福利；职业福利通常是行业为行业成员或雇佣单位为本单位全体职工提供的福利，有生活福利津贴、集体福利设施、行业补贴等多种形式；社会福利设施是由国家、集体或社会建设的社会福利场所或企事业单位，如博物馆、体育馆等文体活动场所，社会福利企业，特殊教育学校，福利院，养老院等；社区服务是社区在政府的监督管理下，自行组织为本社区成员提供服务、活动等行为。社区服务的发展是当前世界社会福利发展的重要趋势之一。

9.4.2 社会优抚概述

社会优抚是我国一项特殊的社会保障项目，是向军人及其家属提供优待、抚恤和安置等待遇的制度安排。社会优抚自带褒扬性，保障内容广泛、保障形式综合性强，在社会保障体系中发挥着重要作用。

社会优抚有别于其他社会保障项目，它的特殊性在于：①社会优抚的保障仅针对军人及其家属。军人及其家属要为保卫国家安全做出贡献和牺牲，这一职业的特殊性使得他们面临与其他社会成员不同的社会风险，因此社会优抚也称为军人社会保障。目前我国的优抚对象包括革命伤残军人、复员退伍军人、革命烈士家属、病故军人家属、现役军人家属五类特定对象。②社会优抚的保障方式具有综合性。社会优抚不是单一的保障，而是向军人及其家属提供一整套社会保障内容，包括针对他们设计的社会保险、社会救济、社会福利等。③社会优抚的保障主体只能是国家和政府。社会优抚是维护国家利益的需要，因此国家和政府必须承担起保障责任，为军人及其家属提供全面的社会保障，让他们能够安心守卫国家，保护社会。④社会优抚具有优惠性和激励性。优惠性体现在社会优抚的保障标准具有优惠性，即保障水平不低于或略高于一般社会成员的平均水平；而激励性则体现在保障水平的高标准能够激励军人在岗位上建功立业、保家卫国。

我国社会优抚的保障内容主要包括：死亡抚恤、伤残抚恤、社会优待、退役安置、离退休安置等，从入伍开始就起到补偿军人、恢复军人劳动力，激励军人安心服务、促进军队全面建设，实现公平分配、凝聚军心、稳定部队和社会的作用。2012 年，我国首部针对军人生活待遇的《中华人民共和国军人保险法》正式实施，为军人保障提供了法律依据和有力保证。

本章小结

现代社会保障制度的发展历史悠久，在工业化进程中为各国稳定社会秩序、促进经济发展发挥了重要作用。但在世界经济不断发展的同时，人们面对的风险也越来越多，当风险来临时付出的代价也更大，而逐渐发展、完善的社会保障体系就是一只编织得越来越大的“社会安全网”，帮助人们全面抵御风险、预防伤害和减少损失。1949 年后，我国逐渐建立起以社会保险、社会救济、社会福利和社会优抚为主要内容的社会保障体系，并在新时期继续扩充，为经济平稳运行、社会安定做好保障工作。

复习思考题

1. 分别阐述社会保障的定义、基本内容及功能。
2. 比较社会保障筹资模式的优缺点。
3. 简述社会保险与商业保险的异同点。
4. 简述社会福利的内涵。
5. 如何看待我国社会保障的发展趋势？

推荐阅读资料

1. 杨伟国，韩克庆. 中国人力资源和社会保障发展研究［M］. 北京：中国人民大学出版社，2019.

2. 贝弗里奇. 贝弗里奇报告：社会保险和相关服务［M］. 华迎放，译. 北京：中国劳动社会保障出版社，2004.

3. 郑功成. 社会保障学 理念、制度、实践与思辨 [M]. 北京：商务印书馆，2000.

4. 郑功成，张译匀. 中国社会保障制度变革40年 [M]. 北京：中国劳动社会保障出版社，2020.

网上资源

1. 中华人民共和国人力资源和社会保障部. http://www.mohrss.gov.cn/.

2. 全国社会保障基金理事会. http://www.ssf.gov.cn/.

3. 国际社会保障协会（ISSA）. https://ww1.issa.int/zh-CN/.

4. 中华人民共和国民政部信息中心. https://xxzx.mca.gov.cn.

第 10 章　收入分配与公共政策

CHAPTER 10

学习目标

1. 了解收入分配的概念，明确收入分配的三个层次。
2. 了解收入不平等的测量方法，重点掌握洛伦兹曲线与基尼系数，简单了解我国改革开放前后的收入分配状况。
3. 了解政府调节收入差距的几种常见的公共政策：税收政策、社会保障政策与教育政策，重点掌握上述政策是通过什么方式影响收入分配的。

引例

贫富差距到底有多大?

“今年你挣了多少?”“你们单位发了多少年终奖?”……年初岁尾，许多人在盘点一年来辛苦所得的同时，也再次为不同行业、不同地区、不同身份、不同阶层之间的收入差距发出感慨。

不让平均数掩盖大多数。中国的贫富差距现状究竟如何?在收入差距扩大的同时，我们还面临财产差距扩大的问题。

前不久，一位外国摄影师拍摄的一组照片在网上热传。照片中展示了复杂多样的北京，既有鳞次栉比的高楼大厦，也有破败低矮的城中村；既有在儿童游乐场快乐玩耍的“中产阶层小花朵”，也有跟随父母卖菜、蹬三轮的孩子……虽然这场景不止北京，也不止中国独有，但仍令观者震撼、深思——我国的贫富差距现状到底如何?

北京师范大学经济与工商管理学院教授李实表示，改革开放30多年来，我国在经济快速发展、人民生活水平不断提高的同时，贫富差距也在逐步扩大。

根据国家统计局公布的数据，2003年我国居民收入的基尼系数为0.479，2008年达到最高点0.491，在这之后逐年下降，2014年的基尼系数是0.469。而在20世纪80年代初，全国收入差距的基尼系数是0.3左右。李实分析说：“接近0.5的基尼系数可以说是一个比较高的水平，世界上超过0.5的国家只有10%左右；主要发达国家的基尼系数一般都在0.24到0.36之间。”

中国人民大学国家发展与战略研究院院长刘元春表示，0.47到0.49之间的基尼系数反映出目前我国居民的收入差距仍然比较大。尤其是城镇居民内部、城乡居民之间的收入差距都比较大。“比如说城乡差距大概有3倍，按照城镇工资统计，高收入行业和低收入行业有4倍左右的差距。”

“在收入差距扩大的同时，我们还面临财产差距扩大的问题，而且这一问题正变得越来越严重。”李实告诉记者，以往人们大多把贫富差距等同于收入差距，但实际上，居民在资产方面的差距也是衡量贫富差距状况的重要方面。过去10年的数据分析表明，中国的财产差距扩大速度远远要超过收入差距扩大的速度，个人财富积累的速度非常快。在过去大约10年的时间内，人均财富的年均增长率达到22%，特别是房产价值的年均增长率达到了25%。而农村的财富积累速度年均增长率只有11%，相当于全国水平的一半。

北京大学中国社会科学调查中心发布的《中国民生发展报告2014》显示，

1995 年我国财产的基尼系数为 0.45，2002 年为 0.55，2012 年我国家庭净财产的基尼系数达到 0.73，财产不平等程度近年来呈现升高态势，明显高于收入不平等。此外，家庭层次的财产不平等有两个特征：①有家庭成员在体制内工作的家庭财产水平明显高于在体制外工作的家庭，在体制内工作的家庭财产的增长幅度也明显高于体制外家庭。②中等收入家庭财产增长幅度大，而低收入和高收入家庭的财产增长幅度相对较小。

居民收入增长较快，基尼系数实现“六连降”，但“新常态”下缩小贫富差距面临更多挑战。刘元春表示，中国在过去的 5 年中，居民收入保持了较为快速的增长。2008 年达到“峰值”后，基尼系数有所回落。李实认为，未来几年，我国的收入差距可能仍会处在高位徘徊状态，既不会出现明显扩大也不会出现明显缩小的趋势，基尼系数预计将在 0.45 ～ 0.50 之间波动。

据了解，在欧美发达国家中，美国的贫富差距比较显著。欧洲国家的基尼系数大部分在 0.3 ～ 0.4 之间，美国 2007 年的基尼系数达 0.45，2013 年的基尼系数约为 0.47。在亚洲地区，马来西亚、菲律宾、中国的基尼系数较高，在 0.5 左右。日本、韩国的基尼系数约为 0.26。拉美地区，巴西、阿根廷的基尼系数较高，均大于 0.5；非洲基尼系数较高的国家集中在南非，基尼系数约为 0.6。

2008 年金融危机之后，全球都很关注贫富差距现象。根据经合组织的统计，全球的劳动报酬占 GDP 的比重已从 50% 下降到 30%，说明全球的贫富差距水平都在拉大。国际上近年来关于节制资本、限制金融高管收入的呼声都很强烈，欧美等国家对此也采取了一系列举措。

（案例来源：冯华. 贫富差距到底有多大？[EB/OL]. 中国共产党新闻网. http://data.people.com.cn/rmrb/20150123/17）

引言

从材料中可以看出，我国社会收入差距居高不下。材料中使用基尼系数对收入差距进行衡量，基尼系数是什么？如何计算基尼系数？为何它能体现收入差距的程度？是否有其他指标可以用来测量收入的不平等程度？这些指标的利弊分别是什么？我们知道，市场失灵的重要表现之一就是社会分配不均。历史经验告诉我们，社会贫富差距过于悬殊将会带来严重后果，如收入差距悬殊说明大量的社会财富掌握在社会少数人手中，而大多数人是贫穷的，他们具有消费欲望却没有消费能力，从而使得内需不足。因此，对于市场资源配置的结果，政府可以通过什么手段来干预收入分配，避免因收入悬殊而形成的诸多社会矛盾呢？以上问题就是本章所要学习的内容。

10.1 收入分配理论

10.1.1 收入分配概述

1. 收入分配的概念与内涵

收入分配本质上是生产条件分配，而生产条件分配必须考虑到劳动力价值以及非劳动生产要素价值。马克思揭示了生产方式决定分配方式，生产条件决定分配条件的原理。可见，收入分配必须先考察生产条件的分配，再考察社会总产品的分配。许多人考察收入分配着眼于社会总产品的分配，往往忽视了生产方式和生产条件的考察。生产条件可以抽象为劳动力和生产要素两方面，要保证生产条件分配的公平，就必须保障生产要素和劳动力两个方面的分配公平。

收入分配是一定时期内社会各个集团及其成员对于社会经济活动的最终成果的占有方式及占有数量。如果将国民收入看成是一个蛋糕，那么收入分配就是如何划分这块蛋糕。一般来说，收入分配有三个层次：初次分配、再分配与第三次分配。在收入分配的不同层次中，划分蛋糕时所持的理念和原则存在区别。

初次分配是指借助市场机制，按照各生产要素对国民收入贡献的大小进行的分配，这种分配方式是实行市场经济的国家最基本的国民收入分配方式，在收入分配中具有基础性地位。在初次分配中，参与分配的是社会成员自己创造的产品或价值。初次分配强调的是效率。

再分配是指在初次分配的基础上，政府通过一系列宏观调控政策，将国民收入中的一部分拿出来通过税收和社会保险系统进行重新分配。再分配的物质基础是初次分配的主体创造的，并且经过初次分配而形成的各类原始收入。需要注意的是，再分配并不只是简单地追求公平，而是在兼顾效率与公平的前提下，侧重公平。以公平作为国民收入再分配的政策目标既出于人类社会的价值追求，也有功利主义的诉求，促进国民收入再分配的公平既可矫正初次分配的不公平，创造初次分配公平的条件，也是实现人类社会基本价值的重要条件，还能促进经济发展、社会稳定和政治稳定。

第三次分配指动员社会力量，建立社会救助、民间捐赠、慈善事业、志愿者行动等多种形式的制度和机制，是社会互助对于政府调控的补充，通过民间自愿捐赠实现社会财富的分配。第三次分配过程彰显了道德力量。“第三次分配”这一概念是一个中国本土概念，是从西方国家“慈善捐赠事业”发展而来的。1994 年，厉以宁教授在结合我国基本国情的基础上，首次在《股份制与市场经济》中较为完整地提出了“第三次分配”理论，强调了这种分配机制的自愿性与社会性。市场调节存在差距扩大化和不公的问题，政府调节存在覆盖面不足与力量不够的弊端，而第三次分配这种游离于市场与政府之间的分配机制在一定程度上可以弥补初次分配与再分配的不足，减少贫困，缓解社会贫富差距过大，构建和谐社会。与初次分配和再分配相比，第三次分配具有自愿性和非政府性、无偿性、主体多元性、及时和敏锐性、补充性、以社会责任为核心等特点。

2. 国民收入再分配的公平与初次分配的公平

国民收入再分配的公平与初次分配的公平的关系是我们主要关心的问题之一。关于这个问题，我们可以从两个方面进行考察，一是，二者是什么关系；二是，二者应该是什么关系。二者是什么关系呢？二者具有共性，又有差异。从共性来看，主要体现在：二者都是社会公平的组成部分，其本质要求都是相同的；从系统公平的角度来看，都包括分配权利、分配条件、分配机会、分配规则、分配过程、分配结果等的公平；两者都对经济发展、社会稳定、政治稳定等有着重要的影响。从差异来看，主要体现在：两者是国民收入分配不同环节的公平；再分配的公平和初次分配的公平的具体内容存在着差别；再分配的公平和初次分配的公平的实现机制存在着差异；再分配的公平和初次分配的公平的衡量方法存在着差异；再分配的公平和初次分配的公平的功能存在着差异；两者影响经济发展的机制存在着差异。另外，初次分配的公平与再分配的公平既可能相互促进，也可能相互损害。初次分配的公平可以为再分配的公平提供良好的条件，促进再分配的公平，再分配的公平也可以为初次分配的公平提供良好的条件，促进初次分配的公平。但过度强调初次分配的公平会损害再分配的公平，过度强调再分配的公平会损害初次分配的公平。

两者之间应该形成什么关系呢？第一，再分配的公平与初次分配的公平不能相互替代。再分配的公平不能替代初次分配的公平，初次分配的公平也不能替代再分配的公平。两者各有不同的功能，不能为了再分配的公平而损害初次分配的公平，也不能为了初次分配的公平而损害再分配的公平。第二，再分配的公平与初次分配的公平应该相互促进。初次分配的公平应该为再分配的公平创造条件，再分配则要在初次分配的基础上进一步改进不合理的分配格局，以促进社会公平。

要处理好再分配的公平与初次分配的公平的关系，再分配的公平应与初次分配的公平相协调，促进国民收入分配的整体公平。要确保国民收入再分配的公平目标得以实现，必须保证再分配政策的公平取向，必须建立促进再分配公平的制度体系，并保证促进再分配的公平的制度得到执行。

10.1.2 中国收入分配格局的变化

1. 改革开放以前收入分配的特点①

这里所说的改革开放以前，是指1956年计划经济体制确立以后至1978年提出改革以前这20多年的时间。总的来说，改革开放以前的中国是一个均等化程度很高（或不平等程度很低）的社会，但同时也存在着一些不平等的因素。

改革开放以前，收入均等化程度较高的原因主要有三个：一是制度上的原因。社会主义制度以生产资料公有制为特征，因此从1949年至1956年逐步实行生产资料公有化以后，居民除了少量储蓄存款的利息收入以外，几乎没有财产收入。二是政策上的原因。决策者认为，社会主义所追求的目标是社会公平，加上建设初期应该多积累、少消费，即使是劳动收入也应该是低而平均的。三是中国文化传统中“不患寡而患不均”的平均主义观念的束缚。这种观念离开效率来谈公平，不求做大“蛋糕”来讲分配，往往划不清共同富裕和普遍贫困之间的界限。

但在均等化程度很高的状态下，仍然存在一些不平等的因素。如城乡居民之间的收入差距比较大。据世界银行的计算，中国城乡居民人均收入的比率是2.5（1979年），比亚洲其他低收入国家要高（平均约为1.5），稍大于中等收入的国家（平均约为2.2）（世界银行，1983）。改革开放以前城乡居民收入差距较大的原因：一是现代工业部门与传统农业部门并存，当时的决策者实行工业产品与农业产品之间的“剪刀差”，为工业化积累资金；二是实行严格的户籍制度，限制农村居民迁入城市，由此造成城乡之间存在较大的收入差距。

在消费品的分配方式上，强调实物分配方式，即供给制，抑制市场分配方式（通过货币购买）。在强调实物分配的情况下，居民的货币收入的差距要小于实际收入的差距。实物分配实际上是一种暗的或隐性的福利补贴制度，这种补贴制度的初衷是要对低收入阶层作一种补偿，起到缩小收入差距的作用。但实行的结果则不尽然。首先，占人口大约80%的农村居民并不享有城镇居民所获得的补贴。其次，即使对城市居民来说，也只有按人口定量供应的那部分消费品（如粮、棉、油），其补贴是按平均主义的原则分配的，但按职位供应的那部分消费

① 赵人伟，李实．中国居民收入差距的扩大及其原因［J］．经济研究，1997.

品（如住房、汽车、电话等）的补贴分配是高度不平等的。应该说，这样一种补贴制度或福利制度也是均等主义掩盖下的一种不均等因素。

工资的长期冻结，造成对青年一代不利的收入分配格局。改革开放以前，在1956 年至 1976 年大约 20 年期间，参与工作的群体的工资基本上是冻结的。当然，这一期间内基本生活消费品的价格基本上也是冻结的。从表面来看，在这种工资和物价“双冻结”面前，人人都是平等的，因为大家都同样地失去了增长工资的机会。但实际上长期的工资冻结对不同年代人的收入分配效应是不一样的，它造成代际的不平等，形成了对青年一代人不利的收入分配格局（赵人伟，1985）。这种情况在 20 世纪 80 年代初期甚至成为一个突出的社会问题。应该说，在非战争年代，持续如此之久的工资基本冻结是相当特殊的，这也属于均等主义掩盖下的一种不均等因素。

总体上看，虽然改革开放以前中国在收入分配中存在着上述的一些不平等因素，但当时的中国还是一个平均主义的社会。正如李思勤教授所说的，中国改革开放以前在收入分配上是高度平均主义的经济[①]。这种平等中存在着不平等，不平等中又存在着平等的状况，说明了中国社会经济状况的复杂性。

2. *改革开放以后收入分配的特点*[②]

在过去 40 余年中，中国经济正处于转型发展时期，作为中国经济转型中重要的一部分，收入分配制度发生了很大变化，由此带来了收入差距的扩大。在经济转轨过程中，收入差距扩大并非中国经济的特有现象，可以说它出现在所有的经济转轨国家中。不同的仅仅是收入差距扩大的幅度在不同国家有所不同而已。[③] 总的来说，自实行改革开放后，中国的收入差距变化经历了两个主要阶段：收入差距持续扩大阶段和收入差距维持高位徘徊阶段。

（1）收入差距扩大阶段：1978—2008 年。

在改革开放早期（1978—1983 年），收入差距略有缩小，主要归功于这几年城乡之间收入差距的缩小。由于农村改革先于城镇改革，农村土地承包制的实施使农民的收入快速增加，城乡之间收入差距一度从 1978 年的 2.6 倍下降到 1983 年的 1.8 倍。城乡之间收入差距的缩小也导致了全国收入差距的缩小。从 20 世纪 80 年代中期开始，中国居民收入差距开始不断扩大。这一轮收入差距的扩大是全方位的，农村内部收入差距在扩大，城市内部收入差距在扩大，城乡之间收

---

① RISKIN C. China's political economy [M]. Oxford: Oxford University Press, 1987.

② 李实，朱梦冰. 中国经济转型 40 年中居民收入差距的变动 [J]. 管理世界，2018.

③ 李实，赵人伟，张平. 中国经济改革中的收入分配变动 [J]. 管理世界，1998.

入差距和地区之间收入差距都在扩大。这一过程一直持续到2008年左右。但这一时期城乡之间收入差距的变动并非直线上升的，而是在整体上保持上升趋势，中间有波动。

这一时期正值中国经济体制发生急剧转变，经济迅速发展，政府发展战略和政策快速变化。这三大因素都对收入分配格局和收入差距扩大起到了不同程度的影响。一方面，从全面的公有经济向所有制多样化的经济转变无疑会引起工资差距和收入差距的扩大；另一方面，收入决定机制的微观化和分权化也会带来收入差距的扩大。这是经济转型引发的收入分配效应。然而，仅仅看到这一点是不够的，还应该看到从20世纪80年代中期开始的经济转型是不全面的、不彻底的、不完善的，不时受到阻碍和干扰，以至于在某些时期偏离了预期的改革目标。不彻底的经济转型主要表现为中国生产要素市场的不完善和扭曲。劳动力市场的地区分割、部门分割，就业中的户籍歧视，不仅带来了收入差距的扩大，也造成了严重的收入分配不公。①

（2）收入差距居高不下：2008年后。

2003年之后，中国政府更加关注民生问题，特别是农民收入增长问题，出台了一些惠农政策。这些政策的再分配效应逐渐地释放出来，在2008年后效应会更加明显。不可否认，此期间一些缩小收入差距的因素发挥了更大的作用，遏制了收入差距扩大的势头。

从收入分配结构上看，2008年后全国收入差距出现变化的一个重要原因是城乡之间收入差距的缩小。因此，解释城乡之间收入差距的变化成为解释全国收入差距的重要内容。农村劳动力的转移和政府再分配政策是城乡之间收入差距变化的主要原因。伴随着21世纪初城镇化进程的加快，大量农村剩余劳动力流向城镇就业。从理论上来讲，农村剩余劳动力的减少和流动能降低农业部门和工业部门之间劳动生产率的差异，提高农村居民的收入，因此有助于缩小城乡收入差距。② 进入21世纪后，收入差距扩大，社会不稳定性上升，引发了政府部门的担忧，中国公共政策和民生政策从2003年开始发生转变，连续出台了一些提高居民收入水平、社会福利水平和缩小收入差距的政策措施，以实现社会和谐的政策目标。比如2003年正式启动实行试点的新型农村合作医疗保险制度、2009年实行的新型农村社会养老保险、一系列扶贫政策等，这一系列政策的实行缩小了城

---

① DÉMURGER S，FOURNIER M，LI S，et al. Economic liberalization with rising segmentation in China' urban labor market［J］. Asian economic papers，2006（3）：58－101.

② 李实，罗楚亮. 我国居民收入差距的短期变动与长期趋势［J］. 经济社会体制比较，2012（4）：186－194.

乡之间的收入差距。但不完善的生产要素市场、急剧扩大的财产差距与作用不足的再分配政策都在一定程度上扩大了城乡之间的收入差距。

缩小收入差距与扩大收入差距的两种力量相互交织在一起，使得这一时期中国收入差距相对稳定，维持在高位。

10.2 收入不平等测量

收入分配的第一个模型是大卫·李嘉图（David Ricardo）建立起来的，他认为收入分配是经济学研究的主要问题之一。剩余价值的发现及其分配成为整个马克思资本理论的基石。新古典经济学家也逐渐将收入分配作为福利经济学中的重要研究领域，但以往研究侧重理论上的探讨，随着现代统计学与统计软件等的发展，学者对收入分配的研究逐渐转入实证分析。近代收入分配的实证分析始于 1897 年，帕累托（Vilfredo Pareto）在研究个人所得的分布状态时，用坐标曲线反映出“少数人的收入占收入的绝大部分，而多数人收入很少”，美国统计学家约瑟夫·朱兰（Joseph M. Juran）将这一曲线命名为帕累托曲线。帕累托是第一个系统化使用实证数据研究收入分配的学者。此后，经济学家们开始从不同角度探索如何更好地运用统计学中的分布理论假说对收入分配的不平等进行量化，由此产生了一批从不同角度来度量不平等的指标，并将研究对象从收入不平等扩展到社会福利分配的不平等。①

不平等指标可以用实证和规范两种方法导出，实证方法描述了分配中分散程度的实际模式，并用一种统计量（值）来概括，最常见的基尼系数就是这样一种方法。

10.2.1 洛伦兹曲线

洛伦兹曲线（Lorenz Curve）也被称为劳伦斯曲线，是通过图形的形式表示收入分配的一种方法。这一曲线表示的是累积人口和累积收入之间关系的曲线，是洛伦兹于 1905 年提出的研究财富分配的不平等的有力工具，也是其他一些不平等度量指标的基础。如图 10－1 所示，在坐标轴中，纵轴 OM 代表社会财富的累计百分比，横轴 OH 代表社会总人口按照收入高低排列的累计百分比。在矩形中，将每一等分的家庭所有拥有的财富的百分比累计起来，并将相应的点画在图中，将这些点连接起来得到的曲线就称为洛伦兹曲线。

洛伦兹曲线满足四个直观的准则：一是匿名准则，指的是这条曲线与某个人

① 王海港．收入分配不平等的概念及其度量综述［J］．阴山学刊，2005（5）：100－107.

拥有特定的某个收入无关，只与收入分布有关；二是人口准则，是指如果人口增加，但是各累积人口的收入比例不改变，则曲线不会发生改变；三是相对收入准则，即这条曲线与一个国家或地区的收入分布有关，但是却不会受到某个国家或地区绝对收入水平的影响；四是道尔顿准则，即弱转移支付准则，就是说如果收入进行累退式转移，即穷人的收入向富人转移，则不平等程度上升。

洛伦兹曲线的弯曲程度直接反映了收入分配的不平等程度（见图 10－1）。一般来说，弯曲程度越大，代表收入分配差异程度越大。当洛伦兹曲线成为折线 *OHL* 时，表示收入分配完全不平等。此时，社会所有财富集中在一个人手中，其他社会成员一无所有。当洛伦兹曲线为 *OL* 时，即恰好为矩形的对角线时，表示收入分配完全平等，整个社会处于绝对公平状态，曲线 *OL* 被称为收入分配绝对平等线。当然，上述的两种情况是极端情况，在现实生活中一般不存在。现实生活中的洛伦兹曲线一般介于 *OL* 和 *OHL* 之间，但是不同国家或地区之间突出的程度有所不同。

洛伦兹曲线与对角线 *OL* 之间的部分被称为“不平等面积”，当收入分配达到完全不平等时，洛伦兹曲线成为折线 *OHL*，*OHL* 与对角线 *OL* 之间的面积叫做“完全不平等面积”。不平等面积与完全不平等面积之比，称为基尼系数，是衡量一国贫富差距的标准。

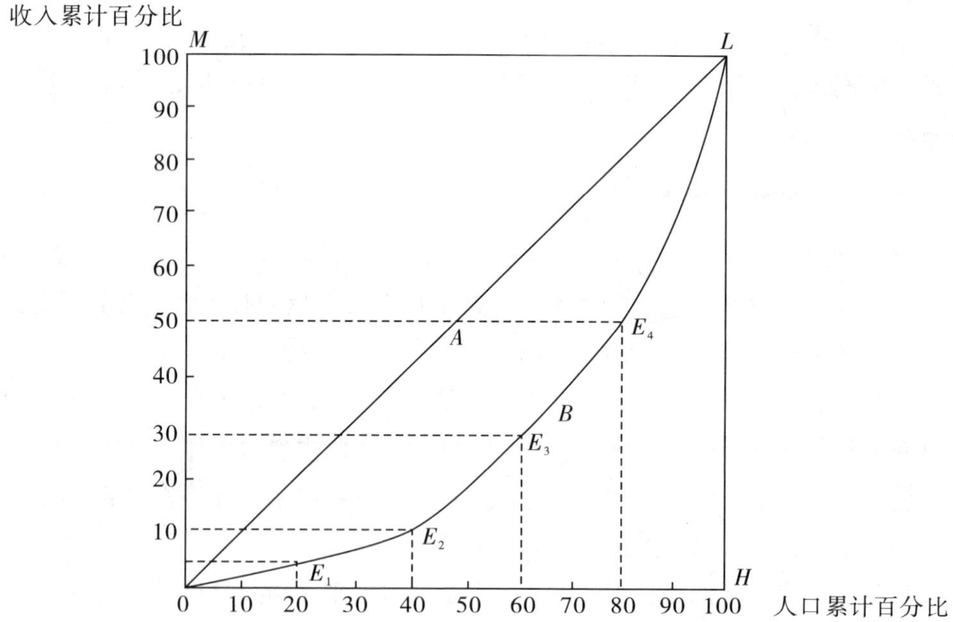

图 10－1 洛伦兹曲线

10.2.2 基尼系数——将不公平的程度量化

基尼系数（Gini Index）是 1922 年意大利经济学家基尼（Corrado Gini）提出的，它是基尼从洛伦兹曲线中推导出来的，用以反映收入分配差距程度的一个指标，其经济含义是：在全部居民收入中用于不平均分配的百分比。基尼系数将洛伦兹曲线所表示的收入差距量化，是用洛伦兹曲线与收入分配绝对平等线所围成的面积大小来度量收入差距。基尼系数的计算公式为 $G=\frac{S_A}{S_A+S_B}$，也就是说基尼系数实际上是不平等面积（A）与完全不平等面积（$A+B$）之比。根据公式可以知道，基尼系数的数值介于 0 和 1 之间。基尼系数越大，表明这个国家或地区的收入分配差距越大；基尼系数越小，说明这个国家或地区的收入分配越均匀。因此，当基尼系数等于 1 时，表示居民间的收入分配绝对不平均；当基尼系数等于 0 时，表示居民间的收入分配绝对平等，没有任何差异。当然，这两种极端情况只是在理论上讨论，在实际生活中基本不可能出现。一般认为基尼系数小于 0.2 为高度平均，0.2 ～ 0.3 之间时是较为平均，0.3 ～ 0.4 之间时是比较合理，0.4 ～ 0.5 时是差距过大，大于 0.6 为高度不平均，国际上通常将 0.4 作为警戒线。

通常而言，与面积或人口较小的国家相比，地域辽阔、人口众多和自然环境差异较大的国家的基尼系数会高一些；经济处于起步阶段或工业化前期的国家，基尼系数要大一些；而发达经济体特别是实施高福利政策国家的基尼系数要小一些。

基尼系数是反映居民之间贫富差异程度的常用统计指标，可以较全面、客观地反映居民之间的贫富差距，能预报、预警居民之间出现贫富两极分化的情况，得到世界各国的广泛认同和普遍采用，因此具有较好的可比性。国内外学者在研究收入不平等问题时经常把它作为主要的衡量指标。不过基尼系数也有其局限性，比如对中间阶层收入的变化比对两端的变化更为敏感。因此，在公布基尼系数的时候一般会同时公布一个国家最富有的 20% 的人口的收入占全部收入的比例和最贫穷的 20% 的人口的收入占全部收入的比例。

国家统计局数据显示，近几年我国居民收入持续增长，2016 年至 2019 年居民人均可支配收入年均实际增长 6.5%；中等收入群体规模扩大，由 2010 年的 1 亿多人增加到 2019 年的 4 亿多人。但目前我国在收入增长的同时仍旧存在收入分配不平等和区域发展不平衡的问题。我国基尼系数由 2015 年的 0.462 上升到 2018 年的 0.474，我国收入分配不平等程度加剧；财富集中度也不断加大。我国收入最高的 10% 的人口的收入与收入最低的 10% 的人口的收入比持续上升，从

2015 年的 10.45 倍，上升到 2018 年的 10.9 倍。①

10.2.3 泰尔指数

泰尔指数（Theil Index）也被称为泰尔熵标准（Theil' Tropy Measure），是 1967 年泰尔（Henri Theil）基于信息理论中熵的概念提出的。作为衡量不平等的方法，相较于基尼系数，泰尔指数从提出到应用的时间较长。泰尔指数是熵度量的一种形式，提供了一种测量组间收入分布和人口分布之间差异的方法。泰尔系数的计算公式为 $T = W_{rich}[\ln(W_{rich}) - \ln(n_{rich})] + W_{poor}[\ln(W_{poor}) - \ln(n_{poor})]$，$W_{rich}$代表富人收入占总收入的比重，$W_{poor}$代表穷人收入占总收入的比重；$n_{rich}$代表富人人口占总人口的比重，$n_{poor}$代表穷人人口占总人口的比重。

泰尔指数最大的优点在于它能很容易地在各人群间分解不平等。另外，泰尔指数和基尼系数之间具有一定的互补性。如果基尼系数对中等收入水平的变化特别敏感，那么泰尔指数则对上层收入水平的变化很敏感。泰尔指数也有它的不足之处，就是完全没有直观性，因此从某种程度上说，它只是一种公式的构造。②

10.2.4 阿特金森指数

阿特金森指数（Atkinson Index）又被称为艾肯森指数，是英国经济学家阿特金森（Anthony Barnes Atkinson）于 1970 年提出的用于测量收入分配不公平的指数。该指数明显带有社会福利色彩，将收入分配与社会福利函数结合起来进行考虑分析。

阿特金森指数首先计算一个等价敏感平均收入 y_ε，y_ε 的定义是：如果每个人享受到了这样一个等价敏感收入时的社会总福利，相当于收入实际分布时具有的社会总福利值。y_ε 的计算公式为：

$$y_\varepsilon = \left[\sum_{i=1}^{n} f(y_i) y_i^{1-\varepsilon}\right]^{\frac{1}{1-\varepsilon}} \tag{10-1}$$

其中，y_i 为第 i 人（组）的实际收入（总收入）；$f(y_i)$ 为第 i 人（组）占总人口比例的密度函数，ε 为不平等厌恶参数，比较典型的 ε 权重为 0.5 和 2。在定义了 y_ε 后，阿特金森指数可以表达为：

---

① 龚六堂. 缩小居民收入差距推进共同富裕的若干政策建议［J］. 国家治理，2020（46）：33－38.

② 程素敬. 收入不平等的测量方法［J］. 现代商业，2010（20）：53－54.

$$A_{\varepsilon}=1-\frac{y_{e}}{\mu} \tag{10-2}$$

其中，μ 表示平均收入。

从该指数可以看出：社会收入分配越公平，y_{ε} 越接近 μ，阿特金森指数值也就越小。① ε 为不平等厌恶参数，该参数反映社会对于不平等的厌恶程度，其取值范围是（0，+∞）。当 $\varepsilon=0$ 时，均等分配等价收入就是平均收入，对任何收入分布状况，A_{ε} 均为 0，表明社会对收入分配不均等漠不关心。ε 越大时，说明社会成员再分配的意愿越强烈，如果社会给予更大的权重给收入相对较低的人群，y_{ε} 就越小，A_{ε} 则越大。且随着 ε 的增加，A_{ε} 对收入分布底部的变化越敏感。对于任何分布而言，阿特金森指数的取值范围在 0 到 1 之间，当取值为 0 时，表示社会达到了收入的完全公平分配。这种测量方法的好处在于能够很好地显示社会分配中哪个环节对不平等的影响最深。

10.2.5　库茨涅兹指数

1955 年，库兹涅茨（Kuznets）在研究英国的历史数据后，提出一个国家或地区的经济收入分配状况与其经济发展阶段有关，会随着经济发展过程而变化。库兹涅茨提出从传统（农业）经济发展到城市（工业）经济过程中收入不平等变动趋势的“倒 U”形假说：在经济发展的早期，由于只有少数具有技能或资本的人能够进入新的工业部门，收入不平等将会逐渐扩大；在经济发展的后期，随着更多的人进入工业部门和农业工人稀缺性的不断加剧，收入不平等将会逐渐缩小。因此，收入分配状况与经济发展过程呈现“倒 U”形。

库茨涅兹指数是指一个国家或地区最富有的 20% 的人口在收入中所占的份额。该指数不低于 0.2，指数越高，说明这个国家或地区的收入差别越大。

10.2.6　其他指数

其他测量收入不平等的方法有阿鲁瓦利亚指数、收入不良指数等。阿鲁瓦利亚指数即一个国家或地区收入最低的 40% 的人口所占有的收入份额（或财富份额）。这一指数的最高值为 0.4，指数越低，说明这个国家或地区的社会贫富差距越大。收入不良指数是指一个国家或地区的人口按收入高低分成五等份，收入最高的 20% 的人口与收入最低的 20% 的人口在收入分配中的比重之比。这一指数的最小值为 1，此时表示该国家或地区是完全的平均主义；指数越高，说明该

---

① 刘志伟. 收入分配不公平程度测度方法综述［J］. 统计与信息论坛，2003（5）：28－32.

国家或地区的贫富差距越大，收入不平等状况越严重。收入不良指数也被称为五等分法，是目前国际上常见的用于测量贫富差距程度的方法之一。相较于基尼系数，收入不良指数更为详细地描述了一个国家或地区的收入分配情况，为了解收入差距提供了更多信息，且具有简单易算的优点。但这一测量方法是按照收入高低分组而展开分析的，没有办法比较同一群体在不同年份的收入变化情况，也没有办法了解群体内部的收入差距情况。

10.3 公共政策与收入再分配

早期古典经济学家认为收入分配是不可改变的，他们认为，通过政府干预来减轻贫困是无效率的，会造成效率损失，使国民收入下降。但约翰·穆勒（John Stuart Mill）认为政府通过政策干预可以减少社会不公平。随着凯恩斯主义的盛行，政府对经济进行干预成为社会共识。对于收入分配过程中存在的严重不公，政府需要综合运用法律手段、经济手段、行政手段，综合运用各种工资制度、社会保障制度、税收制度、就业制度等方面的制度方法来减少社会不公平。

10.3.1 税收政策——劫富济贫

社会贫富差距过于悬殊会引发严重的社会问题，因此，政府通过一定的行政手段干预国民收入分配、促进分配公平已成为社会的共识。税收是国家对居民收入进行干预的重要方式之一，是完善收入分配时不能忽视的一个重要问题。税收最直接的功能就是作为政府的直接收入来源，为政府履行职能提供必要的物质保障。同时，税收也会对社会成员的行为产生影响。比如，税收会影响社会成员的消费行为以及如何在收入与闲暇之间进行选择。

直接税，简单理解就是由于税负难以转嫁，由纳税人直接承担的税。直接税的调节作用最集中且首先要肯定的一点是按照支付能力原则“抽肥补瘦”，在社会成员收入必然有高低差异的情况下，它产生的效应是使有支付能力的、更为富裕的社会成员更多地受到直接税调节之后，对公共金库多做贡献。进入公共金库的资源再通过规范的预算安排，以财政分配的形式转为扶助弱势群体的支出，去增进低端社会成员的福利。这样的一种调节，显然有遏制两极分化的趋向和功效，实现富裕的社会成员与贫困的社会成员之间在分配上的相对公平。从各个经济体的发展经验来看，这种功能不是万能的，但没有它又是万万不能的。各个经济体在发展中不约而同都要选择的调节机制，是在整个社会形成初次分配、再分配，还有第三次分配（指公益慈善团体和公益组织介入的分配）的合理搭配。

总体来说，在社会分配全流程里面，直接税有它不可或缺的地位。①

在诸多直接税税种中，有学者更推崇个人所得税，认为个人所得税能更好地兼顾公平与效率。个人所得税属于直接税，是一种调节财富流量的传统调节收入分配的工具，是国际上各个国家常用的调节收入差距的一个重要税种。个人所得税的再分配功能体现在累进性（Progressivity）或累退性（Regressivity）上，累进性是指相较于收入较低者，个人所得税对收入较高者的居民征以更大的比例，在高收入阶层与低收入阶层之间形成了新的收入分布，以减少可支配收入的不平等。② 累退性是指高收入者的税收负担低于低收入者，一般存在于间接税中，不利于缩小收入差距。个人所得税的累退性体现在当政府调整针对富人的再分配政策时，富人也会采取措施减少其税前收入，增加其真实的可支配收入，进而加大真实收入的不平等。衡量个人所得税收入调节作用的一个重要指标是 MT 指数，MT 指数是 1949 年马斯格雷夫和廷（T. Thin）在其论文汇总中提出的，等于税前税后基尼系数之差。用公式表达为 $MT = G_u - G_t$。其中，G_u 表示的是税前基尼系数，G_t 表示的是税后基尼系数。显然，当 MT 大于 0，即 $G_u > G_t$，税前基尼系数大于税后基尼系数，说明个人所得税有助于缩小社会收入差距。反之，则说明个人所得税加剧了社会收入差距。当 $MT = 0$ 时，说明个人所得税的收入调节作用并未彰显。

有些学者甚至提出了“负的所得税”（Negative Income Tax），最早提出这一说法的是诺贝尔经济学奖获得者弗里德曼。“负的所得税”是指政府对于低收入者，按照其实际收入与维持一定社会生活水平需要的差额，通过税收的形式，按照税率计算应该为低收入者提供的补助金额。其计算方法为：负的所得税（税前收入 - 税收减免）× 负所得税税率。举个例子，假设一个家庭每个月可以享有不超过 2000 元的个人所得税税收减免，那么当该家庭月总收入为 1500 元时，假设所得税率为 15%，那么该家庭可以获得的负的所得税额就是（1500 - 2000）× 15% = -75（元），即可以获得 75 元的政府税收补贴，此时该家庭的收入为 1500 + 75 = 1575（元）；当该家庭的收入恰好为 2000 元时，该家庭的负的所得税为 0；当该家庭的收入为 3000 元时，假设该家庭的个人所得税税率为 5%，那么该家庭应缴纳的个人所得税额为 150 元，此时，该家庭的收入为 3000 - 150 = 2850 元。也就是说，当家庭收入低于免税额时，该家庭可以获得一定的补贴；

① 贾康．中国税制改革中的直接税问题［J］．华中师范大学学报（人文社会科学版），2015，54（3）：1-8.

② 李宇，刘穷志．收入不平等与个人所得税再分配［J］．山西财经大学学报，2011，33（11）：1-9.

当家庭收入高于免税额的时候，则需要缴纳个人所得税。

弗里德曼认为负的所得税具有其他福利计划所没有的优点，一方面，它可以提高基金的效率，将基金真正用在“刀刃上”，发挥公共基金对低收入者的经济援助作用；另一方面，通过这一方式对低收入家庭提供补贴，一定程度上可以避免贫困者惰性的滋生，鼓励贫困者通过自身努力改变处境，提升工作积极性。虽然这一方案具有很多优势，也受到许多学者的关注，但尚未付诸实践，因为缺乏较为可行的方案。

个人所得税是世界上各个国家主要征收的税种之一，一直是税制改革的重点，各国越来越重视其调节收入分配的功能。但除了个人所得税外，增值税、营业税和消费税等税种在调节社会贫富差距中的作用也不容忽视。

税收是政府获得财政收入的最主要的形式，是政府最主要的收入来源，实质是国家为了行使其职能而取得财政收入的一种方式，具有强制性、固定性和无偿性三个特征。但除了为国家运转提供必要的资金外，税收在再分配中也具有重要作用。为了更好地发挥税收的收入调节作用，要坚持建立健全税收立法，强化税收征管，为税收征管提供有力的法律保证。建立健全现代化的税收征管体系，提高征管效率，堵塞税收漏洞。增强税收执法的独立性和权威性，做到执法必严，违法必究。[①] 但税收不是万能的，只是诸多工具中的一种。税收收入调控的作用发挥还需要财政转移支付、社会保障等多种手段的配合。

10.3.2 社会保障政策

世界上许多国家都将社会保障作为收入再分配的重要手段，社会保障支出的收入再分配效应受到学者的广泛关注。社会保障调节收入分配的功能体现在收入分配的多个层次中，包括初次分配、再分配甚至是第三次分配过程中，其中社会保障在促进国民收入再分配方面的作用更为明显。

1. 社会保障制度对收入分配的影响[②]

在初次分配领域，社会保障发挥着直接或间接的调节作用，社会保险和职业福利可以影响和改变初次分配的格局。[③] 社会保障通过包括工资、福利、保险等在内的薪酬体系的设计可提高劳动者的总体报酬，进而实现初次分配领域中的调

---

① 王金明. 论国民收入再分配环节中税收的调节作用和地位［J］. 兰州学刊，2004（3）：134－74.

② 王延中，龙玉其. 社会保障与收入分配：问题、经验与完善机制［J］. 学术研究，2013（4）：31－37.

③ 郑功成. 论收入分配与社会保障［J］. 黑龙江社会科学，2010（5）：123－126.

节。间接地看，社会保障通过合理的制度设计对低收入群体、贫困人口、失业人员、患病人员等群体提供帮助，可促进其素质技能的提高和人力资本的提升，增加个人和家庭的收入。通过免除劳动者的后顾之忧而为其提供良好的劳动环境，进而提高劳动效率、增加个人收入。

在再分配领域，通过发挥政府的主导和调节作用，运用社会保障的资源和机制扶弱济困，规避各类风险；通过政府对社会保障的财政转移支付机制和社会保障的资金筹集与待遇支付机制，实现对弱者和贫困人口的直接帮助，进而实现不同人群间的收入分配调节。其中社会保险通过权利与义务关系的非完全对应性进行资金筹集与待遇支付，可以体现其调节收入分配的作用；社会福利和社会救助因其显著的福利性，其调节收入分配的作用更加明显和突出。

第三次分配主要体现在慈善事业和民间互助方面，在政府的政策支持和直接投入下，可以通过社会和民间自愿的捐赠来筹集资金，帮助社会脆弱群体，进而实现更高层次的收入分配。

需要注意的是，不同类型和模式的社会保障制度的收入分配调节机制各不相同。

以瑞典、芬兰等为代表的福利国家型社会保障制度强调全体国民社会保障权益的公平性与普惠性，主张建立和完善覆盖全民、保障内容全面、待遇水平较高的社会保障制度。通过相对集中统一的资金筹集与支出行为，为包括贫困人口、弱势群体在内的全体国民提供资金保障、物质保障和服务保障。

以德国为代表的自保公助型社会保障制度在强调权利与义务相结合的同时，通过资金的筹集和使用，发挥其互助共济、风险共担的作用，具有不同程度的收入分配调节作用。至于社会保险型社会保障制度调节收入分配的程度，则取决于社会保障的具体制度设计。

以新加坡、智利等为代表的自我积累型社会保障制度主要是一种制度化的自我保障，国家通过建立相应的社会保障制度和激励措施，促使国民进行缴费积累，强调个人的“自助”，是完全的基金积累制，主要依赖个人缴费进行筹资，社会保障待遇的获得主要依据个人账户的余额。自我积累型社会保障制度在全社会范围内调节收入分配的作用较差，但在一定程度上调节着个人生命周期内的收入分配。

以苏联和计划经济时期的中国为代表的国家保障型社会保障制度由国家和单位为体制内的国民提供全面的社会保障待遇，国民几乎不需要履行任何缴费义务，资金筹集以国家和单位为主，实行现收现付制。虽然国家保障型社会保障制度体现了制度内的平等性与较强的调节收入分配的作用，但由于其覆盖面的局限性，社会整体范围内的收入分配效果不太理想。不同社会保障制度模式的收入分配调节效果是不同的，其中福利国家型社会保障制度的收入分配调节效果最好。

2. 中国社会保障制度对收入再分配的影响效果①

社会保障制度在缓解贫困和调节收入分配方面发挥了积极的作用。经过社会保障的调节后，低收入人群的可支配收入与市场收入相比有了很大的提高，发挥了有效的减贫作用。同时，由于税费调节和各项社会保障项目的作用，2013 年全国居民收入差距的基尼系数从 0.5775 下降至 0.4938，下降了约 14%。其中，公共转移收入是最有力的调节工具。居民从各种社会保障和福利制度中获得的公共转移收入起到了缩小收入差距的作用，其主要来自养老保险制度的功用。我们同时还发现，分城乡来看，社会保障对收入再分配的调节作用在城市地区更为明显。此外，分收入组的结果表明，社会保障对低收入人群的再分配作用较大，但对高收入人群的调节作用较小。分年龄组的结果显示，税费和社会保障项目对劳动力人群收入的再分配的作用较小，对老年人群收入的调节作用较大。换句话说，这意味着社会保障的再分配效果主要是通过劳动力人群与老年人群间的收入转移实现的。

与欧盟国家相比，中国的社会保障和福利制度在调节收入分配方面发挥的作用仍有待提高。欧盟国家通过社会保障和福利制度大幅度地降低了收入分配的不平等程度。除此之外，欧盟国家公共服务的均等化程度高，也在降低收入分配不平等程度方面发挥了关键作用，这值得中国加以借鉴。

10.3.3 重视教育——根除贫困

前面所说的税收政策与社会保障政策是目前世界上各国为了解决贫困、缩小收入差距而采取的主要手段。但是俗话说“授人以鱼不如授人以渔”，税收、转移性支付、社会保障虽然在短期内可以解决一个家庭的贫困问题，但从长期上无法根绝贫困。通过这样的方式解决的贫困从长期上缺乏可持续性，要想缩小收入差距过大的问题，根本上要提高贫困家庭的人力资本存量。

2015 年，中国人力资源和社会保障部劳动工资研究所发布的《中国薪酬发展报告（2015）》显示，在 1988 年，最高行业的收入是最低行业的 1.58 倍，此后行业差距逐年扩大，到 2005 年差距最大，达到 4.88 倍。之后差距略有下降，但下降幅度较小，到 2010 年为 4.66 倍，2011 年为 4.48 倍。2012 年，最高行业（金融业）的收入是最低行业（农、林、牧、渔业）的 4.3 倍。高收入者一般从

① 李实，朱梦冰，詹鹏. 中国社会保障制度的收入再分配效应［J］. 社会保障评论，2017，1（4）：3－20.

事金融等商业领域，常言道："男怕入错行。"我国不同行业之间巨大的工资差异似乎证明了这句话的合理性。那么不同工作的收入差距为何这么大？有研究指出，行业垄断是继教育水平之后职工工资差距的第二大决定因素。① 行业垄断的社会总成本包括因垄断而造成的福利净损失以及从消费者到垄断企业的收入转移成本。但人力资本存量的差异是造成职业收入差距更为重要的原因。

人力资本模型认为，人口总体的平均受教育程度会影响收入分配状况，即教育不平等与收入不平等显著正相关，教育不平等程度的缩小有益于收入不平等的改善。这一模型是加里·贝克尔（G. S. Becker）基于美国的截面数据构建起来的。

现代社会的发展日新月异，依靠传统技能已经很难满足现代工业社会的需要。无论是在电子产品的生产等高新技术领域，还是大部分制造业抑或服务业，对于员工的素质与技能都提出了更高的要求，这要求劳动者具有更高的人力资本。教育是个体积累人力资本的重要途径。

教育首先是一个私人决策。教育一方面是居民家庭支出的重要内容之一，很大程度上会受到家庭收入水平的影响，收入较高的家庭有更多的资金用于子女的教育，而收入较低的家庭更容易受到家庭收入的预算约束，有时候连温饱都是一个难以解决的问题，更不要说是对子女的教育进行投资；况且相较于收入较高的群体，收入较低的群体通常没有意识到教育对于改善家庭境况的作用，因而不愿意将家庭收入用于子女的教育。另一方面，教育是家庭对子女的投资，是形成人力资本的重要方式，对于子女未来的收入具有直接影响。收入较高的家庭，其子女也拥有更高的人力资本，在就业市场上处于优势地位，会获得更高的收入；而收入较低的家庭，其子女的人力资本也较低，就业机会较少，获得的收入仍处于低位。这样看，个人获得的人力资本数量是家庭决策的结果，会受到家庭原来的经济水平的影响。此时，在自由市场条件下，教育容易出现"穷者愈穷，富者愈富"的结果，即教育的"马太效应"。

但同时，教育作为积累个体人力资本存量的重要方式，除了是个人选择外，也会受到公共政策的影响。因此，政府可以在加大教育财政投入的同时，关注教育资源的结构配置问题。比如通过重视义务教育、发展职业教育等途径来提高社会成员的人力资本存量，从而从根本上增加低收入者的收入，缩小收入差距。

义务教育是指国家权力机关通过法律的形式，规定所有适龄儿童和青少年必

---

① 聂海峰，岳希明. 行业垄断对收入不平等影响程度的估计［J］. 中国工业经济，2016（2）：5－20.

须接受一定年限的学校教育，并要求国家、社会和家长必须予以保障。普及义务教育既是现代经济和民主政治发展的客观要求，也是现代文明的标志。从义务教育的性质不难看出，义务教育具有三个显著特点：一是强制性，二是普及性，三是采取免费的学校教育形式。但在市场经济条件下，要想实现教育的机会均等，单纯依靠市场的力量是不够的，在个人收入存在一定乃至较大差异的情况下，要想实现教育的机会均等，比较现实而适宜的做法只能是由政府对教育进行投资、由政府创办教育，免费向居民提供教育服务，或者对个人提供相应的教育投资补助，如学费补助或减免等，以便消除个人家庭收入过低而对个人正常接受教育所形成的制约和限制，使那些低收入家庭的子女也能平等地受到比较良好的教育。自19世纪以来，越来越多的国家都把义务教育视为公共产品，视为政府的责任。这种由国家向所有儿童免费提供的教育，已被认为是促进平等的一个最为基本的因素。[①]

1986年通过的《中华人民共和国义务教育法》以法律的形式确立了我国的义务教育制度，开创了中国教育史的新纪元。义务教育取得了巨大成果，极大改善了中小学的办学条件，人民文化程度显著提高，推动了教育的均衡发展。教育经费应着重向农村义务教育，尤其是农村初中义务教育倾斜。实施农村偏向的教育投入政策，增加对农村初中教育的支持力度，为打破城乡教育不平等和城乡收入差距“恶性循环”的怪圈提供了一个可行的思路。[②] 加大对义务教育阶段的政府补贴力度有助于减轻父母在子女早期教育时的预算约束，有益于低收入家庭子女早期的人力资本积累，从而增加其接受高等教育的可能性。适当增加义务教育阶段的公共财政支出比例也可以成为缩小收入差距的有效方法。

个人收入分配问题是民生问题的重要内容之一，保证收入分配公平是社会公平的必然要求，是构建和谐社会、实现经济稳定增长的重要保证。但是需要认识到一点，收入分配公平不等于不允许社会中存在任何程度的收入差距，也就是说收入分配公平不等同于收入分配平均主义。平均主义往往会导致普遍贫困。

人类历史表明，收入差距并不是洪水猛兽，适度的收入差距不仅不会阻碍经济增长，反而能够刺激经济增长。这里所说的“适度收入差距”是在经济增长过程中产生的、有利于经济增长的、对经济增长所必需的社会稳定条件和环境不构成威胁的差距。适度的收入差距具有激励功能，激励社会成员的积极性，促使

① 范先佐，郭清扬，付卫东．义务教育均衡发展与省级统筹［J］．教育研究，2015，36（2）：67－74.

② 吕炜，杨沫，王岩．城乡收入差距、城乡教育不平等与政府教育投入［J］．经济社会体制比较，2015（3）：20－33.

其劳动技能的提高。但收入差距过大则会抑制有效需求，不利于经济的持续稳定增长，并且会进一步加剧社会的贫富两极分化。

本章小结

本章介绍了收入分配的概念，了解了初次分配、再分配与第三次分配，以及在收入分配的不同过程中遵循的不同原则。在此基础上，我们不由得思考这样一个问题：收入差距如何测量？为了回答这个问题，经济学家与统计学家进行了许多探索，从不同角度提出了一系列度量不平等的指标，主要包括：洛伦兹曲线、基尼系数、泰尔指数、阿特金森指数、库茨涅兹指数、阿鲁瓦利亚指数、五分欧希玛指数等。不同指数的计算方法不同，具有各自的优点与不足。应当根据一个国家或地区的实际需要选择合适的指标对收入差距进行测量。其中，国际上最常用的一个指标是基尼系数，基尼系数对中等收入水平的变化比较敏感，可以较为直接和客观地反映一个国家或地区的贫富差距水平。对于收入分配过程中可能出现的各种不公平现象，需要政府综合运用法律手段、经济手段和行政手段进行干预，常见的方式包括税收政策、社会保障政策与教育政策等一揽子政策。其中，税收政策是最常见的方式之一，可以通过税收政策影响人们的收入水平与经济行为；社会保障在初次分配和再分配中发挥着重要作用；教育政策则可以通过提高低收入者的人力资本，增加其就业机会，从根本上解决收入分配不均的问题。

复习思考题

1. 请阐述收入分配的概念，并介绍收入分配的三个层次。
2. 请介绍一下常见的收入不平等的测量方法。
3. 请描述洛伦兹曲线与基尼系数之间的关系。
4. 什么是直接税？个人所得税的收入分配作用是如何体现的？
5. 社会保障如何影响收入分配？
6. 教育为何能调节收入分配、缩小收入差距？

推荐阅读资料

1. 李实. 中国居民收入分配再研究［M］. 北京：中国财经出版社，1999.

2. 弗里德曼. 资本主义与自由［M］. 张瑞玉，译. 北京：商务印书馆，1986.

3. 贝克尔. 人力资本：特别是关于教育的理论与经验分析［M］. 梁小民，译. 北京：北京大学出版社，1987.

4. 舒尔茨. 人力资本投资［M］. 蒋斌，张蘅，译. 北京：商务印书馆，1990.

网上资源

1. 世界银行. https://www.worldbank.org/en/home.
2. 国家统计局. http://www.stats.gov.cn.
3. 中华人民共和国财政部. http://www.mof.gov.cn/gkml.